Paul Parin
Zu viele Teufel im Land

„Über Afrika liegt ein Verhängnis". Davon erzählt dieses Buch. Es ist so etwas wie ein Abschied von Afrika – ein Rückblick auf acht Reisen, die Paul Parin zusammen mit Goldy Parin-Matthèy, Ruth und Fritz Morgenthaler in drei Jahrzehnten unternommen hat – als Abenteurer und Forscher.

In den vorliegenden Aufzeichnungen tritt der Forscher hinter dem Erlebenden, dem Abenteurer zurück – aber nur so weit, daß die Eindrücke der Reisenden sich zu Erzählungen verdichten können, in denen die Spannung, die sie mit dem Anderen, Fremden erleben, zu Wort und Bild wird.

Brennpunkte dieser Spannung sind zum Beispiel geographische Phänomene wie die Sahara oder der Regenwald an der Elfenbeinküste mit der verrufenen, verwunschenen Stadt Tabou; ethnographische Erfahrungen wie die bei den Amharen in Äthiopien oder den Nomadenstämmen der Tuareg; psychosoziale Beziehungen wie die zwischen dem älteren und dem jüngeren Bruder, die, quer durch das „moderne" Afrika, alte Traditionen neu prägen; oder politische und ökonomische Eingriffe, die – vor allem in der Sahelzone – der großen Dürre vorausgingen. Und immer ist es ein Afrika, in dem der Europäer, der dort reist, den Auswirkungen dessen begegnet, was die europäischen Kolonisatoren einst in Gang gesetzt haben. So wird hinter diesen Erzählungen – vielmehr durch sie – ein Muster deutlich, eben jenes Verhängnis, das über Afrika liegt.

Paul Parin, geboren 1916 in Polzela, Slowenien, promovierte 1943 in Medizin, Ausbildung in Chirurgie bis 1946, danach Neurologie (Spezialarzt 1952) und Psychoanalyse. Seit 1952 Praxis als Psychoanalytiker in Zürich, 1955 bis 1971 sechs ethnopsychoanalytische Forschungsreisen nach Westafrika, 1972 bis 1979 psychotherapeutischer Mitarbeiter an der Psychiatrischen Universitätsklinik Burghölzli in Zürich. Veröffentlichungen u. a.: *Die Weißen denken zuviel* (zus. mit Fritz Morgenthaler und Goldy Parin-Matthèy), 1963; *Fürchte Deinen Nächsten wie Dich selbst*, 1971; *Der Widerspruch im Subjekt: Ethnopsychoanalytische Studien*, 1978; *Untrügliche Zeichen von Veränderung: Jahre in Slowenien*, 1980, sowie zahlreiche Artikel zur Ethnopsychoanalyse, Psychoanalyse, Psychiatrie und Neurologie in Fach- und anderen Zeitschriften.

Paul Parin
Zu viele Teufel im Land

Aufzeichnungen eines Afrikareisenden

Syndikat

*Die Geschichten habe ich
zusammen mit Goldy Parin-Matthèy
und für sie aufgezeichnet.*

CIP-Kurztitelaufnahme der Deutschen Bibliothek

Parin, Paul:
Zu viele Teufel im Land : Aufzeichnungen e. Afrikareisenden / Paul
Parin. – Frankfurt am Main : Syndikat, 1985.
  ISBN 3-8108-0228-X

© Syndikat Autoren- und Verlagsgesellschaft, Frankfurt am Main 1985
Alle Rechte vorbehalten
Umschlag nach Entwürfen von Rambow, Lienemeyer und van de Sand
Motiv: *Sahel,* Ölbild von Fritz Morgenthaler
Grafik: Ruth Morgenthaler
Gesamtherstellung: Wagner GmbH, Nördlingen
Printed in Germany
ISBN 3-8108-0228-X

Inhalt

„Diese Dinge werde ich sagen, nicht schreien. Denn schon lange ist der Schrei aus meinem Leben gewichen."
(Frantz Fanon, *Schwarze Haut, weiße Masken,* Einleitung)

Concordia Tadj

(Vierte Reise, 1962–63)

Der Duft reifer Äpfel stieg auf bis ans obere Deck, aus einem Stapel von Kisten, die in der Dezembersonne auf einem Überseequai im Hafen von Genua lagen. Der Kapitän weigerte sich, die Sendung zu verladen, solange die Fracht nicht mit einer Bankgarantie gedeckt war, und ließ Tag für Tag die Hafengebühr dazuschreiben. Die Äpfel waren für ein Scheichtum am Persischen Golf bestimmt. Auf dem oberen Deck waren riesige maisgelb gestrichene Maschinen für den Straßenbau, Bulldozer und Bagger festgezurrt, und dazwischen, sorgsam in ausgeblichene grüne Blachen gehüllt, unsere beiden Wagen, die aussahen wie unförmige Reisekoffer. Mit elftausend Tonnen war es eines der größten Schiffe, die da lagen, und sicher das weißeste und sauberste. Oben an der Reeling stand oft einer der Offiziere in weißer Uniform und daneben manchmal wir, die Passagiere, ohne Ungeduld. Wir aßen in der Stadt Spaghetti und Fische, und einmal ließ der Erste Offizier kurz die Sirene dröhnen: damit wir den Ton erkennen, falls wir gerade an Land sein sollten, wenn die Reise unverhofft losgeht.

Noch am dritten Tag, den die Tadj schließlich, kaum merkbar vibrierend, durch einen kühlen feuchten Dunst gegen Port Said hinfuhr (1962 war der Kanal noch offen), waren wir nicht sicher; ob noch andere Passagiere da waren. Bis auf Signor Garbani natürlich. Mittags und abends gab es feierliche Mahlzeiten, serviert von zwei stattlichen und wohlfrisierten norwegischen Damen. Zu Tisch begrüßte uns der Kapitän mit einem stummen Nicken, ein großgewachsener athletischer Vierziger mit schon dünnen blonden Haaren. Einmal versuchte er zur Begrüßung ein „Hallo", mußte aber hüsteln, so daß kaum ein Laut zu hören war. Dabei leitete er die Runde mit seinem Blick, der gleichzeitig befehlend und bittend, ja flehentlich werbend war. So konnte er für Signor Garbani eine Flasche Chianti herzaubern lassen, weil dieser lachend und weinerlich erklärt hatte, der französische Wein mache Magenbrennen, und für Frédéric eine zweite Büchse Seekrabben mit Salzbutter. Der Erste Offizier war mit an unserem Tisch. Er sprach manchmal, vermurmelte aber jeden Satz gegen Ende ironisch, so daß es schwer war zu wissen, ob er es so meinte oder anders. Ein Gedeck blieb unbenützt. Mit dem anderen Tisch, an dem der Zweite Offizier, die beiden Ingenieure und der Buchhalter saßen, gab es kein Gespräch. Dort wurde zum Essen Bier serviert.

Während das Schiff draußen vor Port Said warten mußte (im gelblichen Nebel sah man kleinere und einige große Schiffe vor Anker liegen), in dieser vollständigen Stille schrieb ich meinen Vortrag für die Kaiserliche Ärztegesellschaft in Addis Abeba fertig. Seit zehn Tagen ging ein Sandwind über Ägypten, die Kanalbehörde hatte die Durchfahrt gesperrt, und ich glaube mich zu erinnern, daß wir noch vier oder fünf Tage mit den anderen warten mußten, bis das Wetter wieder klar genug war und sich die Tadj mit dröhnender Sirene in die Einfahrt schob. „Vierzehn Tage Sandwind, ganz ungewöhnlich hier, in dieser Jahreszeit." Da der Erste das sagte, wußten wir nicht, ob es jedes Jahr die gleiche Warterei gab, oder eben nicht. Als Frédéric nachfragte, sah ihn der Kapitän mit einem so erschrockenen Blick an, daß alle wieder still waren.

Für mich handelte es sich darum, die Ärzteschaft in der kaiserlichen Hauptstadt aufzuklären, ihr zu helfen, ein eigentümliches forensisches Problem zu lösen. Die Männer der Arussi, eines Gallavolkes im Süden des äthiopischen Reiches, können erst Kinder zeugen, wenn sie einem erwachsenen Mann die Hoden abgeschnitten haben; am besten einem Amharen, denn das sind die stärksten, die Herren und Beherrscher des Reiches und der Galla (die sich heute mit ihrem eigenen Namen Oromo nennen dürfen, obzwar sie ebenso grausam unterdrückt werden wie eh und je). Sonst tut es auch irgendein Galla, Somali und zur Not ein Ingles, ein Weißer. Da aber vor dem Recht des Kaisers, streng, christlich und modern, wie er herrscht, alle gleich sind, und da es fünf verschiedene Polizeien gibt, von denen jede die anderen überwacht, entgeht kaum ein zeugungsfähiger Gallamann mehr seinem Schicksal. Er kommt vor Gericht. Lebt sein Opfer weiter, wird der Täter zu lebenslänglicher Zwangsarbeit verurteilt und hat keine Gelegenheit mehr, Vater zu werden. Stirbt der Kastrierte, wird der Täter auf dem Marktplatz gehenkt. Manchmal verlangt der Richter ein ärztliches Gutachten, um zu entscheiden, ob die Tat aus Irrsinn verübt wurde. Ist der Experte dieser Ansicht, so bleibt der Galla am Leben und darf endlich zeugen. Wie aber sollen wir Mediziner den Fall beurteilen? Kann ein ganzes Volk als verrückt angesehen werden? Das wäre staatspolitisch unklug. Kann der Arzt einen Mann zum Verbrecher erklären und in den Tod schicken, weil er Vater werden möchte? Mein Aufklärungspamphlet war geschrieben: Die Regierung sollte mit den Ältesten der Galla verhandeln, das traditionelle Stierhodenopfer mit Geldprämien und Staatsmedaillen wieder aufwerten, der Kaiser sollte Taufpate des ersten stiergezeugten Knaben werden und ihm einen Kommandoposten in der Leibgarde des „Löwen von Juda" in Aussicht stellen. Frédéric hatte es mit seinem Text über die psychosomatischen Ursachen der Fleckenkahlheit, der Alopecia areata, englisch „elope-ischia", nicht viel leichter.

Hier vor Port Said blieb uns nichts mehr zu tun. Wir hatten reichlich Zeit gehabt, unsere Pläne für die äthiopische Reise zu besprechen. Wir waren auch ein paarmal zu den Mannschaften hineingegangen. Freundliche blonde Jungen in Jeans, viele mit langen Haaren und Hippyschmuck. Einer klimperte auf der Gitarre, sie boten uns Bier an, fühlten sich nicht gestört, aber auch nicht veranlaßt, etwas mit den zwei ältlichen Paaren anzufangen, die kein Wort Norwegisch verstanden. So waren wir auf das sich täglich ausbreitende Ritual der Mahlzeiten in der Offiziersmesse zurückverwiesen.

Sogar das Gedeck, das für Schwester Verena aufgelegt worden war, wurde manchmal benützt, da diese, ein graublasses Mädchen aus dem Rheintal, nun doch etwas zu sich nehmen mußte, zwischen Gebeten, stummem Vor-sich-Hinstarren und tränenlosem Schluchzen. Das gestand sie, gebrochen italienisch flüsternd, dem alten Garbani, der schützend seinen Arm um ihre Schultern legte, worauf sie gerade wieder zwei Mahlzeiten ausließ.

Ihre Geschichte war einfach genug. Sie war die Ziehtochter eines armen und kränklichen Paares, das in St. Gallen zwei Kammern im Wirtschaftsgebäude einer christlichen Missionsgesellschaft bewohnte. Als die Kleine, das einzige Kind dieser Leutchen, die Lehre als Hilfspflegeschwester beendet hatte, bedeutete der Herr Missionsverwalter seinen Mietern, sie müßten die Wohnung räumen. Man könnte ihnen jedoch entgegenkommen und sie da wohnen lassen, wenn sich das Mädchen Nora entschließen würde, ihre Kräfte und ihren Glauben für fünf Jahre der Heidenmission in Abessinien zur Verfügung zu stellen; um Gottes Lohn. Da die Tränen ihrer Ziehmutter nicht anders zu trocknen waren, stellte Nora schon am nächsten Tag das Gesuch an den hohen Missionsrat und war auch damit einverstanden, ihren Taufnamen Nora gegen Verena auszutauschen. Das Missionarspaar, das sie in Massaua in Empfang nehmen würde und dem sie zu folgen hatte, war es gewohnt, die Hilfsschwester ‚Verena‘ zu rufen.

Guido Garbani war eher klein, mager, mit einem unregelmäßigen faltigen Gesicht. Seine lange Nase stand schief, die wimperlosen Augen sahen freundlich, suchend und manchmal ängstlich drein, das gewellte hellgraue Haar ließ die Schläfen frei und war gut gekämmt. Er trug einen dunkelbraunen städtischen Anzug, eine rot gewürfelte Krawatte, und die norwegischen Bedienungsdamen stärkten für ihn täglich die weißen Hemdkragen. Mit dem sechzigsten Geburtstag war er in die Heimat gefahren (er stammte aus Verona), um zu sehen, ob er den Rest seines Lebens nicht doch unter zivilisierten Menschen verbringen und seine Unternehmungen in das jetzt endlich prosperierende Vaterland verlegen könnte. Obzwar Garbani in Italien versucht hatte, die beiden noch lebenden Vettern für seine Pläne zu interessieren, und dann ein paar Monate lang von Turin bis Palermo gereist war, um Geschäftsfreunde aufzusuchen, konnte er sich doch nicht entschließen zu bleiben. Jetzt kehrte er nach Erithrea zurück, um, wie er sagte, noch ein wenig wie ein Mensch zu leben und dann dort zu sterben.

Als die Italiener zwanzig Jahre vorher aus dem kolonialen Besitz abziehen mußten, verließen Offiziere und Funktionäre fluchtartig das Land. Soldaten durften dableiben, und viele wollten lieber in Afrika leben, als sich in Hitlers und Mussolinis Krieg irgendwo, womöglich in der Kälte des russischen Winters, töten zu lassen. Guido Garbani wählte das Leben, verehelichte sich mit einer Frau aus einer Handwerkerfamilie in Asmara, der Hauptstadt von Erithrea, hatte mit ihr drei Kinder und sorgte für sie, indem er eine Auto-Reparaturwerkstätte in einer aufblühenden Kleinstadt betrieb. Die schwarzgerahmte Photographie seiner schönen, verstorbenen Gattin trug er in der Brieftasche und zeigte sie gerne, sogar dem Kapitän, der höflich hinsah und dabei errötete. Garbani mußte bis zum Ende des Jahres, genau gesagt bis zur Mitternacht des 31. Dezember, wieder zurück sein. Kam er später, hatte er das Recht verloren, im Kaiserreich zu residieren. Darüber ließ er sich jedoch kaum aus. Es war noch reichlich Zeit bis dahin und die Concordia Tadj ein gutes Schiff. Traurig war, daß Italien sich so verändert hatte. Darüber sinnierte Signor Garbani laut, auch während der Mahlzeiten, bis er die Formel gefunden hatte: Heute leben die Leute in Italien so, als ob es nicht genug schnell gehen könnte und als ob zu wenig Geld da wäre; dabei gibt es zu viele Autos und zu viel Geld. Dem hatte er nichts hinzuzufügen.

Im See von Ismailia, auf halbem Weg durch den Kanal, mußte die Tadj wieder einmal vor Anker, um den ersten Schub von Schiffen, die von Süden losgefahren waren, vorbeizulassen. Niemand wußte, für wie lange. An diesem Tag war der Kapitän beim Mittagessen noch stummer als sonst, konnte sich aber nicht entschließen, die Tafel aufzuheben. Obzwar wir uns an die schweigsamen Runden schon gewöhnt hatten, begann ich von einer der früheren Reisen in Westafrika zu erzählen. Alle hörten zu, der Erste ermutigte uns mit gemurmelten Fragen, und Frédéric erzählte eine zweite Geschichte aus Afrika, so oder fast so, wie wir sie erlebt hatten. Nach dem Essen saßen wir noch lange mit Kaffee und Cognac beisammen. An den folgenden Tagen wurde das Erzählen afrikanischer Geschichten zu einem unvermeidlichen Ritual. Eine Mahlzeit dauerte jetzt drei oder vier Stunden. Wollten wir aufhören, ließ der Kapitän einen besonderen Likör auftragen, zum Zeichen, daß wir weiter erzählen sollten. Das geschah, und die Wirkung blieb nicht aus. Signor Garbani konnte seine vielfach wiederholte Formel, mit der er das verlorene Italien betrauerte, sein lassen und mußte nicht mehr daran denken, ob wir noch vor Jahresende in Massaua landen würden, oder ob er, aus beiden Heimaten ausgeschlossen, gar keinen Platz mehr für die alten Tage fände. Schwester Verena quälte sich etwas weniger. Der Erste Offizier machte uns klar, daß er zusammen mit dem Kapitän nun schon seit zehn Jahren auf der Tadj mit verschiedenen Exportgütern von den nordamerikanischen Seen über Genua, Djidda, Port Sudan und Massaua bis an den Persischen Golf und, meist ohne an diesen Häfen anzulegen, zurück nach Oslo zur Überholung in der Reederei und wieder nach Amerika gefahren sei, ohne den geringsten Zwischenfall. Der Kapitän sei kaum je an Land gegangen, schon gar nicht über Nacht. Auch er, der Erste, habe mit der Zeit diese Gewohnheit angenommen. Und jetzt merke er, daß sie beide nichts, aber auch gar nichts vom Land hinter der Küste Afrikas und von den Leuten dort wüßten.

Bald fiel mir auf, daß G. und Ruth keine Geschichten erzählten. Wenn aber Frédéric oder ich selber am Ende einer Erzählung angelangt war, sagte die eine oder andere ein Stichwort, erinnerte uns an irgendein weiteres sonderbares Erlebnis, so daß es wie in Tausend-und-eine-Nacht eigentlich kein Ende gab.

Manchmal, wenn wir wieder auf Deck oben standen, sprachen wir über den Kapitän und fanden ihn doch ganz nett. „Er ist erträglicher, wenn er zuhört. Weniger blockiert. Kein Wunder, daß wir das nicht mehr ausgehalten haben. Es ist amüsanter, Romane zu erzählen, als ebenfalls stumm dazusitzen."

In Djidda lagen ungezählte Schiffe und blockierten die Lademolen. Einige, draußen auf der Reede, behalfen sich mit Lastkränen. Aus einem schwarzrostigen Griechenfrachter wurden mit dem Bordkran Kamele in einen floßartigen Kahn heruntergelassen. Die Tiere hingen in einem Gestell aus Netzwerk, krümmten den Rücken und zappelten hoch über dem Wasser mit den Beinen. Wenn unten das Traggestell gelöst wurde, blieben sie starr und unbeweglich stehen, wo sie abgesetzt worden waren. Die saudischen Hafenarbeiter schoben jedes Kamel an den richtigen Platz zwischen die anderen, wie Lastkarren. Es war am frühen Morgen und ziemlich kühl. Der Kapitän stand neben uns und sah mit seinem Glas hinüber. Ich sagte zu Frédéric: „Ich glaube, es ist doch die Kälte und nicht der Schock, der die Tiere so starr macht." Die Antwort kam, unerwartet, vom Kapitän: „Nein. Wenn es ganz heiß ist, bleiben sie genau so starr. Just rigid, you see." Und er lud uns in die Messe zu einem Morgendrink. Dabei plauderte er weiter: „Die saudischen Zöllner sind natürlich schon mit dem Lotsen an Bord gekommen und haben die Bar versiegelt. Schauen Sie, da!" Er hatte die Tür zum Büro neben dem Meßraum geöffnet. Ein Aktenschrank war voll Flaschen mit Whisky, Gin und Likören. Sogar Eiswürfel in einer Thermosflasche waren vorhanden. Beinahe lustig erzählte der Kapitän, wie er die Flaschen in der Nacht vorher ins Büro gebracht und versteckt hatte. Als wir alle ein Glas in der Hand hatten, bat er uns mit einem Blick, Platz zu nehmen. Er selber blieb steif und etwas vorgebeugt stehen, versuchte sein Glas zum Mund zu führen, hielt die Bewegung an und stand stumm mit erhobenem Glas im Raum.

12

Es gelang uns nicht mehr, ihn ins Gespräch zu ziehen oder die Lage sonst irgendwie zu verändern. G. meinte, daß seine Augen eigentlich Schrecken ausdrückten. Nicht Angst vor irgendwas – einfach Schrekken. Ich mußte an Ali denken, einen jungen Neger in Mali, der ebenso starr dastehen konnte mit so einem Blick. Vielleicht wollte der Kapitän das Glas nicht zum Mund führen, weil seine Hand dabei gezittert hätte.

Mit dem Ersten brachten wir die Rede jetzt einmal auf das Schiff und den Kapitän. Der Kapitän gräme sich über die Verspätung wegen Signor Garbani. In Port Sudan, wo wir die Bulldozer ausladen sollten, liegen schon jetzt siebzehn Schiffe vor uns auf der Reede. Bis wir dran sind, vergehen mindestens vier weitere Tage, und dann können wir nicht vor dem zweiten oder dritten Januar in Massaua sein. Immerhin haben wir verderbliche Ware, Äpfel an Bord. Damit könnte man in Port Sudan Priorität für den Ladequai bekommen. Das wäre schon in Djidda möglich gewesen. Doch der Kapitän mag das nicht. Auch die Weihnachtsfeier bedrückt ihn. Da muß er eine Ansprache halten. Stundenlang memoriere der Kapitän in seiner Kajüte und komme kaum mehr auf die Brücke.

Die Weihnachtsfeier fand an dem Abend statt, an dem wir endlich aus Djidda auslaufen konnten. Die Mannschaft versammelte sich allmählich in der Messe, wo bereits die Offiziere in der weißen Sonntagsuniform und wir Passagiere warteten. Die jungen Leute trugen zu den verwaschenen Jeans weiße oder karierte Hemden. Manche hatten ein rotes Tuch um den Hals. Das Grammophon spielte ein norwegisches Heimatlied. Dann folgte die Ansprache des Kapitäns. Er hob sein gefülltes Bierglas und begann laut und freundlich: „Merry Chrismas." Dann war er still. Und noch einmal leiser: „Merry Chrismas." Als nichts mehr kam, trank er aus, und die Servierdamen, die heute statt der weißen Schürzen Seidenkleider trugen, begannen die Geschenke des Vereins der Freunde des norwegischen Seefahrers zu verteilen. Einer nach dem anderen kam nach vorne, schüttelte dem Kapitän die Hand. Dann packten sie die Geschenke aus, probierten Pullover, Mützen und Dunhillpfeifen und entwickelten einen regen Tauschhandel. Mitten im Raum umarmte ein Matrose, der dunkle Locken hatte und der älter zu sein schien als die anderen, einen blonden Jungen und küßtc ihn lange auf den Mund. Dann gingen sie. Wir mußten an diesem

Weihnachtsabend bis lange nach Mitternacht afrikanische Geschichten erzählen.

Später saßen wir vier in unserer Kajüte beisammen. Ich weiß nicht mehr, wer von uns es war, der darauf zu sprechen kam. Wir kannten schon längst alle die Geschichten. Aber wie kam es, daß wir jede einzelne Geschichte im Erzählen veränderten, ohne es zu wollen? Wollten wir den stummen Kapitän, Garbani und die arme Nora-Verena aufheitern? Warum sagten wir nicht, was mit den Afrikanern wirklich los war? Früher hatten wir uns von den bunten und abenteuerlichen Erlebnissen nicht täuschen lassen. Über Afrika liegt ein Verhängnis. Die liebenswürdigen schwarzen Männer, Frauen und Kinder sind Opfer einer Katastrophe, mit der Europa, die Missionare, Soldaten, Händler und Maschinen den ganzen Kontinent überzogen haben. Und wir selber sind Teil und späte Boten des Grauens, von dem niemand spricht. Manchmal war der Schrecken für einen kurzen Augenblick in den Augen von Ali, von Sindi und anderen zu sehen. Die Kirchenglocken, das klopfende Geräusch der Dieselmotoren oder das Knattern eines Maschinengewehrs haben den Schrecken der Afrikaner stumm gemacht.

Es dämmerte schon, als wir uns darüber einigten, daß wir es offenbar vermieden, hier auf dem Schiff vom Schrecken zu reden, der über Afrika liegt. Der blonde Hüne war an einem Fjord, einsam mit Schneehühnern und Polarhasen aufgewachsen. Der Erste hatte uns gesagt, der Kapitän leide unter seinem Job und habe dem Reeder einmal einen sonderbaren Brief geschrieben, daß er keine Fahrt mit einer Ladung Dynamit mehr machen wolle. Da die Concordia Tadj ohnehin nie dergleichen Fracht hatte, vergaß man die Sache wieder. Wir kamen überein, daß der Schrecken in den Augen des Kapitäns etwas mit dem stummen Grauen der Afrikaner zu tun haben müsse.

Ich kann mich erinnern, daß wir die afrikanischen Erzählungen beschönigt und verfälscht bis zum Schluß der Schiffsreise weitergesponnen haben. Offenbar war es zu spät, das zu ändern. Wir wagten es nicht, das Land hinter der Küste so, wie es war, auf das saubere Schiff zu bringen, darin nicht so verschieden vom Berührungswahn des Kapitäns. Seither bin ich den Gedanken nicht losgeworden, ich müßte jene Vorsicht, Feigheit und Freundlichkeit einmal rückgängig machen und wenigstens versuchen, die Erfahrungen, die wir unterwegs in

14

Afrika gemacht haben, genau so aufzuzeichnen, wie sie mir im Gedächtnis geblieben sind.

Der Rest der Schiffsreise war kurz. In Port Sudan verlangte die Concordia Tadj Priorität und konnte sofort am Quai anlegen. Wir gingen zum ersten Mal an Land, in der heißen Sonne begleitet von Fliegenschwärmen bis zum Markt, wo Sudanesen in weißen und bunten Hemden trockene Datteln und Hirse gegen Fische tauschten. Das Hafengelände lag voll riesiger Warenstapel, die niemand wegtransportierte, darunter zehntausend chinesische Teegeschirre, so daß man überall auf zerbrochenes Porzellan trat. Einen Tag lang mühten sich die Hafenarbeiter, die Bulldozer abzuladen. Es gelang ihnen nicht, obzwar ihr Vormann, ein weißhaariger Neger, der mit seinem Häuptlingsstab im Schatten saß, sie mit Zurufen und dem Schwenken von Geldscheinen anspornte. Am nächsten Morgen gab die Gewerkschaft dem Schiff das Recht, mit der eigenen Mannschaft zu löschen. Eine Handvoll unserer blonden Knaben, die sich die Hemden ausgezogen hatten, kamen auf Deck. Sie machten die Ladekrane los und befestigten Drahtseile an den Maschinen. Alles ging still und reibungslos. Zu Mittag standen die gelben Ungetüme auf dem Quai, wo sie wahrscheinlich noch lange den Platz für weitere Waren, die der Westen ins Land lieferte, verstellt haben werden.

In der folgenden Nacht – die Tadj vibrierte durch die immer feuchter und heißer werdende Nacht weiter nach Süden – ließ der Kapitän Frédéric rufen. Signor Garbani liege im Sterben. Frédéric fand ihn im Bett des Krankenzimmers, stöhnend, bleich und nur halb bei Bewußtsein. Er stammelte kaum hörbar, daß seine Blase sich verschlossen habe. Schon seit zwei Tagen versuche er, sich zu erleichtern. Jetzt wolle er nur noch Ruhe und einschlafen. Den Wunsch konnte ihm Frédéric mit einer Spritze Morphium erfüllen. Fast zwei Liter strömten aus dem aufgetriebenen Altmännerleib. Am nächsten Morgen kamen, in heißen Dunst gehüllt, die Magazine der Flotte vor Massaua in Sicht. Da erst nahm Guido Garbani zur Kenntnis, daß es Sankt Sylvester, der einunddreißigste Dezember war. Niemand hatte ihm gesagt, daß die gute Tadj ihre Verspätung aufgeholt hatte. Mit dem Lotsenboot ging er an Land.

Als wir gegen Abend endlich die Landrover durch den Zoll hatten, erwartete uns Signor Garbani ganz in weiß, begleitet von zwei wunderschönen erithreischen Mädchen am Hafenausgang. Die Passagiere und Offiziere seien höflich zu einem Nachtessen im „Firenze", dem vornehmsten Lokal der Stadt, eingeladen. So nebenbei bemerkte er, daß der Einwanderungsoffizier ihn umarmt habe; man brauche ihn noch in Erithrea.

Mit Verena gab es eine Schwierigkeit. Das säuerliche Missionarspaar, das schon seit Tagen auf ihre Ankunft wartete, wollte sie gleich mitnehmen. Der Erste Offizier drohte dem erbosten Gottesdiener mit der Polizei, während Verena den Blick zu Boden richtete. Aus ihren Augen rannen Tränen. Erst als wir alle beim Essen saßen, war zu bemerken, daß sie diesmal unter Tränen lachte und nicht weinte wie sonst immer.

Es gab Spaghetti mit Tomaten und Knoblauch, dann Bistecca, Korbflaschen Chianti und reichlich Eisstückchen in jedes Glas. Der Kapitän war nicht dabei. Als man schon zum Käse überging, bemerkte ich ihn draußen auf der Straße, wie er hinter den Bogenfenstern des Lokals stand und hereinsah. Unserem Gastgeber gelang es, ihn hereinzuholen. Spaghetti wurden nachserviert. Rechts und links neben dem Kapitän saßen die eritreischen Schönen und sprachen auf ihn ein. Als wir uns spät auf der Straße verabschiedeten, umarmte Signor Garbani alle seine Gäste. Auch den Kapitän. Der hatte viel von dem kühlen Chianti getrunken. Als er uns auf Norwegisch, aber mit lauter Stimme gute Reise wünschte, rannen Tränen über seine Wangen. Dann sagte er leise: „Ich käme gerne mit Ihnen."

Spät am nächsten Nachmittag kletterten unsere Wagen die Straße gegen das Hochland von Asmara hinauf. Die Hänge waren mit rostbraunen Felsen bedeckt, zwischen denen dornige Akazienbüsche wuchsen. Ein Schakal lief in der Abendsonne über den Weg, blieb hinter einem Busch stehen und sah uns neugierig nach. Am Abend blieben wir in einem Dorf auf halber Höhe der Küstenberge. Die Wellblechdächer der Hütten leuchteten silbrig, und der Hügel, auf dem das Dorf stand, war dicht bewachsen mit den Büschen der dunkelpurpurnen Weihnachtssterne, die man zur Weihnachtszeit auf unseren Märkten kaufen kann. Es war gerade ein Fest mit afrikanischen Trommeln und einem Grammophon, das italienische Tanzmusik spielte. Studenten, die zu den Weihnachtsferien aus Addis heimgekommen waren, luden uns zu Bier und Honigwein ein. Man diskutierte über Politik. Die eritreische Jugend war sicher, daß es nicht mehr lange dauern könnte, bis The Lion, der Löwe von Juda – wie sie Kaiser Haile Selassié nannten – gezwungen wäre, ihrer Heimat die ersehnte Unabhängigkeit zu geben. Dieses Dorf wurde in der Winteroffensive 1979 von den Sowjetflugzeugen des sozialistischen Äthiopien mit amerikanischem Napalm bombardiert und zerstört.

Thaddeus' Grab

(Vierte Reise, 1962–63)

Als wir vor Sonnenaufgang aufbrachen, waren die purpurnen Blüten-
sterne verfärbt. Im fahlen Licht des beginnenden Tages hatten die
Blumen eine milchige blaugrüne Farbe angenommen. Seltsame Far-
benspiele. Der Himmel hinter uns, über dem Roten Meer, wurde
blutrot, mit violetten und hellen grünlichen Streifen. Die felsigen
Hänge vor uns waren erst dunkelrot, dann rostrot, golden und schließlich matt silbrig. In keinem andern Land Afrikas mit Ausnahme der
Sahara ändert sich alles so sehr, je nach dem Stand der Sonne. Auf
einmal ist alles anders, als es eben noch war. Der Eindruck des
Rätselhaften, der vom Spiel des Lichts ausgeht, verstärkt und vertieft
sich, je mehr die menschlichen Verhältnisse den Reisenden betreffen
und das weite Bergland zur alltäglichen Szenerie des bizarren Dramas
äthiopischen Lebens geworden ist. Bald weiß man nicht mehr, ob man
sich in einem afrikanischen Land der Gegenwart befindet oder in der
mythischen Zeit des Alten Testaments. Dann wieder fühlt man sich in
die mittelalterliche Feudalzeit versetzt. Und im Palast des Kaisers
Haile Selassié geht es zu wie in einer phantastischen Paraphrase der
Hofgesellschaft Ludwig des Vierzehnten von Frankreich. Mag sein,
daß es diese schillernde Rätselhaftigkeit war, die fast jeden der wenigen europäischen Reisenden, die im 18. und 19. Jahrhundert nach
Äthiopien kamen, dazu verlockt hat, ein Buch über seine, nun endlich
wahren Beobachtungen und Erlebnisse zu schreiben.

Auf unserer dritten Reise nach Äthiopien, im Februar 1982, über-
flog die Boeing der äthiopischen Fluglinie gerade vor Morgengrauen
hoch und ruhig das Hochland von Erithrea. Durch diese Berge und
Schluchten waren wir damals langsam hinauf gegen Asmara gerattert.
Tief unten ein Sprühen von weißen und rötlichen Blitzen, in deren
Licht rauchige Wolkenballen aufleuchten, die furchtbar zur Erde nie-
derfahren, Brände entzünden, ein phantastisches Feuerwerk. Ein Gewitter? Wir waren Zeugen der artilleristischen Vorbereitung der Offensive „Roter Stern", die der ERG, die sozialistische Junta des
Genossen Colonel Mengistu Heile Marijam, mit seinen russischen

Helfern gegen die sozialistische Freiheitsbewegung der Erithreer EPLF eröffnete. In jener Offensive ließen die zerfetzten und resignierten Soldaten des ERG auf die nach vielen Jahren des Kampfes müden Erithreer, die jedoch noch Hoffnung hatten, ein tödliches Gewitter niedergehen, konnten aber nicht alle töten und auch nicht siegen.

Schon vor der Reise mit der Concordia Tadj war uns das Land geheimnisvoll und etwas unheimlich. Mehr als zwei Jahre zuvor waren in Zürich am gleichen Tag zwei Briefe aus Äthiopien angekommen, um uns den plötzlichen Tod von Thaddeus zu melden; ein Brief stammte von der Schweizer Gesandtschaft in Addis Abeba, ein anderer war der ausführliche Bericht eines polnischen Arztes und seiner Frau, die in einem Staatsspital nahe von Makalle in der Tigreprovinz arbeiteten. Sie schrieben voll Trauer über den unerwarteten Tod des geschätzten Kollegen, daß er, auf der Rückfahrt von einer Vorsprache bei der Provinzverwaltung in Makalle, im Autobus von einem Unwohlsein, dann von einer Ohnmacht befallen, noch lebend nach Adua gelangt war, daß der Oberpfleger, der die Ernsthaftigkeit des Zustandes richtig beurteilte, den Bewußtlosen in dem gleichen Bus ins Regierungsspital nach Asmara begleitet hatte, wo allerdings nur mehr der eingetretene Tod an Herzversagen festgestellt worden war. Unter den Beileidskundgebungen, mit denen der Brief abschloß, fiel uns ein Satz auf, der in den folgenden Tagen immer mehr Bedeutung bekam: daß man in diesem Lande unerwartet sterben könne, auch ohne herzleidend zu sein. In unseren Dankesbrief flochten wir die Frage ein, was der Kollege mit jenem Satz gemeint habe. In der Antwort ging man auf unsere Frage nicht ein, erwähnte jedoch den Befund einer Autopsie, die die sehr verläßlichen Ärzte in Asmara sicherlich vorgenommen hätten, deren Niederschrift aber niemandem, also auch den Angehörigen nicht, zugänglich gemacht werde. Der weitere Briefwechsel sollte uns beruhigen. Es sei an der Tatsache leider nichts zu ändern, und wenn es nicht mit rechten Dingen zugegangen wäre, hätten die Behörden und der Provinzgouverneur, denen ja der Zugang zu allen medizinischen Akten freistand, sicherlich alles zur Aufklärung Nötige unternommen. Wenn es sich wie hier um einen Ausländer von Rang handle, würden allerdings ihre Erhebungen ausschließlich dem Kabinett seiner Majestät zugänglich gemacht, was bei der politischen Vorsicht der kaiserlichen Regierung den Vorteil habe, daß auf dem Weg zur Ambassade keine Indiskretion vorkommen könne. Der Briefwechsel versickerte, ohne daß wir wußten, ob der polnische Kollege überhaupt einen Verdacht gehegt hatte.

Die Gesandtschaft schrieb, daß sie telegraphisch ihre Zustimmung erteilt habe, den unerwartet verstorbenen Regierungsarzt im katholischen Friedhof der Stadt Asmara zu bestatten und seine persönliche Ausrüstung einem Hilfswerk zu schenken, und sie versprach, uns Geld und Papiere des Dr. Th. M. mit der nächsten Kurierpost zustellen zu lassen. Als das Paket ankam, waren darin Fragmente eines Manuskripts, der Hutskin-Roman von Thaddeus, etwas äthiopisches und schweizerisches Geld, aber keines der Papiere und kein Brief, der auf Thaddeus' Aufenthalt in Äthiopien Bezug hatte. Vom Briefwechsel mit dem polnischen Arzt beunruhigt, stellten wir in unserem Dankschreiben für die gesandtschaftlichen Bemühungen einige Fragen, wiederholten sie, als keine Antwort kam, bis wir nach einer abermaligen Anfrage, die wir über die Behörde in Bern leiteten, einen ausführlichen Brief aus Addis Abeba erhielten, den offensichtlich der Gesandte selber verfaßt hatte. Wir müßten hinnehmen, daß weitere Informationen nicht erhältlich seien, da die kaiserliche Kammer äußerst zurückhaltend sei, und daß eine Gesandtschaft nicht selber Erhebungen vor Ort vornehmen könne, in Äthiopien wie in jedem anderen Land, was man bei diesem sicherlich tragischen und auch nicht einfach zu erklärenden Ereignis besonders lebhaft bedaure. Die Frage nach dem Verbleib der fehlenden Papiere wurde nur indirekt beantwortet. Die hinterlassene Habe sei in einem versiegelten Paket an die Gesandtschaft gelangt. In der Regel seien solche Sendungen von einem Schreiben und einer Liste, ausgestellt vom provinzialen Polizeidirektor, begleitet, die allerdings diesmal nicht beilagen und nachträglich nicht eingeholt werden könnten.

Thaddeus hatte es schwer gehabt, das Provinzspital in Adua verlottert vorgefunden, die Patienten von einem gewissenlosen Regierungsarzt vernachlässigt und ausgeplündert. Sein Vorgänger hatte sich, ohne sein Amt zu übergeben, ins Unbekannte entfernt. Thaddeus hatte uns kurz vor seinem Tod geschrieben, es gelte nicht nur, alles zu renovieren und neu einzurichten, sondern es seien auch „unheimliche Kräfte" am

20

Werk, die ihn behinderten, vielleicht um die frühere Mißwirtschaft zu vertuschen, oder weil irgendwelche Notabeln etwas anderes mit dem Spital von Adua vorgehabt hatten und ihm mit Repressalien drohten, er wisse bloß noch nicht, woher das komme und worauf es hinauslaufe.

Als wir nach Asmara kamen, glich die Stadt einer friedlichen italienischen Kleinstadt in nachweihnachtlicher Stimmung. Unter schattigen Lauben wurde Boccia gespielt, Frauen und sauber gekleidete Kinder kamen aus der Kirche und blieben vor den bescheidenen Auslagen der Läden stehen. Das Hotel hieß Italia, Savoia oder vielleicht auch Roma. Der muffig riechende Speisesaal war hellila gestrichen mit weißem Gipsstuck an der Decke. An der Wand unter dem Porträt von Kaiser Heile Selassié, „Leone di Judaea", mit Schärpe und Orden, hing ein vergilbtes Porträt des italienischen Königs Umberto I., ebenfalls mit Schärpe. Der Oberkellner in seinem speckigen Frack hätte in jedes Ristorante an der Ligurischen Küste gepaßt und wäre dort höchstens durch seine dunkelbronzene Glatze aufgefallen. Die Spaghetti waren vorzüglich, der Wein aus der Umgebung ebenfalls, und die Zimmer mit den altmodischen Messingbetten waren sauber.

Am nächsten Morgen im Spital rief der Assistent sogleich den Chefarzt der Internistischen Abteilung. Doktor Johannes W. flößte uns Vertrauen ein: die ruhigen, geschmeidigen Gesten, die klare toskanische Rede, die hohe Gestalt und vor allem das schmale Antlitz, das einnehmend war wie von einem Jüngling, der für die gute Sache begeistert ist. Als wir ihm nahe gegenübersaßen, bemerkten wir tausend feine Fältchen im dunklen Gesicht, und daß es die kurzgeschnittenen Kraushaare über der hohen Stirn waren, die den Schädel wie ein weißes Doktorkäppchen bedeckten. „Es ist gut, daß ich Ihnen noch selber vom Tode Ihres Freundes berichten kann, bevor ich mein Amt abgebe. Im nächsten Monat erreiche ich das vorgesehene Alter und ziehe mich in das Dorf zurück, in dem ich aufgewachsen bin. Ich habe auf Sie gewartet." Er öffnete die Schreibtischlade und entnahm ihr eine Mappe mit Papieren, die obenauf lag, die Krankengeschichte unseres Thaddeus. Er gab uns eines der Papiere nach dem anderen zu lesen, ergänzte den italienisch geschriebenen Text, ging besonders auf den Obduktionsbefund ein. Alles war nun klar. Thaddeus war an Herzversagen gestorben. Als wir die Papiere studiert hatten und Doktor Johannes unseren Dank aussprachen, sagte er in seiner eindringlich klaren Sprache: „Sie werden bemerkt haben, daß ein histologischer Befund des Herzmuskels fehlt. Dieser allein wäre beweisend für die von uns angenommene Todesursache. Leider arbeitet unsere Histologie schlecht und war damals ganz ausgefallen. Da sich makroskopisch, trotz einiger atherosklerotischer Zeichen an anderen Arterien, kein Verschluß der Herzkranzgefäße nachweisen ließ, ist ein Tod durch toxische Einwirkungen, Sie verstehen, durch Vergiftung, nicht auszuschließen. Für toxikologische Untersuchungen sind wir nicht eingerichtet." Dann bat er uns, den Photographen aufzusuchen, im Laden an der Hauptstraße gleich neben dem Banco di Roma, und wir waren entlassen.

Beim Photographen lag ein schwarzer Umschlag mit zwölf vergrößerten Aufnahmen von Thaddeus' Bestattung auf dem Ladentisch. Wir bedankten uns für die Aufmerksamkeit und bezahlten den bescheidenen Preis. Die Bilder zeigten einen langen Zug weißgekleideter Schwesternschülerinnen mit dunklen Gesichtern unter den weißen Hauben, den Priester mit dem Meßbuch am Katafalk und den blumengeschmückten Sarg. Sogar die Aufschrift der Bandschleife an einem Kranz weißer Lilien, den die Provinzialbehörde gestiftet hatte, konnte man lesen. Der Gehilfe des Photographen wollte uns den Weg zum Friedhof weisen und wartete tatsächlich vor dem Hotel, als wir uns später am Nachmittag auf den Weg machten.

Die Häuser der Vorstadt, durch die sich unser Weg über breite, von rotem Sand bedeckte Straßen hinaufwand, waren aus Lehm gebaut und lagen menschenleer, wie ausgestorben unter der heißen Sonne. Der katholische Friedhof war mit Zypressen und Akazien bestanden, wilde Gräser und Kräuter wuchsen zwischen den Gräbern. Um rote Lilien tanzten exotische Schmetterlinge, Schwärme stahlblauer und zitronengelber Vögel flatterten in den Baumkronen, die Luft war erfüllt von Düften und vom Girren der Turteltauben. Unser junger Führer blieb zurück und spielte mit dem Hund des Pförtners. In der Tiefe des zauberhaften Gartens sah man über die glitzernde Stadt und weit hinaus ins asmarische Hochland. Dort stand die Mauer, in die nach Art lombardischer Friedhöfe die Grabstätten, Sargläden mit quadratischer Fußplatte, eingemauert waren, verschlossen mit einem gemeißelten Stein, der die Inschrift trägt. Nur ein Grab war mit Mörtel vermauert; darauf stand mit schwarzer Kohle geschrieben THAD-

DEUS M. DR MED – darunter auf der Mauerleiste ein Wasserglas mit einer frischen Rose.

Wir sollten zu Signor Amadeo, dem Steinmetz. Der saß in sich versunken in seiner Werkstatt gleich hinter der Friedhofsmauer, ein schwerer alter Mann aus den Abruzzen. „Gut, daß Sie da sind. Ich bin allein geblieben und mache es nicht mehr lang. Ohne meine Napoletana wäre ich schon nicht mehr da." Während er Kaffeestaub in das Nickelwunder tat, das Flämmchen anzündete, Täßchen bereitstellte, aus einem Papiersack Zucker auf ein Tellerchen schüttete, sagte er über seine Lage, was er für nötig hielt. Die Frau seit langem tot, die Kinder in Italien, er selber nur noch da, um die anstehenden Arbeiten fertigzustellen, dann gehe auch er. Darauf zeigte er uns die Platte aus grauem Marmor, die er vorgesehen hatte, schien erleichtert, daß wir einverstanden waren, auch mit der Schrift, die er ausgesucht hatte, und mit dem Preis. Das Geburtsjahr schrieb er auf ein Stück Packpapier, das er unter die Marmorplatte schob. Als wir bezahlt hatten, schüttelte er einem nach dem andern die Hand, setzte sich auf seinen Schemel und machte sich an die Arbeit. (Später, in Zürich, erreichte uns ein Brief aus Asmara, eine Photographie des Grabes mit der Marmorplatte und die Nachricht, daß Signor Amadeo gestorben war.)

Als wir zum Pförtnerhaus zurückgingen, war die Sonne hinter den Bergen verschwunden, der Himmel leuchtete golden auf; dann war es Nacht. Der Gehilfe schaute gierig zu uns herüber, als wir uns vom Pförtner verabschiedeten und ihm Geld für die Pflege des Grabes gaben, das er mit gebeugten Knien in Empfang nahm. Der junge Mann war ganz erregt bei dem Gedanken an das Geld, das er von uns zu erwarten hatte, und sprach unaufhörlich. Als im Licht der Scheinwerfer mitten auf dem Weg ein schwarzes Bündel lag, rief er: „Ein toter Hund. Das ist nicht gut. Fahr drüber!" Es war ein nacktes Kind, das da lag. Wir hielten an und sahen scharf beleuchtet, wie sich ein unförmiges Wesen auf dürren Beinchen mit aufgetriebenem Bauch und wackelndem Kopf in den Schatten einer Hütte rettete. Die leeren Straßen des Nachmittags wimmelten jetzt von bizarren Gestalten, verhungerten nackten Kindern und Bettlern in Fetzen. Hie und da eine Frau in weißen Tüchern, die vorgebeugt unter der Last eines Tonkrugs, der ihr den Rücken zu brechen schien, den Weg bergauf durch das Elend der Vorstadt nahm.

Um alles gesehen zu haben, was an Thaddeus erinnerte, wollten wir am nächsten Tag nach Adua, kamen aber erst bei Dunkelwerden an die Wegkreuzung, wo die Straße zur Stadt abzweigt. Das grüne Licht einer Herberge, Tedj Beit, an einem barackenähnlichen Bau ermutigte uns, nach einem Nachtquartier zu fragen. Die Signora war erfreut. Die Zimmer würden sofort hergerichtet, wir sollten vorläufig in der Bar Platz nehmen. Dort saßen wir an einem langen Tisch, bald setzte sich die Signora zu uns, eine schöne, etwa vierzigjährige Erithreerin, in ein Tuch aus weichem weißen Baumwollmull gehüllt mit einem streng geknüpften Kopftuch, dessen goldene Borte die hohe dunkelbronzene Stirn abschloß. Sie blickte unverwandt auf G. und schwieg. Ein Lächeln überzog ihr Gesicht, sie lehnte sich zurück und lüftete das Tuch, das um ihre Schultern lag. „Ich kenne Sie, ich habe Sie hier bei mir gesehen. Sie waren oft da. Ihre Augen, die Stirn." Sie legte ihre langen Finger auf G.s Hände und begann mit leiser, rauher Stimme zu erzählen: „Ich weiß, Sie brauchen mir nichts zu sagen, Sie sind von den gleichen Eltern wie Doktor Thaddeus, auf den wir so viel Hoffnung gesetzt haben. Wir haben ihn alle geliebt. Er war jeden Abend bei mir und hat viel von meinem Rotwein getrunken. Die Leute haben sehr um ihn getrauert." G. konnte gerade noch sagen, daß Thaddeus ihr Bruder war, dann verschwand Signora in der Küche und ließ uns allein, bis wir die Zimmer beziehen konnten. Nach dem Essen, als die Mädchen vorn an der Bar mit den Besuchern des Abends plauderten, kamen Thaddeus' Patienten an unseren Tisch. Ein alter Mann bedankte sich bei G., der Schwester des Arztes, der ihn geheilt hatte, dann noch einer, eine alte Frau, eine Mutter mit zwei Kindern. Sie kamen still herein, gaben jedem die Hand, sagten ein paar Worte des Dankes für den guten Arzt, der nur zu kurz, viel zu kurz dagewesen war, um sie alle zu heilen. Signora brachte noch eine Flasche Wein und lächelte geheimnisvoll, als wir fragten, wieso sich alle die Patienten nach so langer Zeit an ihren Arzt erinnerten.

Das Trauerritual war großartig inszeniert. Der lebende Thaddeus, der wilde, ungeduldigen Leidenschaften hingegebene Abenteurer, war hinter dem friedlichen Bild des guten Arztes verschwunden. Eingebettet in die Trauer dankbarer Patienten lag er oben, im Duft des lieblichsten Gottesackers. Mit Rührung sollten wir seiner gedenken.

Die Paare an der Bar hatten sich in die Zimmer der Herberge

zurückgezogen, als Signora wieder an unseren Tisch kam. Sie reichte G. eine Photographie, darauf Thaddeus, der an unserem langen Tisch saß, im weißen Tropenanzug, die glühenden dunklen Augen, die so anders blickten als die hellen G.s, auf ein wunderbar schönes Mädchen gerichtet. Sie war in die weißen eritreischen Schleier gehüllt und sah ihm strahlend ins Gesicht. „Wir wissen nicht, wie sie hieß", sagte Signora. „Sie war jeden Abend da. Jetzt ist sie verschwunden. Sie ist verlassen und verzweifelt, abbandonata e disperata. Darum haben wir ihr den Namen Erithrea gegeben. Verzweifelt ist sie. Aber sie kommt zurück.«

Der Generator begann auszusetzen, die elektrischen Birnen verlöschten zuckend, gingen wieder an und flackerten rötlich weiter. Die Herberge lag dunkel da, als wir durch den Hof zu unseren Schlafräumen gingen. Hinter den Lehmmauern „Tausend und eine Nacht". (Pier Paolo Pasolini hat für seinen Film „Mille e una notte" ein amharisches Liebespaar ausgewählt, um zu zeigen, daß Jugend und Schönheit unwiderstehlich sind und daß die Liebe niemals untergeht. Doch Pasolini ist tot.) Kommt Erithrea wieder?

Es gibt keinen Platz im ganzen Hochland, der paradiesischer ist als der Hügel, auf dem damals das Spital von Adua stand. Von fern sehen die Baracken ganz gut aus. Sie sind aber verfallen und kniehoch mit Abfall gefüllt. Kein Mensch weit und breit. Unter dem Eukalyptushain ein üppiger Rasen mit roten, blauen, gelben und weißen Blumen, dazwischen klare Quellen, die zu murmelnden Bächlein und kleinen Wasserfällen zusammenfließen. Der grüne Hügel wird weit überragt von Bergwänden, die mit dürren Büschen bestanden sind. Sie scheinen das Tal von Adua einzuschließen.

Adua war schon immer der Ort vergeblicher Hoffnung. Nachdem im Jahr 1896 die italienische Invasionstruppe in der Schlacht von Adua geschlagen worden war, verkaufte der äthiopische Kaiser Menelik II. die Provinz Erithrea an das besiegte Italien. Bis zu ihrer Vertreibung im Jahr 1941 beherrschten die Italiener die Kolonie. Zehn Jahre nach unserem ersten Besuch warteten die Kranken von Adua noch immer auf einen Arzt für ihre Leiden. Erithrea ist bis heute nicht wiedergekehrt.

„Die Abenteuer des Herrn Hutskin", so heißen die Blätter, die uns von Thaddeus geblieben sind. Herr Hutskin – oder Mister H. oder auch nur Hutskin – war sein ewiger Begleiter. Beide, Hutskin und sein Autor, kamen nicht ans Ziel. Hutskin allein schon deshalb nicht, weil seine Geschichte immer wieder abbricht. Vergilbtes Papier, die unregelmäßigen blassen Buchstaben einer Reiseschreibmaschine, mit vielen kaum leserlichen Ausbesserungen. Am Ende einer Seite biegen sich die letzten Zeilen herunter. Die nächste Seite ist nicht vorhanden. Die abenteuerliche Reise setzt an einem anderen Ort wieder ein. In Borneo, auf Timor, in Spanien, einmal in Paris. Das Ziel ist nicht auszumachen, weil es das Unerreichbare ist, die tiefste Wurzel der Verwicklungen, die Quelle der tragischen oder bizarren Geschehnisse, denen Hutskin ausgesetzt ist. Er scheint zu scheitern, zu unterliegen, wird aber von neu entflammten Leidenschaften in immer neue Verwicklungen hineingezogen, kann nicht untergehen, weil seine ungestillte Sehnsucht ihn nicht zur Ruhe kommen läßt. Kühl wie Phileas Fogg, ein leidender Lazarus, ein gewandter, zäher Abenteurer im weißen Tropenanzug, die Zigarette im Mundwinkel, mit einer verzehrend schönen Frau im Hinterzimmer der Bar, während vorne seine Mörder den letzten Schnaps kippen.

Die letzten Blätter, die sich im Paket der Gesandtschaft fanden, spielen am Hof eines chinesischen Großhändlers und Provinzmagnaten an einem der großen Flußläufe von Kalimantan (Südborneo). Es scheint sich um Erinnerungen unseres Thaddeus zu handeln. Mister H. versucht, das Mädchen, das der Chinese den Dajaks durch List entführt hat und an seinem Hof gefangen hält, zu befreien und zu ihrem Volk zurückzubringen. Nur so bestehe Hoffnung, die Dajaks aus der Hand des Chinesen zu retten, der sie mit der Waffe der Schwarzen Pocken immer wieder besiegt hat. Hutskin hat erkannt, daß die mit Pocken infizierten Flußdajaks, die der Chinese als Unterhändler schickt, von ihren ahnungslosen Verwandten immer wieder gastfreundlich aufgenommen werden und so die tödliche Seuche verbreiten. Es handelt sich darum, den Bergdajaks medizinische Hilfe zu bringen, sie zu impfen und vor den todbringenden Besuchern zu warnen. Mr. Hutskin legt den gefahrvollen Weg durch die Stromschnellen mehrmals zurück. Als er schließlich die Gefangene entführt, versagt der Motor seines Bootes mitten in den Stromschnellen. Er will den Werkzeugkasten öffnen, um den Motor zu reparieren. Darin eine Schlange, deren giftiger Biß tödlich ist. Sie schlingt sich um seinen Arm. Hier endet die Erzählung. Unten auf dem letzten Blatt eine Anmerkung: „Der Chinese heißt Hsi Shu, das gefangene Mädchen E." (H. S. sind die Initialen des äthiopischen Kaisers Haile Selassié. Soll E. für Erithrea stehen? Thaddeus liebte Spiele mit Worten und Buchstaben.)

Tatsache ist, daß Thaddeus mehr als zehn Jahre vor seinem Tod, damals als indonesischer Regierungsarzt, bei der Bekämpfung einer Pockenepidemie unter den Flußdajaks in Kalimantan selber an Pocken erkrankte und beinahe gestorben wäre.

Ich glaube, daß Hutskin noch lebt. Der Mann, der sich das Unerreichbare zum Ziel gesetzt hat, der ein leidenschaftlich Liebender ist, kühl mit Wein und Zigarette, geschunden und krank ein Lazarus. Wo er auftaucht, hinter den Wäldern, über die Stromschnellen hinweg, sucht er die Schöne, die Verzweifelte, so oft Verratene, seine geliebte Revolution.

Zu viele Teufel in diesem Land

(Vierte Reise, 1962–63, und siebte Reise, 1972)

Sobald das Tal sich öffnet, die Berge zurücktreten, Feldern und Siedlungen Platz machen, fühlt sich der Reisende erleichtert; er ist angekommen und aufgehoben. Die steilen Straßen und Hohlwege liegen hinter ihm. Doch gibt es Täler, in denen sich unvermittelt ein Hindernis auftürmt. Ein Kegel aus schwarzem vulkanischem Geröll. Oder wie da im Tigre eine zackige Wand aus goldbraunen Felsen, die sich kulissenartig von der Seite her ins Tal schiebt, großartig, bizarr und bedrohlich. Hier möchte man nicht bleiben.

An den Fuß der Felsmauer herangebaut liegt das Dorf Adigrat. Es kann sein, daß sich die Erinnerung an ein Tal, das plötzlich und gegen jede Erwartung von einem gigantischen Fremdkörper durchstoßen wird, das Bild einer unwirtlichen und unheimlichen Landschaft erst später mit dem Besuch in Adigrat verbunden hat. (Doch geht aus vergilbten Briefen, die ich besitze, hervor, daß wir tatsächlich in diesem Dorf übernachtet haben.)

In Adigrat lebte das polnische Ärztepaar, das uns über Thaddeus' Tod geschrieben hatte. Über ihn, sein Sterben und sein Grab blieb nicht viel zu sagen. Das polnische Paar war höflich, ihre Worte und Gesten wie von Schemen. Vertriebene, rechtlose Emigranten haben es überall schwer, Fuß zu fassen, eine neue Heimat zu finden. Ins Tigre waren sie von seiner Majestät dem Kaiser beordert worden. Von den Behörden als importierte und zum Heilen qualifizierte Sklaven angesehen, von der Bevölkerung als Träger der ungeheuren Magie europäischer Medizin verehrt, vom Flehen der Kranken und Siechen verfolgt, durften die beiden keinen Gedanken zurück an die Schrecken ihrer Vergangenheit und keine Hoffnung vorwärts in die Zukunft richten. Jeden Augenblick konnte das Reich, in das sie sich gerettet hatten, zerbrechen wie ein morsches Floß. So bedrängt, waren die beiden beinahe verlöscht. Um so dramatischer, was ihnen von Tag zu Tag zustieß.

Kürzlich war die Frau nach Asmara gereist, um Weihnachtseinkäufe zu machen. Auf dem Rückweg wurde der Autobus von Räubern überfallen. Das geschah in einem der Hohlwege, nicht weit von Adigrat. Oben auf den Hügeln hatten die Räuber Beobachter aufgestellt. Sie ließen Autos und Lastwagen, die von Asmara kamen, in die Schlucht einfahren und hielten sie mit einer Straßensperre auf, bis der ganze Hohlweg voll war. Hinten wurde eine zweite Sperre errichtet. Die Reisenden wurden von den Räubern, lustigen jungen Burschen, die mit Maschinenpistolen bewaffnet waren, seitwärts in eine Schlucht getrieben wie eine Herde Kühe. Dort wurden ihnen Brieftaschen, Geldbeutel und Uhren abgenommen. Die Frau Doktor ließ sich in einen Ringkampf mit einem der Räuber ein, weil sie ihren goldenen Ehering, der noch in der polnischen Heimat geweiht worden war, nicht hergeben wollte. Der Junge machte Anstalten, ihr den Finger abzuschneiden, bis der Oberräuber entschied, daß sie den Ring behalten dürfe. Dann mußten die Gefangenen die Schuhe ausziehen; die Räuber nahmen sie mit und verschwanden. Es dauerte Stunden, bis die Passagiere barfuß über spitze Steine und Dornen wieder auf der Hauptstraße waren, wo sie ihre Fahrzeuge, ausgeplündert aber fahrbereit, vorfanden.

„Natürlich haben die Gendarmen drei oder vier Räuber gehenkt", sagte die Dame weinerlich. „Dort drüben auf dem Platz vor der Kaserne standen die Galgen schon am nächsten Tag. Das nützt gar nichts. Sie machen sich nicht mal die Mühe, in den Bergen zu suchen, fangen einfach ein paar Burschen vom Markt weg und hängen sie auf. Seine Majestät, der Löwe von Juda, wie sie hier sagen, tut, was er kann. Doch was wollen Sie, mit solchen Leuten! Die Staatspolizei ist auch nicht besser." – „Das solltest du nicht sagen, mein Kind", bemerkte der Doktor. Um die unbedachten Worte seiner Gattin zu löschen, klärte er uns sachlich auf. Solange die Geier über den Galgen kreisten, bei trockenem Wetter oft vierzehn Tage und länger, kämen keine Raubüberfälle vor, die Landstraßen seien dann sicher – „wie bei Ihnen in der Schweiz". Denn so abergläubisch seien die Banditen, ungebildet und rückständig, wie die Armen eben sind, daß sie meinen, die Geier seien die Diener des Teufels. Man sage hier: „Wenn die Geier über der Kaserne schreien, gibt es Unglück." So lange also müßten sie warten bis zum nächsten Überfall.

Abenteuerlich war auch die Geschichte, wieso sie das große, gut ausgerüstete Spital in der Provinzhauptstadt Makalle hatten verlassen müssen und nach Adigrat in die Verbannung gekommen waren. Eine gute Fee, die sie die Prinzessin nannten, hatte sie dort „gehalten". Fast jeden Tag sei ihnen eine Ermutigung, eine prinzliche Gnade zuteil geworden. „Weißt du noch", erinnerte der Arzt seine Gattin, „wie ich den Hustensirup persönlich in die Residenz bringen durfte und der Hofmeister mir eine Schärpe übergab, die von ihr selber bestickt war?" Eine dunkle Gestalt, ein Herr, den die beiden nicht näher bezeichnen wollten, von dem sie aber dann als dem Ras Ismael sprachen, nicht ohne anzudeuten, daß er anders hieß, begann seine Machenschaften. Erst wurde die glückliche Ehe der Prinzessin unterwühlt, ihr süßes Töchterchen entführt und verstümmelt. Im Schmerz überwarf sie sich mit ihrem Gatten, der sie auf einer Jagdpartie im Kartenspiel an den düsteren Ras verlor. In ihrer Not nahm sie einen anderen Ras zum Geliebten. Dieser, der den kaiserlichen Titel eines Ministers für Öffentliche Gesundheit trug, trachtete, die Spitäler, die von der Prinzessin bevorzugt wurden, unter seinen Einfluß zu bringen, um die Geliebte auf diese Weise an sich zu binden, da sein weiterer Aufstieg davon abhing, ob es ihm gelingen würde, die Gunst einer ganz hoch plazierten Frau, der Prinzessin Aida, zu gewinnen – ein risikoreiches, wegen ihrer vielen einflußreichen Liebhaber gefährliches Spiel, bei dem ihm seine Prinzessin nützlich sein konnte, solange er sie durch den Zugriff auf ihre Kliniken und Spitäler gebunden hielt.

Ein romantischer Glanz auf dem Schicksal der unglücklichen Polen. Ihr Emigrantenwahn wurde seltsamerweise vom Oberpfleger, einem unternehmenden jungen Mann, geteilt. Er nahm uns beiseite, um eine Romanze von Gouverneuren und Prinzessinnen zu erzählen, in die er sich verwickelt glaubte. Seinem Wunsch nach Beförderung stand eine Intrige entgegen, in deren Hintergrund wiederum Prinzessin Aida zu stehen schien. Ihre Vorliebe für die medizinische Schule von Gondar sei ja bekannt. Als er unsere Skepsis bemerkte, begann seine Stimme zu zittern, beinahe mußte er weinen. Er wandte sich ab und sagte kaum hörbar, er habe gehofft, wir würden dort oben ein Wort für ihn einlegen.

Lange bevor wir die Hauptstadt Addis Abeba, die „Neue Blume", wie sie ihr Gründer Menelik II. genannt hatte, erreichten, wußten wir, daß jeder Amhare, zumindest jeder, mit dem wir sprechen konnten, seinen eigenen Märchenwahn hegte, von dessen Ausgang Fortkommen, Reichtum und sogar Liebes- und Eheglück abhing.

Einige Tage begleitete uns ein Student als Reiseführer. Er brachte es fertig, da und dort einen koptischen Priester zu bewegen, uns gegen eine Geldspende sein Heiligtum aufzuschließen. Jeden Abend schliefen wir in einem anderen Tedj Beit. Die Weinhäuser, die es in jedem amharischen Dorf gibt, heißen nach dem Tedj, dem süß-herben Honigwein. Sie sind an der grünen Laterne zu erkennen, werden von einer eritreischen Madame geführt und sind mit Mädchen ausgestattet, die sich für einige Jahre so beschäftigen, bevor sie sich verheiraten. Nach dem Abendessen mußte der Student fünf Dollar von uns haben, da er eines der Mädchen bezaubernd fand. Die beiden kamen bald zurück. Das Mädchen weinte vor sich hin, weil unser Begleiter – wie er sich grinsend rühmte – ihr weh getan hatte, und er verlangte, vom Erfolg beschwingt, noch eine Flasche Bier. In seiner aufgelockerten Stimmung wollte er uns über äthiopisches Leben aufklären. Die Liebeskünste der Prinzessinnen seien derart raffiniert und bezaubernd, daß die Kämpfe, Machtspiele und Durchstechereien der Minister und Gouverneure keinem anderen Ziel als solchen Liebesgenüssen gälten. Er selber hoffe, dank seiner Jugend und kräftigen Konstitution einmal zu hohen Ehren aufzusteigen, müsse bis dahin fleißig üben, habe es aber noch nicht bis ins Lager auch nur der bescheidensten Prinzessin gebracht. Bei diesem Geständnis wurde der Jüngling traurig und plötzlich sehr müde, so daß er sich auf der Holzbank der Gaststube ausstreckte und einschlief.

Erst viel später im Süden, in der Kafaprovinz, bekam Prinzessin Aida, die bis dahin im Hintergrund all der Romane vorhanden war, ihre wirkliche Gestalt. Ein vornehmer alter Libanese, der einer Kaffeeplantage vorstand, hatte uns zum Tee eingeladen. Die Plantage gehörte *ihr,* sie hatte ihn vor mehr als fünfundzwanzig Jahren zum Ersatz für seinen in ihrem Dienst verstorbenen Bruder als Verwalter des Gutes eingesetzt. Trotz aller Gunstbeweise für die untadelige Führung des Besitzes und dem jährlich in Gold abgeführten und buchhalterisch nachgewiesenen Ertrag habe sie ihm noch nie die Erlaubnis für eine Reise nach Beirut erteilt, die sein sehnlichster und, wie er in klassischem Französisch präzisierte, sein fürs Leben auf dieser sündigen Welt letzter Wunsch sei. Ihre Photographie im Goldrähmchen zeigte eine Dame mittleren Alters in weißem Abendkleid und Perlenschnüren mit etwas vorstehenden Augen. Ihre eigenhändige Unterschrift, schräg über dem Lüster, der von der Decke ihres Salons hing, verriet Energie. Der alte Herr hatte Tränen in den Augen. „Ist sie nicht großartig, ist sie nicht schön", sagte er, küßte das Glas über der Photographie, dort wo die Füße Ihrer Hoheit in schwarzen Lackschuhen zu sehen waren, und stellte das Rähmchen zurück auf die Schreibtischkonsole. Im Weiterfahren versuchten wir, die Tränen des greisen Herrn dem Heimweh zuzuschreiben. Doch wußten wir, daß er aus höriger Liebe zur Prinzessin geweint hatte. Nie mehr würde er sein geliebtes Libanon wiedersehen.

Weiter als Wusch-Wusch sind wir in der Kafaprovinz nicht gekommen. Der Weg führte durch Sümpfe und über Lehmberge, die von den Schauern der kleinen Regenzeit aufgeweicht waren, so daß die Wagen sich querstellten und Anstalt machten, seitwärts herunterzugleiten. In den Dörfern warfen sich Männer und Mütter mit Kindern auf die Knie und streckten bittend die rechte Hand aus, indem sie mit der Linken am rechten Ellbogen nachfaßten, als wären sie zu schwach, um auch nur zu betteln. In der ersten Reihe knieten in lehmbefleckten Uniformen, den Karabiner über dem Rücken, die Gendarmen. Jeder bekam eine Handvoll Chinintabletten in die ausgestreckte Hand, die Uniformierten natürlich als erste. Im Vorjahr, so hieß es, seien an die achtzigtausend Einwohner der Provinz, in der es keinen einzigen Arzt gab, an bösartiger Malaria gestorben.

Unter diesen Umständen nahmen wir die Gastfreundschaft der Brüder Ulenstam, die eine große Kaffeeplantage verwalteten, gerne an. Ein amerikanischer Konzern hatte die beiden Deutschen vor einigen Jahren hierher versetzt, nachdem sie sich in Brasilien bewährt hatten. In der Tat stand der Kaffee vorzüglich, kräftige Pflanzen im Schatten hoher Urwaldbäume, auf denen Guerezaaffen mit schwarzen Mönchsgesichtern und weißen Mähnen Blättchen fraßen und uns geruhsame Blicke zuwarfen. Am nächsten Morgen wurde die Plantage besichtigt, die Trockenanlage und was es sonst noch zu sehen gab. Die beiden Herren hatten die Briefe fertiggestellt, die wir in die Hauptstadt mitnehmen sollten. Es gab nochmals Kaffee, den sie so dünn zubereiteten, wie es ihrer nüchternen Art und Herkunft von der norddeutschen

Wasserkante entsprach. Der einzige Umstand, der den Fortbestand der Plantage bedrohe, sei der Verfall der Straße. Die Lastwagen, die den geernteten Kaffee ausführen sollten, brauchten in jedem Jahr länger, zuletzt sechs Wochen allein bis Jimma. Darum müßten sie selber schon lange auf jede Reise in die Hauptstadt und auf Urlaub verzichten. Dies mache ihnen zwar wenig aus, da ihr Vertrag ohnehin in drei Jahren auslaufe. Sie dächten nicht daran, ihn unter diesen Umständen zu erneuern. Es sei denn, Prinzessin Aida habe ein Einsehen, revidiere ihre Entscheidungen – wie der ältere Herr Ulenstam mit geschäftsmäßigen Formulierungen ausführte – und eröffne ihr Lager dem jungen und strebsamen Ras N., welcher dadurch seine Prätention, den Gouverneursposten der Kafaprovinz zu erringen, zweifellos werde verwirklichen können, und dieser Ras N. sei durch seine Geliebte, die Frau des Repräsentanten des Konzerns in Addis, nicht nur in die Notwendigkeit eingeweiht, die Straße von der Provinzhauptstadt Jimma bis Wusch-Wusch weiterzuführen, sondern auch imstande, durch seine Ehefrau, die dem Finanzminister sehr, sehr nahe stehe, die Mittel für den Straßenbau in kürzester Frist zu beschaffen.

Der ältere Ulenstam war der Typ des energischen rücksichtslosen Unternehmers, wie man sie als Plantagenverwalter amerikanischer, deutscher oder holländischer Konzerne häufig antrifft. Der jüngere, sein verläßlicher Buchhalter, nickte dem Bruder bedächtig zu. Die bleichen Gesichter der Herren röteten sich, wie wenn gealterte Playboys in Erinnerung an vergangene Lieben aufleben. Beinahe fröhlich faßte der ältere Ulenstam zusammen: „Von den Betten der Prinzessinnen gehen Machtspiele aus. Sie sind die Wirklichkeit unseres normalen Lebens. Wir sprechen kaum darüber. Für Sie ist es sicher interessant." Und sie holten zum Abschied eine Flasche Kornschnaps aus dem Tresor.

Vielleicht sind all die Romanzen ganz einfach zu erklären. So wie Ludwig XIV. bei der Errichtung der absoluten Monarchie verfuhr, war Haile Selassié darauf bedacht, die großen Feudalherren durch Pfründe und Ämter an seinen Hof zu ziehen, damit sie in ihren Provinzen nicht allzu mächtig würden und gegen ihn konspirierten. Unter seiner Kontrolle war eine müßige und reiche Hofgesellschaft entstanden, die in Mätressenwirtschaft verfiel wie der Hof von Versailles. Das hungerbedrohte Dasein der Bauern und Landarbeiter, die rechtlose Unsicher-

heit äthiopischen Lebens, die Fastenzeiten und Bußübungen kopti-
scher Frömmigkeit graben eine steile Sorgenfalte in die Stirnen. Doch
hinter der Stirn wuchern Träume. Der christlich-strenge Kaiser kann
zufrieden sein, daß seine Kamarilla so reichen Anlaß für lüsterne
Phantasien gibt, Opium für die Beladenen.

Wir hatten die Polen zu spät verlassen, um noch rechtzeitig am Markt
von Makalle anzukommen. Reisende zögern manchmal, sich von la-
stenden Verhältnissen zu trennen, als ob sie fürchteten, die letzte
Hoffnung der Gastgeber mitzunehmen.

Der Mittagshimmel war durchsichtig hellblau, hoch hoben kreisten
weißliche Adler, tief unter ihnen Falken verschiedener Größe, und
über den Weg huschten in Scharen die Wühlmäuse, die den Vögeln als
Nahrung dienen. Auf dem Marktplatz von Makalle standen wie verloren ein paar struppige Maulesel. Kein Mensch, der uns sagen konnte,
wann der nächste Markt stattfinden würde. Schließlich bemerkten wir
in einer der Buden aus krummen Eichenbrettern einen alten Kaufmann. Er kam aus seinem Verschlag, verneigte sich, beugte dabei die
Knie und gab Auskunft. Dann winkte er uns mit einer Geste seiner
dürren Hand heran. Aus einem Ledersack nahm er eine Gebetsrolle,
heftete sie an den Dachrand seines Verschlags, um die ganze Länge zu
zeigen, und begann murmelnd das Gebet zu lesen. Das Pergament der
Rolle war vergilbt und schmutzig, die feine eckige Schrift in schwarzer
Tusche mit einzelnen roten Lettern zeugte von Sorgfalt und Kunst.
„Es ist Geez, unsere heilige Sprache, die nur die Priester kennen",
sagte er. „Sie müssen die Rolle kaufen. Es ist meine letzte. Ich muß
essen. Die Rolle wird Glück bringen. Sie brauchen das auf der Reise.
Wenn Sie einem Mönch begegnen, wird er Ihnen zeigen, wie man
betet. Das kann ich nicht. Ich bin ein ungebildeter Mann aus Tigre.
Aber ich muß essen." Er schwieg wie erstarrt. Fliegen setzten sich auf
seine Glatze und in den dünnen gelblichen Bart.
Einen Mönch fanden wir nicht, aber schon am gleichen Abend im
Tedj Beit von Makalle einen Studenten, der bereits wußte, daß wir die
Rolle gekauft hatten. Sie ist echt, meinte er, aus der Zeit des Lidj
Marjam. Ernsthaft begann er, das lange Gebet zu übersetzen. Wer es
am Morgen, nüchtern vor dem Frühstück gebetet hat, dem stehen die
Erzengel und noch zahlreiche Heilige des Herrn, die im Gebet genannt

sind, bis zum Abend bei, gegen die Teufel. „Sie sehen, die roten Lettern da, die reiht man aneinander, das ergibt die Namen des Luzifer und der anderen Teufel, die bei ihm in Dienst sind. In der Rolle, und ich kann versichern, daß das ein starkes Gebet ist, sind sie in heilige Worte eingeschlossen. Solange die Sonne am Himmel steht, sind die Teufel gebunden. Wenn Sie hier reisen, sollten Sie jeden Morgen beten. Es sind zu viele Teufel in diesem Land."

Anders als die christlichen Kirchen des Abendlands haben die koptischen Priester nie versucht, Liebe und Ehe unter ihr Gesetz zu zwingen. Sobald Wollust zu Laster und Sünde erklärt wird, werden Schuld und Reue in die Seelen der Gläubigen gesenkt, wobei dann die Kirche durch weise Verwaltung des Ablasses Macht und einigen Gewinn zu erzielen vermag. Dieses umständliche Verfahren, erst das Gefühl der Schuld und die Angst vor Höllenstrafen zu erzeugen, hat sich die amharische Kirche erspart und den direkten Weg gewählt, die bösen Geister, die seit jeher Schluchten und Felshöhlen des zerklüfteten Hochlands bevölkerten, als Teufel in ihre Dienste zu nehmen. Die Angst vor den Teufeln konnte täglich genährt werden, in den nicht endenden Fehden und Beutezügen der Edelleute und Statthalter, die ungestraft mordeten, plünderten und vergewaltigten und selber allen Grund zur Furcht hatten, von neidischen Rivalen oder unbotmäßigen Vasallen überfallen und gemetzelt zu werden. Für die Angst der Mächtigen, die bei ihren Unternehmungen auf die tatkräftige Hilfe der Erzengel angewiesen waren, gab es das einfache und probate Mittel, Kirchen und Klöster mit dem Besitz eroberten Landes samt den zugehörigen leibeigenen Bauern zu bedenken, wofür die Priester die Machenschaften des Bösen und seiner Diener durch Gebete im Zaum halten sollten. Das Verfahren bewährte sich. Gegen Ende der Regierungszeit Haile Selassiés hatte die Kirche gut ein Drittel allen äthiopischen Landes in ihren Besitz gebracht. Die Könige, die Prinzen von Geblüt, die man Lidj nennt, die Ras' und anderen Würdenträger mußten nicht einmal versuchen, ihre Grausamkeiten und den faszinierenden Umgang mit den zartgliedrigen Prinzessinnen, den üppigen Oromofrauen und den wilden Frauen aus den östlichen Landesteilen aufzugeben, sie mußten nur von Zeit zu Zeit die Früchte ihrer Habgier mit Kirchenfürsten teilen, die ihnen familiär verbunden waren. Die einfachen Leute können ohnehin am besten verwaltet werden, wenn sie Angst haben, wenn sich zu den Staatsdienern, Gendarmen, großen und kleinen Ausbeutern noch alle bösen Teufel gesellen, die wieder nur von gebetskundigen Priestern, die gleichzeitig ihre weltlichen Oberen sind, wirksam beschworen werden.

Der Fremde erfährt von alledem nicht viel, weil er rasch vorbeifährt. Bis ihn endlich ein Markt aufnimmt. Nach einsamer Fahrt belebt sich die Straße. Männer in engen weißen Hosen mit dem weiten Umhang um die Schultern, über die quer der lange Knüppelstab liegt, um den die Arme girlandenartig geschlungen sind. Heilige Familien mit Esel und Kind. Zarte Frauen, den vorgestreckten dünnen Hals gespannt vom Stirnband, das die Last eines ungeheuerlichen Tonkrugs gegen den Rücken drückt. Gruppen von jungen Männern, die Stöcke tragen und drohend dreinschauen. Dazwischen ein Reiter auf geschmücktem Pferdchen, vor ihm die bloßköpfigen Läufer, stöckeschwingend, schrille Schreie ausstoßend, gefolgt von den Knaben und Frauen, die zu Fuß nachhasten. Hinter dem Dorf auf ansteigender Halde der Markt, ein weiß gezeichnetes Gewimmel in sonderlich flimmernder Ordnung, als ob sich im Gedränge alle am Ort bewegten und niemand mehr weiterkäme.

Manchmal fuhren wir dicht an den Markt heran und ließen die Wagen dort stehen, wo Lastesel und Maultiere abgestellt werden. Dann wieder versuchten wir, weit vor dem Dorf anzuhalten, um uns unauffällig durch Hintergäßchen in die Menge zu mischen. Der Reisende hofft, die Menschen von nahe zu sehen, einem würdigen Alten zuzunicken, den rasch gesenkten Blick rehäugiger Mädchen zu erhaschen, die Berührung der Kinder zu spüren, die sich starr vor Neugier an seine Beine drängen, die Gerüche der Würzkräuter und Harze einzuatmen, die Körner durch die Finger gleiten zu lassen, das Teff und die anderen vierzig Getreidearten, die im Hochland geerntet werden, jedes von anderer Farbe und Form. So nahe den Menschen und den Dingen des täglichen Gebrauchs können wir sinnlich wahrnehmen, was im Vorbeifahren unwirklich bleibt und uns in traumhafte Fremdheit verweist.

Das Markterlebnis wurde uns gründlich verwehrt. Nicht ein einziges Mal durften wir ins Gewimmel tauchen, uns in der Menge verlieren. Wie hergezaubert tauchte ein Uniformierter auf, salutierte auf Distanz und begann sogleich, eine freie Gasse für uns zu bahnen. Mit einem schweren Stecken schlägt der ungebetene Führer um sich, nicht ins Leere, im Gegenteil, er versucht mit gezielten Hieben Köpfe, Rücken, Arme und Beine zu treffen. Weil die Menge so dicht ist, gelingt es ihm oft, dumpf klatschende Hiebe zu landen. Stumm, mit unbewegter Miene, nur mit den Augen hastig nach allen Seiten blitzend, gelingt ihm immer wieder ein Schlag. Niemand wird verschont, Bettler und Krüppel, Arme und vornehme Herren und Damen, Greise, Frauen und kleine Kindchen. Bleiben wir stehen, um an einer Melone zu riechen, nach dem Preis einer Honigfladen zu fragen, umkreist uns der eklige Wächter und erweitert den Ring der Neugierigen mit seinem Stock. Natürlich versuchten wir, die Trabanten loszuwerden. Wir baten sie, uns allein zu lassen, wir wünschten keine Eskorte. Manche Gendarmen schienen zu verstehen, ließen sich aber nicht vertreiben. Sie nickten ernst und reichten uns die Hand. Es waren schmale, feingliedrige Hände; Augen von byzantinischen Heiligen im gefurchten Antlitz. Nur wer von reinem amharischen Blut ist, kann zur Polizei.

Am sonderbarsten war, daß niemand zurückschlug. Männer, die einen gleichen Stab über der Schulter trugen, blickten wie erstaunt herüber und landeten blitzschnell selber einen Schlag, am liebsten auf den Kopf von Halbwüchsigen oder Kindern. Manchmal ging das böse Spiel weiter über drei oder vier Köpfe. Kein Schrei und kein Laut des Protests. Das ist die Angst vor der Uniform, dachten wir. Dann, auf kleinen Märkten, in Dörfern, die zu unbedeutend für einen Polizeiposten waren, übernahm irgendein junger Mann die Rolle unseres aggressiven Begleiters, war ebenfalls nicht abzuschütteln und bekam seine grausamen Schläge nicht zurückgezahlt. Wenigstens nicht, solange die vornehmen Fremden da waren.

Die Grausamkeit der Amharen ist bekannt. Nur der ist ein Kämpfer, der dem Gegner die Waffe aus der Hand schlägt und ihn sogleich mit dieser Waffe tötet. Die Bauern, die mit dem Spitzpflug und zwei Ochsen das Teff-Feld pflügen, müssen vier Fünftel der Ernte an den Landherrn abliefern, der dazu noch die Staatssteuer eintreibt. Die Leibeigenen werden erst nach der Ernte mit ihrem Anteil bezahlt, doch hat der Landbesitzer das Recht, seine Arbeiter jederzeit wegzujagen – am besten kurz vor der Erntezeit, wenn sie ein Jahr ohne Lohn gearbeitet haben. Wo Bauern aufbegehren, kommen die Gendarmen und schießen sie zusammen. Von den unzähligen Bauernrevolten in Äthiopien war keine erfolgreich. Die Anführer wurden erschossen, geköpft oder gehenkt. Dort wo das Hochland gegen Osten dürr und wüstenhaft wird, sahen wir Elendsdörfer mit Bauern, die vor der Ernte verjagt worden waren, Dörfer ohne Wasser, ohne pflügbares Land, Kinder mit aufgetriebenen Hungerbäuchen, Bettler und Bettlerinnen sie alle.

Weit im Süden war noch einmal ein prächtiger Markt, Viehherden mit geschmückten lanzentragenden Hirten aus dem Ogaden, Oromofrauen in Lederkleidern und dichte Scharen amharischer Hochlandbauern, stolz und unnahbar im eroberten Land, die Stirn geteilt von der senkrechten Sorgenfalte. Meine Begleiter hatten es aufgegeben und warteten weiter unten an der Straße, wo sich die Marktfahrer in immer dichteren Zügen auf den Heimweg machten. Noch einmal wollte ich versuchen, ins Marktgedränge einzutauchen. Ein stattlicher junger Mann in äthiopischer Kleidung reichte mir die Hand, begrüßte mich in englischer Sprache und entriß im nächsten Augenblick einem Jüngling, der den Fremden verwundert anstarrte, den langen Stock. Blitzschnell zog er einen Hieb über die Schultern des Entwaffneten, der ohne die Miene zu verziehen einen Faustschlag auf den Kopf eines kleinen Buben landete. Der Kleine stürzte lautlos vornüber, rappelte sich langsam auf und verschwand in der Menge. Es gelang mir, meinen Begleiter am Handgelenk zu fassen und aus dem Gedränge zu ziehen.

Unter einem Schattenbaum zwischen üppigen purpurroten Weihnachtssternbüschen sprachen wir miteinander, bis die Sonne unterging und alle Zigaretten geraucht waren.

„Das ist unsere Gastfreundschaft, es tut mir leid, wenn es Sie stört. Auf so einem Markt gibt es ganz primitive Leute, die nicht wissen, was sich gehört, was man einem Gast schuldig ist. Nein, sagen Sie das nicht, ich bin selber fremd, mein Vater ist hier im Amt, ich studiere Jus am Kollegium in Addis, aber ich kenne mein Volk. Übel nehmen?

Ich bin Sozialist. Ich kenne mein Volk. Es ist wahr, die Leute sind ungebildet, aber intelligent. Wenn Sie hören würden, wie sie vor Gericht aussagen! Geborene Juristen. Sie sprechen die doppelte Sprache, Wachs und Gold. Sie kennen das vielleicht. Der Künstler, der ein Figürchen aus Gold gießen will, die Gestalt der Jungfrau Marijam zum Beispiel mit dem Jesuskind, muß die Figur aus Bienenwachs formen, fein ziseliert, den Mantel, die Krone. Dann knetet er weißen Ton herum und wartet, bis er sich härtet. Mit einem Dorn bohrt er ein Loch, dort wo die Füße der Madonna sind, und gießt flüssiges Gold hinein. Das Wachs schmilzt und verliert sich in den Poren der irdenen Schale. Das goldene Kunstwerk kann man verkaufen. Es hat den doppelten Preis des Goldes. Die Rede der Leute ist Wachs, so sagt man: jeder kann verstehen, was sie sagen, so wie man die hübsche Wachsfigur, die keinen Wert hat, leicht erkennt. Die Leute reden biegsam wie Bienenwachs. Sie sagen ‚so ist es, ich kann es bezeugen, genau wie der Herr Richter es gesagt hat'. Wenn aber die Rede, die schlichte Rede der Bauern, der Viehtreiber, der landlosen Erntearbeiter, oder gar erst die Rede der landbesitzenden Kleinadeligen, oder der Würdenträger, die über Erbländereien gebieten, wenn diese Rede in Ohren eindringt, die verstehen, was hinter den schlichten Worten steht, dann kommt das Gold hervor. Die Stirne glättet sich und das Herz wird weit. Es heißt ‚nein, und abermals nein, die Herren Richter lügen, die Herren Grundbesitzer lügen und stehlen, unser Zeugnis ist gegen sie, gegen die Bauernschinder, die Mädchenschänder'.

Die doppelte Rede ist viele hundert Jahre alt. Die Dichter am Hof der grausamen Könige von Axum mußten Lobgesänge auf ihren Herrn verfassen. Wenn das Lob nicht gefiel, wurde der Dichter entlassen, wenn er gar nichts schrieb, geköpft. Da haben sie die neue Sprache erfunden, Wachs, knetbares Wachs, die Herrlichkeit, die Güte und Frömmigkeit des Königs, dahinter verborgen mit Anspielungen, schiefer Aussprache, mit Worten doppelter Bedeutung das Gold: der König ist grausam, er ist geizig, er hurt herum. Unser Volk hat die Lektion gelernt. Sie wissen, His Majesty nennt sich König der Könige. Wir sind Dichter geworden. Wenn wir reden, ist es Wachs, was wir denken, ist Gold.

Wer die Richter kennt, weiß, daß sie ihr Amt genießen, den Prozeß verlängern, um noch mehr Zeugen anzuhören. Wir junge Sozialisten lächeln mit geschlossenen Lippen und lieben unser kluges Volk, das weiß, was die Wahrheit ist.

Das Recht? Nein, das Recht, das hat noch nie ein Landarbeiter gekriegt, das werden *wir* erst bringen, wenn die Stunde da ist. Die Ras', die Minister, Statthalter und alle Prinzchen und Prinzessinnen, noch lachen sie, das wird ihnen vergehen, unsere Leute können warten, ihre goldene Rede wirkt im Verborgenen weiter, illegal, wie wir sagen.

Sie müssen verstehen. Wir Amharen sind die fortgeschrittene Nation. Sie sehen, ich spreche Ihre Sprache, die Sprache von Marx und Lenin. Wir werden sie befreien, ihnen den Sozialismus bringen, die Kultur der proletarischen Nationen. Äthiopien hat immer kämpfen müssen. Die Prinzen von Gojam, die Könige von Axum im Tigre, der starke Menelik – unser Land hat sich ausgedehnt gegen die ungläubigen Islamiten im Osten, die heidnischen Galla, die Arussi, die Afar. Alle mußten wir befreien und beschützen. Dann mußten wir zurück auf die Tafelberge und wieder kämpfen. Der alte Löwe von Juda hat sogar Mussolini und seine Faschisten vertrieben. Er ist ein Halsabschneider und Blutsauger, aber er versteht zu kämpfen. Wir werden ihn vor seinem Palast aufhängen. Alle Gebete werden ihm nicht helfen, und die fremden Ratgeber und schwedischen Flieger, die er hat, werden wir aus dem Land jagen, ihn aufhängen, wie er vor ein paar Jahren die Generäle in den Straßen der Hauptstadt an den Alleebäumen hängen ließ, als sie den Aufstand gemacht hatten. Der Alte war in Brasilien, dann hat der alte Löwe in Khartum gewartet, bis sein Double, der Alias-Haile, an der Spitze der Garnison mit den Meuterern fertig geworden ist. Dann erst ist der wirkliche Haile zurückgekommen und hat seine Feinde mit der blutigen Pranke geschlagen.

Warum ich, ein Sozialist, die Leute schlage? Ach, Sie sind ein europäischer Christ, darum können Sie mich nicht verstehen. Lenin hat gesiegt, da hat er den Zaren erschießen lassen. Wenn der Zar die russischen Bauern, die Muschik, wenn Sie wissen, was das ist, nicht mit der Knute geschlagen hätte, wann hätten sie Revolution gemacht, wie hätten sie sich befreit?"

Der Student saß steif aufgerichtet neben mir. Mit der linken Hand hielt er krampfhaft den Stock zwischen den ausgestreckten Beinen. Die Zigaretten mußte ich ihm anzünden. Er blickte geradeaus, so daß sich sein Profil aus dunkler Bronze gegen die rotblühenden Büsche abhob. Endlich entspannte sich seine Starre, er ließ den Stock los und lehnte sich zurück. Eine tiefe Furche stand ihm senkrecht zwischen den Augen, während er mit einem flehenden Blick zu mir aufsah. Auf seiner Stirn lagen feine Schweißtropfen, und ein scharfer Geruch, den ich früher nicht wahrgenommen hatte, ging von ihm aus.

„Ich war noch nicht fünf Jahre alt, wir wohnten damals in Addis in einem schönen Bungalow für Beamte. Ich durfte mit den Nachbarkindern spielen. Da war ein Junge, der drei Jahre älter war als ich. Ich habe seinen Ball genommen. Da hat er mich geschlagen. Ich weinte und lief ins Haus zur Mutter. Du brauchst nicht heimzukommen, bevor du dich gerächt hast, sagte sie. Geh und schlag ihn! Er aber war stärker. Ich˗suchte einen großen Stein und kletterte auf die Mauer neben dem Eingang zum Bungalow seines Vaters. Ich wartete viele Stunden lang. Am Abend, als das Auto seines Vaters an der Straße hielt, lief mein Feind heraus, um ihn zu begrüßen. Mit dem Stein habe ich ihn am Kopf getroffen. Er fiel hin und blutete wie ein Schwein. Sein Vater trug ihn ins Auto. Man hat ihm den Kopf im Spital genäht. Ich sprang von der Mauer und rannte heim. Die Mutter ging in die Küche und machte eine besondere Sauce mit Fleisch und rotem Pfeffer. Ich durfte die besten Stücke essen. Als der Vater heimkam sagte er, du bist mein Sohn, und gab mir seinen eigenen Becher mit Tedj. Der Honigwein ist süß, und ein Kind erinnert sich an einen solchen Tag.

Später im Kollegium gab es andere Kämpfe. Da war der Sohn einer Galla, die einen echten Lidj geheiratet hatte. Der war doppelt so schwer wie ich. Einmal haben wir gekämpft, und er lag über mir. Er hielt mich an den Haaren und rieb mein Gesicht über die spitzen Steine. Er sagte, ich werde dir die Nase und die Ohren wegreiben. Alle haben zugesehen und gelacht. Dann ist der französische Pater gekommen, und er mußte mich loslassen. Ich habe nur diese Narbe behalten. Da ist sie." Er nahm meine Hand und führte die Finger über eine Narbe, die wie eine dunkle Schnur über seine Wange lief.

„Diese Kämpfe gefallen mir nicht. Was ich liebe, ist der Boxkampf. Wenn einer am Boden liegt, muß der Sieger ihn loslassen. Man zählt bis zehn, und der Sieger steht da und hat gewonnen. So kämpfen die Amerikaner. Die Faschisten, die Italiener waren wirkliche Teufel. Wer gegen sie war, auf den haben sie geschossen mit Gewehren und Maschinenpistolen. In einer Kirche bei Addis hat man sie gemalt, Teufel, die von den Erzengeln gejagt werden. Der Oberteufel gleicht Mussolini, und alle Teufel haben italienische Uniformen angezogen.

Wir Amharen haben sie vertrieben, weil wir bessere Kämpfer sind. Darum müssen wir alle vierzig Völker unseres Landes befreien. Wir werden für sie kämpfen, damit sie endlich sozialistisch leben können.

Weil wir die Stärkeren sind, werden wir sagen, gut, ihr liegt am Boden, es soll euch aber nicht schaden. Ihr werdet arbeiten und uns den Teff geben, damit wir zu essen haben, und uns den Kaffee, die Rinder und das Zuckerrohr geben, damit wir es den fremden Teufeln verkaufen und für euch ungebildete Bauern Schulen bauen und Kasernen und Lager, wo man euch unterrichtet, damit ihr kämpfen lernt wie die Amharen. Dann werden wir alle gleich sein, wir, die Offiziere, Minister, Ingenieure, und ihr, die proletarischen Landarbeiter.

Die Solidarität? Indeed, Sir. Wir Sozialisten sind solidarisch. Sogar mit den heimtückischen Galla. Wir nennen sie Oromo, und die Leute aus dem Norden nennen wir Tigre. Sorry, Sir. Das Land, das heute dem Kaiser gehört und den Klöstern, das werden wir wegnehmen. Alle werden zusammen arbeiten, und wir Sozialisten werden alles aufschreiben, damit jeder bekommt, was er braucht. Indeed Sir, Sie haben gesehen, daß niemand Ordnung hält auf den Märkten. Seit die Faschisten hier waren, heißt der große Markt in Addis Mercato. Niemand durfte stehlen, solange sie da waren. Heute sitzt der Löwe in seinem Palast und zählt sein Gold und betet. Er sorgt nicht für das Volk. Auf den Märkten drängen sich die Leute, und alle stehlen, wo sie nur können. Indeed, Sir, Sie haben gesehen: erst als ich mit Ihnen gekommen bin, waren alle still, niemand hat ans Stehlen gedacht. Sorry to object, Sir, das ist unsere Zukunft. Wir sagen: Etiopia first!"

Wir standen beide auf. Er fuhr mit dem Handrücken über die Stirne, um den Schweiß abzuwischen. Als er sich nach seinem Stock bückte, schien er etwas unsicher auf den Beinen zu sein. „Etiopia first", sagte er nochmals, als er mir die Hand gab. Sein Blick ging an mir vorbei zu Boden. Ich hielt seine Hand in der meinen, worauf er zu mir aufsah, noch einmal kaum hörbar „Etiopia first" sagte und dann lautlos in den Büschen verschwand.

An diesem Abend blieben wir lange wach. Der amharische Sozialist, die junge Elite des einzigen afrikanischen Volkes, das eine europäische Invasionsarmee besiegt hatte, war vom Wahn der Überlegenheit seiner Rasse befallen. Wer will entscheiden, ob der Sieg der Waffen über das italienische Heer bei Adua (1896) direkt in die Köpfe gestiegen ist und dort generationenlang weiter wucherte, oder ob die feudalen und kolonialen Herren ihre unterworfenen Opfer so lange bewußtlos gemacht haben, bis der Wahn ihrer Unterdrücker in sie eingedrungen ist. Durch Ansteckung verdorben, für lange Zeit? Etiopia first. Was dann?

42

Kein gutes Land für den weißen Mann

(Erste Reise, 1954–55, und alle Reisen durch die Sahara bis zur sechsten, 1970–71)

Ein Schweizer Diplomat schrieb uns im Herbst 1954 aus Algier: „Sie könnten keinen weniger passenden Zeitpunkt für ein solches Unternehmen wählen." Es handelte sich um unsere erste Reise nach Afrika. Der Aufstand im Aurès-Gebirge, Beginn des algerischen Unabhängigkeitskrieges, hatte dem Diplomaten eine Vorahnung kommender Ereignisse vermittelt. Er wollte irgendwelchen Verwicklungen vorbeugen, in die seine Landsleute bei den zu erwartenden Wirren geraten könnten. Der Kontinent, der den Zweiten Weltkrieg scheinbar unbewegt hatte vorbeiziehen lassen, schien endlich unterwegs nach einer eigenen Zukunft. Gerade das hofften wir zu entdecken. Doch hat uns schon der erste Teil der Reise unmerklich in jenes fragwürdige Verhältnis verstrickt, das seit den Kreuzzügen den einsam in unbekannte Weiten vorstoßenden Abenteurer mit den edlen und stolzen Söhnen der Wüste verbindet.

Das quergefurchte Waschbrett der Piste begann damals weit vor der Oase El Goléa. Wir mußten es wagen, mit Vollgas darüber zu rasen. Der alte Jeep sprang, tanzte und schlug dröhnend in Löcher. Nach einer halben Stunde konnten wir mit einem Bremsmanöver in den festen Sand neben dem Laterit der Piste ausweichend anhalten, um uns den Schweiß von der Stirn zu wischen und Mut für den nächsten Tanz übers Waschbrett zu schöpfen.

Im Garten des Kommandanten von El Goléa graste eine Gazelle. Bei einem Kaufmann konnten wir einen Karton mit rostigen Schrauben und Muttern erstehen. Als wir im rosa Glanz der Morgensonne auf der Reparaturbrücke der Verwaltung die Bolzen und Schrauben zu montieren versuchten, die unser durchgeschütteltes Fahrzeug verloren hatte, so daß der Wagenkasten nur mehr locker mit dem Fahrgestell verbunden war, stand ein schmaler Herr in den flatternden schwarzen Hosen der französischen Kamelreitertruppe auf der Höhe der Sanddüne, die ihren Schatten herüberwarf. Noch als er endlich näherkam und sich mit einer Andeutung von Ironie vorstellte, M., Handelsreisender in den Wüstenregionen Afrikas, wurde er von Anfällen eines nicht unterdrückbaren Lachens geschüttelt. Am Vorabend hatte er uns ankommen sehen und bemerkt, wie wackelig der Wagenkasten unseres Jeeps auf dem Chassis saß, wobei ihn die Vorstellung überfiel, wir würden das Lenkrad fest umklammernd mit dem Blechkasten im Sand neben der Piste landen, während der kriegerische Unterbau mit knatterndem Motor nackt und frech vor die Kommandantur kurvte. Herr M. mußte dabei an das Gesicht des Kommandanten denken, was ihn nachhaltig erheiterte. Jener Herr pflegte zu sagen, daß er alles, buchstäblich alles, was in der Sahara geschehen könnte, schon früher einmal erlebt habe. Ein Militärjeep in voller Fahrt, ohne jemand drauf, mit einem schweizer Nummernschild: *das* wäre einmal etwas Neues!

Herr M. wurde unser Freund. Er war Franzose, sie Holländerin. Sie hatten sich zusammengetan, um für den Rest ihres Lebens die Pisten der Sahara zu befahren. Beide lachten gerne, doch hatte sein dunkles Gesicht und ihr blondrosiges den gleichen Zug von Melancholie. Er fuhr einen dunkelblauen Simca, einen leichten städtischen Wagen ohne irgendeine Ausrüstung für den Sand. Am Abend gab es im Rasthaus auf einem der langen Speisetische eine Ausstellung der erlesenen Kunstbücher der Edition Skira, die man bei M. bestellen konnte. Da sich, wie zu erwarten, kein Käufer meldete, wurden die Bücher bald wieder verpackt. Dann saßen wir zusammen und lernten, welcher algerische Wein in der Sahara seinen fruchtigen Geschmack nicht verliert, und von wo und zu welcher Zeit man in Timbuktu einfahren muß: von Osten her über die Dünen, dann wenn die feuerroten Blüten der Flammenakazien, die entlang der Einfallstraße stehen, eine Stunde vor Sonnenuntergang aufleuchten. Das war einer der Fixpunkte im Nomadenleben unserer neuen Freunde.

Obzwar die beiden nichts über ihr früheres Leben erzählt hatten, meinten wir – als wir nach drei Tagen weiter mußten – einiges von ihnen zu wissen. M. hatte im Armeekorps des Generals Leclerc gekämpft, der mit einer Schar gaullistischer Freiwilliger, die er im Tschad gesammelt hatte, durch die Wüste nach Norden zog, um den Panzertruppen des Generals Rommel in die Flanke zu fallen. Auch sie kam von irgendeiner Front des antifaschistischen Widerstands. In den Jahren des kalten Krieges konnten die beiden in einer bürgerlichen Existenz keinen Sinn finden und waren in die Sahara ausgewichen.

Da wir ähnliche Motive hatten, wissen wir nicht, ob es diese Gemeinsamkeit war, die unsere Freundschaft begründete, oder ob umgekehrt unsere Sympathie ihnen Motive für ihr Nomadisieren unterschob, die auch die unseren waren. Einige Jahre später trafen wir sie wieder. Wir hatten einen schmerzlichen Verlust erlitten und waren abends allein von Sambailo in Guinea aufgebrochen. Traurig fuhren wir in die Nacht hinein, Richtung Dakar. Die breite Straße war knietief von weißem Staub bedeckt, der als dicker stinkender Nebel in der kühlen Nachtluft hängen blieb. Von Zeit zu Zeit versank unser Wagen in einem metertiefen staubgefüllten Loch. Es ging gegen Mitternacht, als wir erschöpft in die kleine Stadt Tambakunda einfuhren. Im Rasthaus war noch Licht. Da saßen die M.s beim Wein, als ob sie auf uns gewartet hätten, und begannen zu erzählen. Sie kamen von Dakar, der Beginn einer neuen Reise, diesmal mit einem VW-Bus, reichlich ausgerüstet. Ihm war es gelungen, seine Tätigkeit als Handelsvertreter auf die ganze Sahel südlich der Sahara auszudehnen. Lust auf unerhörte Fahrten kam auf, und unsere Trauer wurde leicht genug, um sie ins Unbekannte mitzunehmen.

(Die erste Begegnung mit M. hatte zur Folge gehabt, daß wir uns in Ghardaia schwarze Türkenhosen kauften, wie er sie trug. Mit diesem Kleidungsstück brachten französische Offiziere, die in den saharischen Besitzungen Dienst taten, zum Ausdruck, daß sie dahin gehörten und auch bleiben wollten. So angezogen erhielten wir das Lob des Offiziers, bei dem man die Abreise jedes allein fahrenden Wagens melden mußte. Wir schämten uns und packten die heldische Gewandung in einen Sack, den wir mit anderen unnützen Dingen aus In Salah heimschickten.)

Die Piste ist mit Steinhäufchen bezeichnet, in regelmäßigen Abständen von fünf oder zehn Kilometern. Auf sandigen Regs, wo es keine Steine gibt, hat die Armee mit Sand gefüllte Benzinfässer aufgestellt. Außer den Spuren von Lastwagen gibt es nichts, was die Weite der Wüste entstellt. Das Plateau des Tademait ist übersät mit faustgroßen kantigen Steinen, schwarz, wenn man gegen die Sonne nach Süden fährt, ziegelrot, wenn man zurückblickt. Hier wächst nichts, kein Gras, kein Busch. Nachts leuchten die Sterne heller als irgendwo. Manchmal taucht am Horizont ein Licht auf, die Scheinwerfer eines Lastwagens scheinen sich zu nähern. Langsam hebt sich der Schein. Nur in der Sahara sieht man in klaren Winternächten einen Stern knapp über dem Horizont aufgehen. Am Tag täuscht die trockene Luft noch mehr. Bis zu einem Hügel, zu dem man rasch hinspazieren könnte, sind es dreißig Kilometer. Die blassen Seelandschaften der Fata morgana erscheinen gegen neun Uhr vormittags und vergehen erst, wenn die Sonne gegen Westen niedergeht. Am Anstieg ins Hoggargebirge liegen auf dem Sand riesige Skulpturen von Henry Moore, vom Gebläse des Wüstenwindes geformt. In der Einsamkeit ein Blechschild an einer Eisenstange: „Hier überschreiten Sie den Wendekreis des Krebses." Die Sahara wird zur Geographie; man hat sie in Besitz genommen.

Oben im Hoggargebirge waren die Nächte kalt. In der Abenddämmerung hielten wir nach einem Lagerplatz Ausschau, bis wir eine Stelle fanden, an der sich eine Gazelle zur Nacht niedergetan hatte. Wir vertrieben das zarte Tier, das uns die beste windgeschützte Mulde gezeigt hatte. Südlich von Tamanrasset wurde es wärmer. Gräser und kleine Akazien wuchsen in den trockenen Flußbetten, die man Oueds nennt. In diesen Oueds erwarteten wir die erste Begegnung mit den Tuareg, den Herren der Wüste. Als einige junge Kamele nicht weit von der Piste weideten, hielten wir an.

Der Gang der beiden jungen Männer, die von irgendwoher auf uns zukamen, war rasch, verriet aber keine Eile. Während sich die Kinder der Nomaden nicht anders bewegen als europäische Kinder, halten erwachsene Männer im Gehen den Körper steif vorgeneigt, die Arme eng angelegt, und schieben die Beine weitausgreifend vor wie Kolben einer Maschine. Die beiden waren in lockere Hemden oder Mäntel gekleidet und trugen einen weißen Turban. Der größere und offenbar ältere hatte das Turbantuch als Schleier über Gesicht und Nase gewikkelt, so daß seine dunklen Augen aus der Tiefe hervorsahen. Der jüngere, dessen hellbraunes Gesicht unverschleiert war, übernahm es, uns zu begrüßen. Bald verstanden wir, daß er uns ins Lager begleiten wollte. Mit größtem Vergnügen preßte er sich auf den Sitz zwischen uns. Nachdem wir eine Kette von Sanddünen und noch eine zweite umfahren hatten, standen am Eingang eines trockenen Oued die Zelte, das schönste, an einem erhöhten Platz, die Wohnung des Chefs und seiner Frauen.

Nicht weit davon ließ der Chef, der einen dunkelblauen Gesichts-

schleier trug, unseren Lagerplatz herrichten, einen Halbkreis aus rot-
gegerbten Häuten, der von einem Windschutz aus demselben edlen
Material umgeben war. Dann waren wir zum Tee geladen. Zuerst
werden die glühenden Holzkohlen angefacht, bis das Wasser in der
Teekanne heiß wird, der grüne Tee dreimal aufkocht und jedesmal
einige weitere Brocken vom Zuckerstock hinzugefügt sind, den die
erste Gattin des Chefs in einem Ledersack unter Verschluß hält. Erst
wenn jeder der Gäste und alle Gastgeber je drei Gläschen des heißen
süßen Saftes getrunken haben, kann das Gespräch beginnen.

Zur Gegeneinladung hatte G. unser eigenes Teezeremoniell erfunden, das trotz Blechschalen, Würfelzucker und Benzinvergaserflamme
sehr gut ankam. Nur die erwachsenen Männer hatten sich eingefunden.
Am Abend brachten Mädchen den Gästen große Kürbisschalen mit
Kamelmilch. Wahrscheinlich mußte der ganze Stamm an diesem
Abend darben. Der Hirte Jussuf, der uns ins Lager geführt hatte,
schloß sich Frédéric an. Er schien nicht zu wissen, wo er die Nacht
verbringen könnte. Als die Feuer heruntergebrannt waren, versuchte
er, einen Schlafplatz zu finden. Er kauerte vor einem Zelt im Sand,
ohne die Matte zu berühren, und begann mit gurrenden Tönen für sich
zu werben. Die Frauen sahen kaum nach ihm hin, rafften das Kopftuch
und verschwanden im dunklen Schatten der Matte, die gegen die
Windseite aufgerichtet war. Schließlich schien er Erfolg zu haben. Eine
schöne, große Frau gurrte zurück und kauerte sich vor ihn hin an den
Rand der Matte. Umrahmt vom schwarzblauen Schleier leuchtete ihr
Gesicht im Schein des aufsteigenden Mondes. Jussuf kroch oder wälzte
sich näher an sie heran. Er hatte den Gesichtsschleier losgemacht,
seine Zähne blitzten. Die Tücher, die sich dunkel um die beiden
Gestalten bauschten, waren beinahe zu einem einzigen Schatten ver-
schmolzen, als Jussuf plötzlich wie ein Stamm, den man einen Abhang
hinunter rollt, den hellen Sandhügel herunterkam. Die Frau hatte ihn
mit einem Fußtritt vor die Stirne weggeschnellt, gerade als er die
Zeltmatte erreicht hatte. Dann war sie verschwunden. Frédéric nahm
ihn bei der Hand. Er ringelte sich in einer Ecke unseres Schlafplatzes
zusammen. Bevor ich mich niederlegte, sah ich im Schein der Taschenlampe, daß das Gesicht des Knaben naß war. Er schlief fest und weinte
im Schlaf.

Am nächsten Morgen sollte eine Gazellenjagd unseren Besuch zu einem würdigen Abschluß bringen. Als ein paar Kinder gekommen waren, um die Ledermatten unseres Lagers zusammenzupacken, stand der Chef mit seinen beiden ältesten Söhnen in der Nähe. Unbeweglich blickten sie nach Westen. Bis zum Horizont leuchteten die Dünen aprikosenrot im Schein der aufgehenden Sonne. Ich packte das Jagdgewehr aus, zeichnete eine Gazelle auf ein Blatt des Notizblocks, näherte mich unseren Gastgebern und hielt das Blatt vor sie hin. Es schien mir, daß die Augen des Alten aufleuchteten. Dann entfernten sich alle drei mit dem weitausholenden Gang, der aussah, als wären ihre Unterschenkel Kolben einer lautlosen Maschine. Wir berieten noch, was der Rückzug zu bedeuten habe und ob sie unsere Absicht verstanden hätten, als die Männer die Düne herunterkamen, diesmal langsam, in würdiger Haltung. Sie hatten glänzende dunkelviolette Schleier umgebunden, über denen die Augen zwischen den schwarz geschminkten Lidern geradeaus in die Ferne blickten. Im linken Arm hing jedem ein Schwert, und der Alte stützte die rechte Hand auf den Knauf eines Dolches, den er im Gürtel trug.

Es muß ein merkwürdiger Anblick gewesen sein, als wir endlich im Jeep verstaut waren. Auf dem Hintersitz der Alte, das Kinn auf den Knauf des Schwertes gestützt, neben ihm die Söhne, deren weite Gewänder nach rechts und links flatterten, G. am Steuer und ich daneben mit dem Jagdgewehr zwischen den Knien. Schon am Vortag, als wir die Kamele entdeckten, meinten wir, daß es in diesem Tuareglager keine Jagdwaffen gebe. In den Oueds grasten friedlich Gazellen und hoben nur kurz die Köpfchen nach dem lärmenden Gefährt. Die Damagazelle ist etwa so groß wie ein Reh, feingliedrig, sandfarbig, mit einem hellen, dunkel geränderten Streifen an der Seite und geschwungenen lyrenförmigen Hörnern. Die nervöse Grazie der Gazellen verzaubert die baumlose starre Wüste zu einem lieblichen Garten.

Ohne es zu merken, hatte ich mich mit den Wüstensöhnen in ein romantisches Ritual verstrickt. Eine Jagdleidenschaft hatte mich ergriffen, die ich seit vielen Jahren nicht mehr kannte. Die Tuareg wiesen den Weg in ein Tal, indem sie, den Blick ins Weite gerichtet, die Finger vor der Brust mit kaum merklichen Bewegungen ausstreckten. Als alle drei die Köpfe ruckartig zur Seite drehten, ließ ich anhalten.

G. hat mir später oft erzählt, wie komisch ihr all das vorkam und daß sie fürchtete, wir würden uns vor unseren Gastgebern bloßstellen, endgültig das Gesicht verlieren. Durch rieselnden Sand stieg ich den Dünenhang hinauf. Bevor ich oben am Kamm angelangt war, legte ich mich auf den Bauch und kroch auf allen Vieren weiter, das Gewehr vom Sand abgehoben. Im breiten Oued wuchsen einzelne Büsche und weißgrüne Gräser, an denen weit verstreut Gazellen grasten. Ich versuchte, die Entfernung zu schätzen, und mußte einsehen, daß die Tiere für einen sicheren Schuß zu weit entfernt waren. Ich ließ mich hinter den Dünenkamm hinuntergleiten und versuchte es an einer anderen Stelle. Wieder war es zu weit, aber ich glaubte, einen gewichtigen Bock ganz nahe am Fuß der nächsten Sanddüne zu entdecken. Ich schaute zurück. Die drei Heldengestalten saßen reglos, auf ihre Schwerter gestützt, im Jeep. (G. kam die Szene immer absurder vor; sie hatte sich mit dem Gedanken abgefunden, daß meine Jägerei, das Pirschen und Zurückweichen, das vorsichtige Spähen und Kriechen nur ein Theater war und daß ich nie ein Wild erbeuten würde.)

Endlich hatte ich den richtigen Punkt erreicht und hob das Gewehr über den Kamm der Düne. Da stand der prächtige Bock mit seinem blauen Schatten. Er kehrte mir die Hinterseite zu, schlug mit dem kurzen Wedel nach Fliegen und rupfte ab und zu ein paar Gräser. Endlich, nach langen spannenden Minuten stellte er sich quer und richtete das stolze Köpfchen auf. Ich sah nur mehr das Korn und den handbreiten Fleck über der Schulter, den die Jäger das Blatt nennen. Noch bevor der Schuß verhallt war, riß es das Tier in die Höhe; dann fiel es wie umgeweht zu Boden.

G. sah mich aufspringen, in der linken Hand das Gewehr, mit dem ausgestreckten rechten Arm eine siegreiche Geste hinüber zur Beute. Während ich noch versuchte, in meine widerstreitenden Gefühle, Triumph, Scham, Trauer, Erleichterung, Ordnung zu bringen, waren die beiden Söhne schon bei dem toten Tier, um es nach dem Gebot des Propheten mit einem Schnitt durch die Halsschlagader zu schächten.

Auf der Fahrt zurück zu den Zelten beschlossen wir, jedenfalls am Festmahl der Tuareg teilzunehmen, auch wenn es erst bei Sonnenuntergang stattfinden sollte. Es kam anders. Enttäuscht stellten wir fest, wie wenig wir vom Leben der Tuareg wußten. Unsere Phantasie hatte nichts mit der Wirklichkeit des kümmerlichen Nomadenlebens zu tun. Schon als die Frauen den Schuß gehört hatten, waren große Töpfe mit Wasser ans Feuer gestellt worden. Das Beutetier war im Nu gehäutet, ein Mädchen brachte eine Keule für die Fremden, der Rest wurde in Stücke zerschnitten, gekocht und ohne weitere Umstände gegessen. Vorne in einem Halbkreis um den Kessel saßen die Männer, langten sich ein Stück heraus, nagten das beste weg und reichten den Knochen über die Schulter zurück, wo die Frauen in einem zweiten Kreis kauerten. So ging es weiter zu den Captifs, denen die Frauen ihre Knochen zuwarfen, die sie auffingen und den Kindern, die ganz hinten warteten, die bereits sauber abgenagten Knochen zuwarfen, bis die falben Windhunde, die knurrend im äußersten Kreis gelauert hatten, endlich den Kindern die letzten Knochen abjagten und damit fortstoben. Kaum eine halbe Stunde hatte das Mahl gedauert. Wir waren überflüssig und fuhren ab. Über einen Dornbusch ausgespannt trocknete die Gazellenhaut in der Sonne.

In-Guezzam, der südliche Grenzposten der algerischen Sahara, war damals nur von zwei Funksoldaten besetzt. Sie hatten unsere Ankunft einige Tag früher erwartet. Am Fuß des Sandhügels nahe beim alten Brunnen unter Tamariskenbäumen, stand die gemauerte Quartierbaracke und oben auf dem Hügel das Radiohäuschen mit der Antenne. Die Gebäude des alten Forts waren zerfallen und fast ganz von Sand bedeckt.

Die Reisenden haben sich losgelöst vom Gewohnten. Sie suchen ihren Weg ins Unbekannte, mutig und allein. Dabei merken sie nicht, daß sie gespielt werden wie ein Ball, daß sie gefangen sind und vorprogrammiert. Der Ball, der, vom Netz der einen Kultur aufgefangen, zurückschnellt in die andere, dort hängen bleibt, herausrollt oder wieder zurückschnellt, das wird zum Kitzel der Reise und steigert sich zu einer Peinlichkeit.

Zuerst mußten wir oben im Funkhaus unsere Papiere vorlegen. Daten und Aussagen wurden registriert, kontrolliert und mit Morse zurück- und weitergemeldet. Dann begann der menschliche Teil. Wir hatten den Eindruck, gerade noch rechtzeitig angekommen zu sein, um einen Kameradenmord zu verhindern oder wenigstens aufzuschieben. Ungleichere Gesellen als die beiden, die für zwei Jahre dazu verurteilt waren, eng und in Einsamkeit zusammen zu leben, kann man sich nicht vorstellen. Der eine, ein schlanker, dunkler, besinnlicher Mann indischer Herkunft, wollte den doppelten Saharasold dazu verwenden, seine Literaturstudien an der Sorbonne fortzusetzen. Um seine Schlafkoje stapelten sich auf dem Zementboden, der vom hereingewehten Sand knirschte, Hefte mit Notizen, vergilbte Zeitschriften und Bände mit Poesie. Sein Kumpan, der grimmig an ihm vorbeisah und kein Wort zu ihm sprach, war ein blonder, untersetzter Bretone. Er wollte mit dem Sold heiraten, landwirtschaftliche Maschinen kaufen, seine Brüder vom väterlichen Besitz vertreiben und ein reicher Großbauer werden.

Die Spannung zwischen den beiden war beinahe ins Unerträgliche gestiegen, weil das Saharakommando ihnen das letzte Ventil für ihre gegenseitige Abneigung verstopft hatte. Die routinemäßige Funkdurchsage, sechsmal täglich zu den anderen Posten der Region, wurde – so hatte es sich eingespielt – von Flüchen und obszönen Reden eingeleitet. Dann kam der Text der Meldung und zum Schluß die Antwort, wenn möglich mit noch mehr Zoten. Alle Posten taten mit, auch der sanfte Inder und der sture Bretone. Es gab sogar ein spezielles Morsezeichen für Gelächter. Unglücklicherweise hatte ein inspizierender General, dessen Gattin kirchlich gebunden war, eine Sendung persönlich abgenommen und daraufhin den strikten Befehl erteilt, die Funkeinrichtungen der glorreichen Armee hinfort durch keinerlei Obszönitäten zu entwürdigen, unter Androhung von Disziplinarstrafen, insbesondere dem Entzug der Soldzulage, rückwirkend auf den Tag des Dienstantritts.

Erst dachten wir, der Haß zwischen den beiden könne nicht so schlimm sein, wie es ihre Mienen zum Ausdruck brachten. Sie hatten zu unserem Empfang ein vollständiges Mahl französischer Kochkunst vorbereitet. Schade nur, so deuteten sie beim Auftragen der Speisen an, daß die Salate aus dem Gemüsegärtchen, das neben dem Brunnen grünte, nicht mehr frisch waren, weil wir später als gemeldet eintrafen. Als wir jedoch wahrnahmen, daß es zwei Versionen von jedem der obligaten fünf Gänge gab, daß sich sogar der aufgewärmte Gazellenbraten in doppelter Ausfertigung präsentierte, bretonisch und südindisch, warfen wir uns bedeutungsvolle Blicke zu. Ein mageres gelbes Sudanschaf hatte Zutritt in die Baracke, wie die Spinne in der Zelle des Gefangenen. Jeder der beiden fütterte es liebevoll. Und es fraß, bald aus den schmalen Händen, bald aus den knorrigen Bauernhänden, eine Gauloise-Zigarette nach der anderen. „Es wird einen zivilisierten Tod sterben, an Nikotinvergiftung", sagte der Inder, „dann bleibe ich mit ihm noch mehr als ein Jahr allein."

Ich vermute, daß sich die Funksoldaten doch nicht ermorden mußten. Erst vergifteten sie langsam, jeder für sich, ihren Liebling. Schon im nächsten Jahr fand sich ein anderes Opfer für ihre Wut. Geeint und diszipliniert begann die Armee den Mord am algerischen Volk. Acht Jahre lang kämpften Offiziere und Soldaten gegen Freiheit und Unabhängigkeit; gegen jene Freiheit, die sie selber weit hinten in ihrer Geschichte gekostet und bald wieder verloren hatten. In den afrikanischen Wüsten suchten sie im Kampf gegen die freiheitsliebenden Algerier das Gefühl unerhörter Freiheit für sich zu bewahren. Vielleicht war es eine ähnliche Illusion von Freiheit, die uns am nächsten Morgen weitertrieb, nach Süden.

Bis in die sechziger Jahre war der Markt von Timbuktu der Ort, an dem das Weiße Afrika der Wüste mit dem Schwarzen der Savannen zusammentraf. Der Bedarf an lebenswichtigen Waren erzwang den spannungsvollen Austausch zwischen Völkern mit ganz verschiedenen Lebensformen und Traditionen, zwei unvereinbare Kulturen prallten dort aufeinander. So wie der Wanderer an der Küste des Ozeans dem immer gleichen und bewegten Spiel der Brandung zusieht, so konnte man am Westrand der heiligen Stadt auf dem Marktplatz, der nach Norden zur Wüste offen ist, beobachten, wie die strengen Nomaden, heilige Männer des Islam, mit ihren Reitkamelen, Lastkamelen, Eseln und Viehherden zusammenprallten mit den glatten, fröhlichen Schwarzen, den halbnomadischen ebenholzschwarzen Sonrhai, den Djula, Mossi, Bambara, den Ackerbauern vom Fluß und aus den Steppen. Der Herr der Herden wirft dir einen grüßenden Blick zu – aus Augen über dem dunkelblauen Gesichtsschleier, deren Lider mit Wolframkohle gedunkelt sind –, ein Herr über dem Gewimmel der Sklaven und Händler, stolz auf seine weiße Haut, wie auch du weißer Europäer überlegen bist und stolz. Wenn die Sonne untergeht, ziehen die Kamele nach Norden, beladen mit ledernen Säcken, prall vom eingehandelten Getreide. Die Schwarzen verlieren sich unter den Akazienbäumen und zwischen den Hütten. Befriedigt lagern sie mit den Schafen, Ziegen und Rindern, die die Herren der Wüste dringeben mußten. Der leere Platz am Rande des Schwarzen Afrika glänzt unter den Sternen.

52

Der Fortschritt und die Verbesserung staatlicher Institutionen bringen es mit sich, daß Spannungen geringer werden, Gegensätze einschmelzen, daß Ruhe und Ordnung sich ausbreiten. In einigen Staaten Westafrikas ist es anders gekommen. Mit der Unabhängigkeit wurden die Zentren der Macht in die großen, ehemals kolonialen Hauptstädte des Schwarzen Afrika verlegt. Zu jedem der Staaten südlich der Sahara gehört ein Teil der Wüste. Die Nomaden sind zu randständigen Untertanen geworden, machtlos, zum Untergang bestimmt, seitdem sie die Rassenbrüderschaft verloren haben, die sie untergründig mit den weißen Kolonialherren verbunden hatte.

Als wir zum letzten Mal nach Timbuktu kamen, war es seltsam still in der Stadt. Am Nachmittag, als die Sonne sich zu neigen begann, fuhr ich zum Markt. Der Platz war fast leer. Auf einem Sandhügel lagerte unter Bäumen ein Häuflein junger Bambara. Zwei oder drei Mossihändler, die radrunden Strohhüte übers Gesicht gezogen, schliefen auf ihren Hirsesäcken. Kein Tuareg war zu sehen. Ich legte mich in den Schatten und ließ mich von der Trägheit des Nachmittags anstecken.

Es muß eine Bewegung, vielleicht nur eine veränderte Stimmlage bei den Schwarzen eingetreten sein, daß ich mich plötzlich aufrichtete. Der Grund für die Unruhe war ein Tuareg, der mit ausgreifenden Schritten auf sie zuging. Sein weißes Gewand wehte, das Gesicht war dunkel verschleiert, sein Schwert zog eine Wellenlinie in den Sand. Eine kriegerische Figur. Der Herr blieb dicht vor den Schwarzen stehen, die von ihrem Hügel herunter kaum zu ihm hinabsahen. Erst jetzt bemerkte ich das weiße Reitkamel, das halb verdeckt am Fuß des Hügels lag, daneben im Sand der Sattel mit dem Kreuz von Agadez am Knauf, mit rotem Leder ausgeschlagen und mit Schnüren aus dem kostbaren, hellgrün gegerbten ,Leder des Propheten' verziert. Der Tuareg mußte ein reicher und vornehmer Mann sein. Ich konnte nicht hören, was er zu den Schwarzen sagte. Er stand steif vor ihnen und vermied es, zum Hügel hinaufzublicken. Ich sah, daß er einige Male mit der Kamelpeitsche, die er am rechten Handgelenk trug, auf den Sattel schlug. Offensichtlich hatte er befohlen, sein Kamel zu satteln. Niemand tat dergleichen. Der Herr erhob die Peitsche und ging näher an die jungen Leute heran. Entweder fügten sich die Burschen und sattelten, oder es mußte einen ungleichen Kampf geben, zwanzig gegen einen. Die Neger hatten Buschmesser und lanzenartige Stöcke neben sich liegen.

Es kam anders. Das Lachen wurde wieder laut, die jungen Leute drehten dem Herrn den Rücken und wirbelten Sand von ihrer Hinterseite, die sie ihm zukehrten, nachlässig nach hinten. Meine Aufmerksamkeit setzte für kurze Zeit aus. Wahrscheinlich suchte ich in Gedanken nach einem Ausweg für den Tuareg aus seiner peinlichen Lage. Als mein Blick wieder frei war, hatte sich die Szene verändert. Er hatte sich ein Stück weit von den Leuten entfernt. Mit langen Schritten zog er schnurgerade nach Norden, wo es hinaus in die Wüste geht. Bald war die wehende Gestalt nur mehr als feiner Strich gegen den Himmel zu sehen. In jener Richtung gibt es keine Siedlung und kein Tuareglager, die pflanzenlose Ebene verliert sich in ein ausgedehntes Dünenmeer.

Ich stieg in den Wagen und fuhr los, in die Richtung, die der Schreitende genommen hatte. Bald verloren sich alle anderen Spuren im unberührten Sand, und ich konnte mich an die Fußabdrücke halten, die ich links neben dem Wagen herlaufen ließ. Gerade als die Farbe des Himmels von rötlich zu graublau umschlug und der Sand noch einmal vor der Dunkelheit aufleuchtete, war die Gestalt in der Ferne vor mir zu sehen. Sein Weg war gerade; noch immer keine andere Spur im Sand und nirgends ein Lager. Ich beschloß umzukehren. Als ich zu meinen Leuten zurückkam, war es Nacht. „Er ist ins Nichts gegangen." Was ist der Tuareg ohne sein Kamel, ohne den Gehorsam seiner Sklaven.

Sie kamen aus Boston und anderen Städten des amerikanischen Ostens, die Männer und die vielen mutigen Frauen, die gegen Sklaverei predigten. In ihre Gemeinden, in denen sie die christliche Moral und jene Menschenrechte hochhielten, die ihre Väter im Unabhängigkeitskrieg erkämpft hatten, war die Manufaktur und der Wolfskampf um den Dollar eingebrochen. Der strenge Sinn der Abolitionisten wandte sich nach dem Süden, um den Brüdern in Christo, den Negersklaven, die grausam verwehrte Freiheit zu erkämpfen, ließ die streitbaren Prediger Beschimpfungen, Gefängnis und Tod gering achten. Der blutige Sezessionskrieg verhalf der hohen Menschlichkeit zum Sieg.

Frankreich war nach dem Zweiten Weltkrieg moralisch erschüttert. Was lag näher, als auf den einmaligen Fortschritt der Gesittung, den die Große Revolution der Menschheit beschert hatte, zurückzugreifen und endlich auch im eigenen Hinterhof die Sklaverei zu beseitigen. Vielleicht konnte damit das Imperium, in dessen Fugen es zu knirschen begann, gekittet werden. Die neu eingesetzten Kolonialbeamten waren für ihre Aufgabe nicht schlecht vorbereitet, verläßliche Soldaten, der Menschenfreundlichkeit vom antifaschistischen Widerstand her verbunden und voll Sympathie für das freie Leben der Nomaden. Doch ließ sich Geschichte auch diesmal nicht wiederholen. Die amerikanischen Südstaatler waren keineswegs gezwungen gewesen, auf die Ausbeutung der Baumwollpflücker zu verzichten, da sich diese ohne Umstände in Lohnsklaven verwandeln ließen. Die Franzosen nannten die Sklaven der Tuareg wortgetreu Captifs, also Kriegsgefangene. Die Kriege waren vergessen, zurückgesunken in mythische Vergangenheit, und die Captifs hatten sich mit ihren Herren längst zu einer symbiotischen Gemeinschaft vereinigt, um der Wüste das knappe Mindestmaß zum Überleben abzulisten. Einer Änderung der Produktionsverhältnisse standen nicht wie in den amerikanischen Südstaaten veraltete Herrschaftsansprüche entgegen, die sich über die Köpfe der Ausgebeuteten hinweg modernisieren ließen. Die spröde Natur selber stand in der Sahara der Neuerung im Weg.

Der Kommandant des Kreises Menaka, Monsieur S., hatte alle Versuche zur kolonialen Sklavenbefreiung schmerzlich miterlebt. Zuerst hatte man die Captifs einiger südlicher Stämme für frei erklärt, jeder Familie eine Lehmhütte hingebaut, ihnen ein Stück Weideland und von der Herde ihres Herrn ein oder zwei Stück Vieh zugesprochen. Ihre entmachteten Gebieter zogen mit dem Rest der Herde fort, um sich irgendwelchen verwandten Clans, die in die Wüste ausgewichen waren, anzuschließen. Ein Jahr später waren die meisten befreiten Sklaven verhungert oder auf der Suche nach ihren früheren Herren verschwunden. Als das Stückchen Land abgeweidet war, hatten sie das Vieh geschlachtet und aufgegessen. Man mußte anders vorgehen. Monsieur S. war Befehlen von oben gefolgt, er selbst hatte nie geglaubt, daß sich die Captifs an ein seßhaftes Leben anpassen könnten. Die Verwaltung bildete jetzt aus mehreren Familien nomadische Stämme, verscheuchte mit Drohungen die erbosten Herren, die ihre Herden zur Hälfte abtreten mußten, und hoffte, daß die Captifs ihr gewohntes Nomadenleben in Freiheit fortsetzen würden. Auch das mißlang. Die nie etwas anderes getan hatten, als mit den Herden von Brunnen zu Brunnen zu ziehen, sie zu hüten, zu tränken und zu weiden, versagten kläglich. Seit grauer Vorzeit hatte nie ein Tuareg selber den Ledereimer am langen Seil aus dem Brunnenschacht gezogen oder sein Reitkamel gesattelt, und nie hatte ein Captif einen Entschluß fassen dürfen. Das spärliche Wüstengras war dann erst abgeweidet, wenn der Herr befahl, die Zelte abzubrechen und weiterzuziehen. Wenn jetzt die Rinder mit den Hufen nach Graswurzeln scharrten, gab es niemanden mehr, der gesagt hätte, sie hungern, wir müssen fort. Die neugegründeten Stämme blieben an einem versiegenden Brunnen, bis es zu spät war und die besten Tiere verdursten. Oder sie zogen planlos fort ins Gebiet eines anderen Stammes, mit dem sie sich in blutige Kämpfe verwickelten, so daß der Kommandant mit seinen Kamelreitern die Streitenden trennen und ins Kreisgefängnis abführen mußte, wo sie sich von der ungewohnten Freiheit einigermaßen erholten.

Als wir noch Jahre vor der Unabhängigkeit der Republik Mali nach Menaka kamen, war Herr S. in Bedrängnis. Ein großer Stamm von Captifs, denen es bis vor kurzem gut gegangen war, starb an epidemischer Hirnhautentzündung. Der Krankenpfleger der Station hatte getan, was er konnte. Dann war er nach Menaka zurückgekehrt, ohne sein Reittier zu schonen, hatte lange gewartet, bevor er es wagte, dem Kommandanten unter die Augen zu treten, und hatte dann von der Katastrophe berichtet, – wobei er sich immer wieder unterbrach, um zu versichern, daß er die richtigen Medikamente wohl kenne, aber in seinem Medizinalkoffer keine einzige der wundertätigen Ampullen habe. Herr S. hatte die ganze Nacht kein Auge zugetan. Diesen befreiten Captifs hatte er einen Chef gegeben, einen älteren Neger, ehemaligen Unteroffizier der französischen Armee, der als Waisenkind von den Tuareg adoptiert und aufgezogen worden war. Das Kommando des Negers erwies sich als segensreich, dieser neue Nomadenstamm war nicht verhungert, im Gegenteil, sie hatten sich erfreulich vermehrt. Und jetzt, Herrn S. traten beinahe Tränen in die stahlblauen Soldatenaugen, jetzt war, wenn man dem Sanitätsmann glauben wollte, die Hälfte des Völkchens tot, der Rest dem Tode geweiht.

Früh am nächsten Morgen brachen wir mit zwei Wagen auf. Der Kommandant hatte schon in der Nacht einige Kamelreiter vorausgeschickt, da wir ihm erklärt hatten, daß man eine Quarantäne einrichten müsse. Das Lager, das wir gegen Mittag erreichten, sah anders aus als die Lager der Tuareg. Auf einem Weideland mit verstreuten Dornakazienbüschen weideten schöne Rinder und Ziegen. Ein einziges Zelt war zu sehen, in dessen Schatten uns der Neger-Chef erwartete. Ein weißhäutiger Junge von etwa zwölf Jahren war sein Gehilfe oder Kurier. Die Kranken mußten wir im Gras der Weide suchen. Zuerst stießen wir auf einen großen Haufen von frisch gekappten Dornenzweigen, unter dem die Toten lagen. Der Geruch der Verwesung und ein Schwarm von Schmeißfliegen hinderte uns daran, sie genau zu zählen. Es waren sicher mehr als zehn, zumeist Kinder und Säuglinge.

Ich glaube nicht, daß es irgendwo auf der Welt schönere Menschen gibt als diese Captifs. Ihr Antlitz ist wild und lieblich zugleich, die schlanken Glieder bewegen sich mit unendlicher Leichtigkeit und Grazie. Schmuck aus Bernstein, bunten Perlen und Messing umrahmt die Stirn der Frauen und ziert die Brust der Jünglinge und Männer, die bis auf einen ledernen Lendenschurz und ein erdbraunes Turbantuch nackt sind. Der angstvolle und mißtrauische Blick ist abweisend und dennoch sinnlich werbend.

Da und dort hockten sie zusammen, eine Frau mit einem Kind auf dem Rücken, einem anderen an der Brust, drei oder vier Männer, die sich so eng umschlungen hielten, daß wir ihre Glieder erst voneinander lösen mußten, um zu sehen, wieviele es waren. Ein Alter lag allein, wie ausgedorrt und kaum mehr atmend im Gras. Einer nach dem anderen wurde untersucht. Das ging ganz rasch, denn sie waren starr vor Schreck und ließen alles mit sich geschehen. Da es keine Antwort gab, stellten wir keine Fragen. Die angstvollen Blicke versuchten wir nicht zu bemerken. Wenn Nackenstarre oder andere Symptome der Hirnhautentzündung festzustellen waren, gaben wir sogleich eine Injektion mit Penizillin. Außerdem mußte jeder einen Becher Wasser mit aufgelösten Vitamintabletten trinken. Die Gesunden nahm ein Soldat in Gewahrsam und führte sie nach dem westlichen Teil der Wiese. Für die Kranken hatten wir im Osten eine Talsenke vorgesehen, in der Akazienbäume einigen Schatten gaben. Wir hatten gehofft, daß die Nomaden ihre Schwerkranken zu diesem Lazarett, wie wir es nannten, tragen würden. Sie packten jedoch den Kranken, der irgendwo in der Sonne lag, an einem Arm, oder Bein und schleiften ihn in der Richtung, die wir angegeben hatten, so daß die halb Bewußtlosen aufwachten und gurgelnde Schmerzlaute ausstießen, wenn sie über Dornbüsche und scharfe Steine hingezogen wurden. Nur die Kinder wurden von ihren Müttern getragen; diese ließen sich nicht aus dem ‚Lazarett' vertreiben und bekamen ebenfalls eine Penizillinspritze.

Am Abend zündeten die Soldaten kleine Feuer an. Sie hatten ein Seil um das Lazarett gezogen und schossen von Zeit zu Zeit aus ihren Mausergewehren in die Nacht, damit es den Captifs nicht einfiele, die Kranken aus dem Quarantänelager zu rauben. Am nächsten Morgen war ein schönes, junges Mädchen, das wir am Vortag bewußtlos gefunden hatten, gestorben. Allen anderen ging es besser, die erkrankten Säuglinge hingen wieder an den schmalen Brüsten der Mütter. Es gab eine zweite Injektion für jeden und den Trank mit Vitaminen. Die anderen im Lager der Gesunden (wenn man den Teil der Weide ein Lager nennen will, in dem sie irgendwo auf die Erde ausgestreckt mitten unter ihren Herden genächtigt hatten) waren kaum für eine zweite Untersuchung zu zähmen. Die braven Soldaten fingen sie, drehten ihnen den Arm auf den Rücken und brachten sie zu uns. Es gab keine neuen Erkrankungen. Zum Zeichen der Entlassung aus der ärztlichen Fürsorge gaben die Soldaten ihnen einen Klaps auf den Hinterkopf. Einige bekamen zum Trost eine Zigarette, quittierten das mit einem scheuen Blick und mußten warten, bis der Spender Feuer gab. Streichhölzer hatten sie nicht. Dann hockte der Captif nieder, sog gierig den Rauch ein und wagte es, uns aus den Augenwinkeln zu beäugen.

Am dritten Abend war die Epidemie erloschen. Obwohl die Hirnhautentzündung für die unterernährten und von der Sonne verbrannten Captifs tödlich sein kann, ließen sich die Erreger, die noch nicht an Penizillin adaptiert waren, wirksam eindämmen.

Wir saßen noch lange beim Feuer, mit Monsieur S., dem schwarzen Chef und dem kleinen weißen Gehilfen ihm zu Füßen. Der Neger sah zufrieden aus, aber auch alt und müde. Er mache es noch ein Jahr. Die Captifs seien gute Leute, aber er brauche endlich Ruhe, nach fünfzehn Jahren in der Armee und jetzt schon fünf Jahren mit den Nomaden. Seine Hütte unten am Niger, zwei Frauen und fünf Kinder – alles warte auf ihn. „Was wird aus denen hier", fragte ich, „die können nicht ohne Sie leben." Er nahm den dünnen Jungen bei der Schulter und stellte ihn aufrecht vor uns hin. „Schauen Sie ihn an. Er wird ihr Kommandant sein. Er ist zur Schule gegangen und spricht die Sprache der Herren. Dabei ist er ein Tuareg und ein Captif. Weil er denkt und befiehlt wie ein Herr, werden sie ihm folgen. Daß er jung und schwach ist, das macht nichts aus. Wer entscheiden kann und weiß, was er will, der befiehlt. Sie werden ihm folgen und brauchen nicht zu verhungern, und sie werden gut leben, bis die nächste Epidemie kommt. Da kann auch er nichts machen. Er wird Sie rufen lassen. Ja, das wird er tun." Der Junge kam zu mir herüber und gab mir seine Hand, die schmal war und feucht vom Abendtau.

Herr S. hätte uns am liebsten einen Orden an die Brust geheftet. Da die Kompetenzen eines Kreiskommandanten das nicht gestatten, bestand er darauf, daß wir zumindest der Ehre teilhaftig werden müßten, als seine Gäste den vornehmsten Stamm der Tuareg zu besuchen. Begleitet von einem Kamelreiter in Kriegsbewaffnung und ausgestattet mit einem Empfehlungsschreiben in schönster arabischer Kalligraphie machten wir uns auf den Weg. Die Ouliminden, zu denen wir fuhren, sind ein großer Stamm, ein Volk im Volk der Tuareg. Am mächtigsten und reichsten soll die Krieger-Fraktion sein, am vornehmsten die islamisch-heilige, zu der wir fuhren. Ouliminden heißt so viel wie ‚die so sind, wie sie sind‘, ‚die sich vor nichts beugen als vor Gott‘ oder ‚die sich selber treu bleiben, was immer geschehen mag‘.

Der Empfang im Lager war ehrenvoll und frostig. Captifs, an denen es nicht mangelte, stellten für uns ein Lager aus prächtigen roten Ledermatten auf, recht weit von den Zelten des Chefs. Einige junge Leute brachten das Schaf, das zu Ehren der Gäste geschlachtet werden muß, und bereiteten stumm unser Mahl. Der Soldat warf uns ängstliche Blicke zu, lud sein Gewehr, kauerte sich nieder und flüsterte mir zu, die Herren des Lagers würden es nicht wagen, uns in der Nacht zu überfallen, solange er wache. Schließlich erschienen unsere Gastgeber, vier oder fünf verschleierte Männer ohne Waffen. Wir überbrachten die Grüße des Kommandanten und bedankten uns für die Gastfreundschaft. Einer der Besucher, allem Anschein nach nicht der Chef, sondern ein jüngerer Mann, erwiderte, die Freunde des Kommandanten seien bei den Ouliminden stets willkommen, worauf alle weggingen, ohne sich umzusehen. Sie hatten uns nicht die Hand gegeben und keine Anstalten gemacht, das Gespräch zu verlängern. Wir brachen im

Morgengrauen auf. Unser kriegerischer Begleiter war nicht mehr zu sehen. Er hatte sich schon während der Nacht entfernt. Erst mehrere Jahre später, nachdem die Republik Mali als unabhängiger Staat entstanden war, kamen wir wieder in die Gegend von Menaka.

Mag sein, daß in den Hauptstädten der Kolonien Französisch Westafrikas, das nach dem Willen de Gaulles seit einigen Jahren ‚Afrikanische Gemeinschaft‘ genannt worden war, die Unabhängigkeit sogleich Verwirrung und Chaos auslöste. Das behaupteten die abziehenden Beamten und Offiziere. Lehrer, auch solche schwarzer Hautfarbe, liebten es, die neuen Staaten mit ungebärdigen Schulklassen zu vergleichen, die auf Unsinn verfallen, sobald der Lehrer weggeht. Wir waren in jenen Jahren immer nur kurze Zeit in den Städten. In den Dörfern war das Leben leichter geworden. Afrika war wie einer der schwarzen Lastträger gewesen, die unter ihrer Last ruhig dahinschreiten, ohne daß man die Anstrengung wahrnimmt. Jetzt hatte es den Sack abgeworfen und ging mit lockeren Gliedern heim. In Menaka war es anders. Wir wußten, daß Monsieur S. nicht mehr da sein würde. Die Bogengänge an den breit angelegten Verwaltungsgebäuden waren nicht mehr geweißt worden und schienen zu zerfallen. Viele Häuser standen leer, in andere waren arme Negerfamilien eingezogen. Das bescheiden-behäbige Zentrum paternalistischer Herrschaft war ausgehöhlt. (In der Sahara waren Städte entstanden, wo die Handels- und Kriegskarawanen der Nomaden Halt machten; sie ließen Captifs zurück, die unter ihrem Schutz Pflanzungen anlegen und alles Nötige für ihre Herren bereithalten mußten.) Eine Wüstenstadt ohne Tuareg, das ist, wie wenn man in einer europäischen Stadt die Bahnlinien und Straßen blockiert hätte. Sie würde absterben.

Bevor wir nach Menaka kamen, war es zum Wiedersehn mit den Ouliminden gekommen. Wir waren diesmal von Tahoua nicht der gewöhnlichen Piste gefolgt, sondern zuerst nach Norden abgebogen und sechs Tagereisen mit dem Kompaß durch die Wüste nach Westen gefahren, um die Piste zu treffen, die von Menaka direkt nach Norden führt. Da damals die reichen Viehweiden viel weiter nach Norden reichten als heute, trafen wir fast jeden Abend auf ein Tuareglager. Die Sahel war belebt von Herden, Gazellen, großen Outarden, die der ungarischen Trappe ähnlich sind, und anderen Vögeln und Tieren. Wir brachten manchmal eine Gazelle als Gastgeschenk mit und durften einen Sohn des Chefs bis zum nächsten Stamm mitnehmen, der später, gebührend bewirtet, beschenkt und mit einem gesattelten Kamel ausgestattet, zu den Seinen zurückkehren würde. Die jungen Leute, die noch nie in einem Auto gesessen waren, freuten sich unmäßig, was sie unter dem dunklen Schleier und mit würdig-steifer Allüre zu verbergen suchten. Als Pfadfinder waren sie keine Hilfe, obzwar es hieß, daß der junge Mann den Weg im Schlaf finden würde. Vom Sitz des Autos hat man einen schlechteren Überblick als vom hohen Kamelrücken. Das wirkt verwirrend. Anfangs machte so ein Jüngling noch Zeichen mit feinen Bewegungen der Hände, die er wie zum Gebet vor die Brust hielt. Wir konnten aber der Richtung nicht unmittelbar folgen, mußten um Felsen, Büsche und Sandlöcher herumfahren, wo ein Kamel gradeaus gegangen wäre. Einer unserer Begleiter war so verletzt und wütend darüber, daß wir seine Zeichen scheinbar mißachteten, daß er jeden Versuch aufgab, uns auf den rechten Weg zu bringen, den Schleier über die Augen zog und unbeweglich dasaß.

Der letzte Begleiter war besonders schön anzusehn und elegant gekleidet. Er zog den Schleier herunter, sein Jünglingsgesicht, das zu einer kriegerisch-melancholischen Maske geschminkt war, strahlte. Um den Weg kümmerte er sich nicht. Erst am Abend, als der Wagen über eine Hügelkette mit harten Grasbüscheln geholpert war, wurde er aufmerksam. Ein weites Tal lag vor uns, in dem Herden von Kamelen, Rindern und Ziegen weideten. Es mußten Brunnen in der Nähe sein und wahrscheinlich ein großes Lager. Unser Begleiter spähte ins Weite und bedeutete uns, quer durch das Tal weiterzufahren. Die Talsohle war mit feinem, weißgoldenem Sahelgras bestanden, das heller leuchtet als der wolkenlose Himmel.

Wie hingezaubert stand uns plötzlich eine breit ausgefächerte Phalanx verschleierter und bewaffneter Tuareg gegenüber. Das schräge Licht war hell, die ebene Wiese bot keine Deckung, und doch bemerkten wir die Männer erst, als wir so nahe waren, daß wir die Augen über den Schleiern blitzen sahen. Wir hielten an, um zu beraten. Es waren etwa zweihundert weiß gekleidete Gestalten, die so unbeweglich dastanden, daß wir sie einfach nicht wahrgenommen hatten. Unser Jüngling entnahm dem Beutel ein frisches schwarz-violett glänzendes Tuch, verschleierte sich und zupfte den Schleier unter den Augen zurecht. Wir ließen die Wagen stehen und gingen auf die Versammlung zu. Sie standen nebeneinander in einer dichten Reihe, Speere und Gewehre in den Sand gestützt, in der Mitte die vornehmsten in einer besonderen Gruppe. Da sie alle großgewachsen waren, blickten sie auf uns herunter. Ich hielt wie üblich eine kurze Rede in französischer Sprache, woher wir kämen, wohin wir morgen weiter wollten, daß es bald Abend sei und wir froh wären, wenn sie uns gestatten würden, unser Lager auf ihrem Gebiet aufzuschlagen. Es waren wohl mehrere Stämme zu einem wichtigen Unternehmen oder zu einer Beratung zusammengekommen. Schweigen. G. sagte leise: „Die kennen wir, es sind die heiligen Ouliminden." Ich glaubte ihr nicht; im Spalt über dem Schleier waren nur die Augen zu sehen. Die Blicke kamen mir kalt und feindselig vor.

Eine oder zwei Minuten vergingen, bis einer der Männer, den wir für den Chef hielten, endlich eine Bewegung machte. Darauf drängte sich ein etwa vierzehnjähriger Junge zwischen den Männern durch, trat einen halben Schritt vor und hielt eine Ansprache in Französisch. Der Chef des Stammes sei abwesend, der Bruder vertrete ihn, er, der Junge, werde uns den Platz für unser Lager zeigen. Obwohl das nicht sehr freundliche Worten waren, fühlten wir uns erleichtert. Ohne Erlaubnis hätten wir es kaum gewagt, weiterzufahren, und schon gar nicht, da zu übernachten. Wir waren eine Störung. Der Junge kam mit zu den Wagen. Unterwegs sagte G. noch einmal, daß sie die Ouliminden wiedererkannt habe. Die Frontordnung hätten sie wahrscheinlich erst gebildet, als sie unsere Wagen sahen, um klarzustellen, wie unerwünscht der Besuch kam. Das bestätigte sich bald. Der Junge stieg in den Wagen und zeigte uns den Platz, den der Bruder des Chefs bestimmt hatte. Dort hielten wir, er sprang heraus und schaute verlegen zu Boden. Der Tuaregjüngling, der mit uns gereist war, stand steif da und umklammerte den Griff des Dolches, den er im Gürtel trug. Der Platz war uneben, lehmig und feucht von einem Wasserloch, bedeckt mit Kuhfladen, aus denen Schwärme von Fliegen aufstiegen. Ich war wütend. „Geh und sag dem Bruder des Chefs, daß er nicht weiß, wie man Gäste empfängt! Wir werden unseren Platz selber suchen." Der Junge lief davon, und wir fanden ein gutes flaches Stück Wiese und begannen, die Sachen für die Nacht abzuladen. Der Junge kam zurück, schaute zu Boden und sagte leise, der Bruder des Chefs lasse ausrichten, die Weißen brauchten immer so viel Wasser, darum sei der Platz richtig, den er uns angewiesen habe.

Wir packten die große Flasche Rotwein aus, machten Feuer und bereiteten die Lager. Die Spannung war weg. Aus dem Dunkel tauchte ein rundlicher Neger in europäischer Kleidung auf und stellte sich vor. Er arbeite seit einigen Wochen als Brunnenbauer für die Tuareg, habe mit Hilfe der Captifs einen guten wasserreichen Brunnen gegraben, sei dabei, die Arbeit abzuschließen, und werde im Auftrag der Regierung beim nächsten Stamm wieder einen Brunnen graben. Er bestätigte, daß wir bei den Ouliminden waren, nur dreißig Kilometer nördlich von Menaka. Wir hatten gemeint, es sei noch doppelt so weit. Es wurde ein gemütlicher Abend, der Brunnenbauer war froh, wieder einmal französisch plaudern zu können, er amüsierte sich über den Empfang, den man uns bereitet hatte. Mit dem Rotwein waren wir alle in bester Stimmung.

Ohne daß wir ihr Kommen bemerkt hätten, traten die Tuareg, der Bruder des Chefs mit seinem verschleierten Gefolge, ins helle Licht unserer Lampe. Der Junge war auch dabei. Wir blieben am Feuer sitzen, während die geisterhafte Gruppe stumm dastand. Auf einmal brachte der Kleine das lange Mausergewehr herüber, das der Bruder des Chefs trug, und reichte es mir. Ich nahm das Gewehr, das aus dem Ersten Weltkrieg stammen mochte, wog es in der Hand, um zu zeigen, wie unhandlich es war, zog den ausgeleierten Verschluß zurück, so daß es gehörig klapperte, und reichte die Waffe mit einer verächtlichen Gebärde über die linke Schulter dem Jungen nach hinten. Unbeweglich blickten sie herüber. Ich stand auf, ging zum Wagen, packte das Jagdgewehr aus dem Futteral, setzte es zusammen und klappte das Zielfernrohr drauf. Dann überreichte ich das schöne Stück dem Langen, der hastig danach griff. Er ließ den Verschluß aufspringen und zuklappen und hob das Gewehr zur Wange. Dann zeigte ich ihm, wie er durch das Zielfernrohr einen von der Lampe beleuchteten Busch anvisieren könne. Der eben noch stolze Mann stieß vor Entzücken kleine Schreie aus. Jeder wollte die wunderbare Waffe in die Hand nehmen, den satt klappenden Verschluß einspringen lassen und durch das Rohr zielen. Der Bann war gebrochen, sie kamen näher und ließen uns fragen, wie wir den Weg zu ihnen gefunden hätten. Ich schilderte die Reise von Tahoua her Tag für Tag. Wieso kennen wir den Weg, den nur die Tuareg kennen? Ich breitete die Landkarte der Sahara auf den Boden und versuchte zu erklären, daß darauf der Weg eingezeichnet ist. Der Lange beugte sich vor und schien nachzudenken. „Wo ist Menaka?" ließ er fragen. Ich zeigte den Punkt auf der Karte. „Wo Timbuktu?" Wiederum. Er nahm die Karte, drehte sie so, daß sie richtig lag, Norden nach Norden. Dann richtete er sich auf, wies mit ausgestrecktem Arm nach Osten und rief triumphierend: Mekka, in gebrochenem Arabisch weiter: Marakesch, Dakar, Kairo, und noch viele Städte am Rand der Wüste. In kürzester Zeit hatte der Tuareg das Rätsel gelöst, wie sich Europäer in der Wüste zurechtfinden, die er mit seinem ganz anderen Wissen durchstreift. Der Neger ging bald schlafen. Die weißen Herren hatten sich gefunden. Am nächsten Morgen brachten die Frauen Kamelmilch. Wir verabschiedeten uns mit einem Zuckerstock in blauem Papier, den man zum grünen Tee braucht.

Zehn Jahre nach dem großen Jahr der Unabhängigkeit waren wir von Marokko über die Route Impériale durch Mauretanien nach Süden gefahren. Als wir von Gao nach Tahoua wollten, hielt uns die Grenzwache der Republik Mali vor Menaka einen Tag lang fest. Wir mußten umkehren und den längeren Weg über Niamey nehmen. Die Sahel war schrecklich verändert. Um die neuen Brunnen hatten sich die Herden vermehrt, die spärliche Grasnarbe war im weiten Umkreis bis auf die Wurzeln abgeweidet. Die letzten Akazienbüsche wurden von den Hirten als Futter für ihre hungernden Ziegen gekappt. Der Boden war schutzlos dem Brand der Sonne und den Sandwinden ausgeliefert. Zwei Jahre, bevor das Gerücht von der großen Dürre in der Sahel bis Europa drang, hatte die Wüste bereits die besten Weidegründe der Tuareg zerstört. Wir scheuten davor zurück, Zeugen des tragischen Untergangs der Herren der Wüste zu werden, und nahmen die südliche Piste über Tahoua. Zwei Reitkamele, die mitten auf dem Weg weideten, ließen uns anhalten. Ein junger Tuareg lag krank im Schatten einer Akazie, sein Captif kauerte daneben und scheuchte mit einem Tuch die Fliegen vom Gesicht des Sterbenden. Der junge Mann erholte sich unter unserer Behandlung. Schon am nächsten Tag konnte er aufsitzen und seine Geschichte erzählen. Während des Kriegs war er von seinen Leuten den Franzosen nach Algerien ‚gegeben' worden, hatte die Schule besucht und Mechanik gelernt. Jetzt hatte er versucht, Leute seines Stammes zu sammeln, das Land leer und verwüstet gefunden und war unterwegs, um bei einem der neuen Bergwerke als Mechaniker angestellt zu werden. „Ich muß hier bleiben", sagte er zum Abschied. „Fahren Sie schnell fort. Ich habe noch nicht sterben müssen. Es ist der Wille Allahs, er sei mit Ihnen. Fahren Sie! Es ist kein gutes Land für den weißen Mann."

Fünfundzwanzig Jahre nach unserem ersten Besuch in Menaka erreichte uns ein Brief von Monsieur S., der längst pensioniert in Südfrankreich lebt. Er versucht noch immer, die Reste der edlen Ouliminden vor dem Untergang zu retten. Die erste Dürre in der Sahel hatte sie furchtbar dezimiert, die zweite droht, sie auszulöschen. Eine Hilfsaktion französischer Freunde der Tuareg sammelt Geld und versucht, ihnen Getreide zukommen zu lassen. Das größte Hindernis ist, daß die schwarze Regierung in Bamako, die sich sehr aufgeschlossen zeigt, die Hilfsaktion selber durchführen möchte, die stolzen Ouliminden aber den Funktionären ausweichen. Europäische Helfer würden den Herren der Wüste, die sie als ihresgleichen betrachten, die Hilfsgüter lieber selber bringen, als sie den Behörden des Negerstaates anzuvertrauen. Es kostet mich Überwindung, die Briefumschläge zu öffnen, in denen Berichte über den Fortgang der Hilfsaktion eintreffen. Auch für Ärzte ist es nicht leicht, einem langen Todeskampf beizuwohnen.

Beim Bau der Pyramiden

(Zweite Reise, 1956–57)

In der Mitte der breiten Landstraße ist eine Fahrspur asphaltiert. Die Fahrer wollen entgegenkommenden Wagen nicht ausweichen und halten das Tempo, solange es geht. Wer ausweicht, muß heftig bremsen und zusehen, wie er das Fahrzeug auf Kurs halten kann, das ratternd wie ein Maschinengewehr über das Waschbrett-Laterit schleudert, und muß mit einem zweiten gewagten Manöver versuchen, wieder auf die Mittelspur zu gelangen. Alles ist in rötlichen Staub gehüllt. In den Siedlungen hört der Asphalt auf, und tiefe Löcher in der Straße zwingen zu einer wilden Zickzackfahrt. Auf beiden Seiten stehen Häuser, flache fensterlose Lehmwürfel oder stattlichere einstöckige Bauten, die mit Wellblech gedeckt sind. Das sind die Läden der Libanesen. Die Häuser stehen unregelmäßig, mit Lücken dazwischen, wie das Gebiß einer alten Negerin; nicht Dorf und nicht Stadt.

Zwischen den Häusern sieht man hinaus in die trockene Savanne auf Termitenbauten und verkrüppelte Akazien, bis sich eine ockerfarbene Pyramide vor den Horizont schiebt. Im Licht der Scheinwerfer oder im Morgengrauen, wenn der aufgewirbelte Staub in säuerlich riechenden Schwaden lange in der Luft stehen bleibt, scheinen die Pyramiden bis in den Himmel zu reichen. Im Tageslicht ist zu sehen, daß sie nicht gar so hoch sind und aus aufgeschichteten Jutesäcken mit Erdnüssen bestehen. Manchmal stehen zwei oder drei Pyramiden nebeneinander, manche sind noch im Bau. Über steile Stufen werden Säcke hinaufgetragen. Wenn alles bis zur Spitze fertig ist und wieder beladene Laster ankommen, stehen die Träger wie unschlüssig da, als ob sie entmutigt zögerten, eine neue Arbeit anzufangen.

Die Sackträger werden nach einem täglich neu angepaßten Tarif bezahlt. Jeder Träger schichtet seine Säcke in einer Reihe, die sich leicht ansteigend als spiralige Stufe um die Pyramide herumwindet. Der Träger, der am Abend auf seiner Stufe am höchsten steht, erhält zehn Schilling, die anderen neun, acht oder weniger. Mit dem Arbeitsbeginn am Morgen gab es zunächst Schwierigkeiten. Einige Träger waren früh zur Stelle, andere kamen, die Mütze in den Nacken geschoben, erst, wenn die Sonne schon hoch stand. Schließlich fand die Verwaltung eine für das Akkordsystem günstige und einfache Lösung: Arbeiter und Arbeiterinnen müssen bei Sonnenaufgang antreten. Ein ältlicher Mann in einem langen weißen Hemd, der als Zeichen seiner Würde einen roten Fez trägt, ordnet sie in eine Reihe. Wer später kommt, muß sich hinten anstellen, bis die Schlange lang genug ist. Die übrigen werden abgewiesen und haben für diesen Tag keine Arbeit. Für Mädchen gibt es Ausnahmen, weil mehr Träger da sind als Näherinnen. Sie haben löchrige Säcke zu flicken, bevor der Träger die Last auf die Schulter wirft.

Halten wir an und warten dort im Schatten des einzigen grünen Baumes, bis der Bauführer des pharaonischen Gebieters das Zeichen gibt. Bald wird die hieroglyphische Reihe der Sklavinnen und Sklaven aus Nubierland zu Leben erwachen.

Sindi hieße die Schöne. Seit dem Beginn der Trockenzeit wäre sie an jedem Morgen dort gestanden, wäre vom Stab des Rotbehuteten in die Reihe gerade hinter den Jüngling gewiesen worden, den wir Ali nennen, der den Kopf senkt und sich nicht nach ihr umwendet, so daß sie sein Gesicht nicht sehen kann. Sie würde versuchen, an seinem Kopf vorbei nach vorne zu schauen, da bildeten seine langen Wimpern eine gebogene Linie gegen den fahlen Himmel des Morgens. Das gefiele ihr, und auch sein blaues Hemd, das an den Seiten offen von dünnen Schnüren zusammengehalten wird, wie es der blonde Monsieur trägt, der Haushofmeister des hohen Herrn, der alles überwacht. Es gefiele ihr immer besser, ihren Kopf vorsichtig zur Seite zu neigen, bis sich die feingebogene Linie unter Alis Stirn gegen das gelbliche Licht zeichnet, es mache Sindi so froh, daß sie an jenem Morgen, als das Spiel ein übers andere Mal gelungen war, ihre Hand in sein offenes Hemd schöbe und flach auf die nackte Haut legte, auf die langen Rückenmuskeln über dem Rand seiner Jeans. Die Spitzen ihrer Finger fühlten den harten Hüftknochen. Alis Kopf bliebe gesenkt, er stünde da wie immer, aber die Muskeln unter ihrer Hand spannten sich, und sein schlanker Körper lehnte steif nach hinten. So bliebe es, bis der Rotbehutete das Zeichen gibt.

Sindi würde wie bisher bei den Frauen schlafen, die von den Dörfern am Strom hergekommen waren. Bei ihnen wäre ihr Platz, denn sie alle konnten nie mehr in ihr Dorf zurückkehren.

In jenen Jahren hatte man den Strom aufgestaut, um ausgedehnte neue Reiskulturen zu bewässern. Dort wo der Stausee entstehen sollte, mußten die Dörfer, die nahe dem Fluß lagen, aufgegeben werden. Bevor das Wasser stieg, wies die Regierung den Leuten vom Fluß neue Dörfer weit südlich in der Savanne an und schickte Lastautos, um die bewegliche Habe und das Kleinvieh zu transportieren. Ihre Herden trieben die Umgesiedelten gar nicht hin, denn es hieß, daß die Brunnen, die die Reisproduktionsgesellschaft hatte graben lassen, kaum genug Wasser für die Menschen hergäben. Eines der Dörfer jedoch wurde in eine Niederung verlegt, wo es in jedem Brunnen genug Wasser gab, sobald man nur mannstief gebohrt hatte. In der nächsten Regenzeit wurde gerade dieses Dorf von einer Flutwelle überschwemmt, die alle Hütten und mit ihnen die Menschen, das Vieh, Ziegen und Hühner mit sich fortriß. Als die Kontrolleure zu Beginn der Trockenzeit losfuhren, um das Dorf zu inspizieren, fanden sie nur trockene Lehmklumpen, wo früher die Hütten standen, und kraterförmige Löcher im Boden, zu denen das Wasser die Brunnen, die jetzt niemand mehr brauchte, ausgewaschen hatte. Langsam verbreitete sich die Nachricht von der Katastrophe über sie Savanne und sickerte als Gerücht weiter. Jetzt, nachdem es vernichtet war, sprach man überall von dem Dorf, das keinen Namen gehabt hatte, und nannte es das „Dorf-mit-zuviel-Wasser". Die Ingenieure am Nigerwerk gaben bekannt, daß die Überschwemmung, die übrigens schon einige Monate zurücklag, nichts mit der Flußregulierung zu tun habe. Als man schließlich bei den Regierungsstellen davon hörte, fand der Minister es nötig, den europäischen Berater der Firma zu informieren, die den Plan für die Evakuierung der Bevölkerung mitgeliefert hatte. Er traf den jungen Herrn nach dem Mittagessen in der Kantine. Der mußte richtig lachen, als ihm der Minister vom „Dorf-mit-zuviel-Wasser" erzählte. Das sei ein Witz, zuviel Wasser draußen in der Sahel, wo manche Brunnen erst in achtzig Meter Tiefe auf Wasser treffen! Der Minister lachte mit und soll die absurde Geschichte gerne in lustiger Gesellschaft erzählt haben.

Kenner der afrikanischen Geschichte mögen darauf hinweisen, daß solche Ereignisse nur ein kleiner Ausschnitt aus dem gigantischen Geschehen der westafrikanischen Völkerwanderung sind, die während der Sklavenraubzüge begonnen hat, sich im zwanzigsten Jahrhundert beschleunigte und wohl noch Jahrzehnte oder Jahrhunderte dauern wird. Andere Experten halten daran fest, daß es erst die kolonialen Eroberungen waren, die jene Wanderungen in Gang gebracht haben. In den letzten Jahren werden diese Probleme immer seltener erwähnt, vielleicht weil man nichts gefunden hat, um den Gang der Ereignisse zu ändern.

Das in der Reihe der Pyramidenbauer wartende Mädchen, dem ich den Namen Sindi gegeben habe, wäre im Dorf ohne Namen zu Hause gewesen. Ihre Leute hätten sie in Diré zurückgelassen, weil man ihr dort erlaubt hatte, die Schule zu besuchen. Zu Beginn der Trockenzeit zurückkehrend, hätte sie kein Dorf, keine lebende Seele vorgefunden, keine Eltern, keine Geschwister, niemand mehr, den sie von Kindheit her kannte. Sie wäre mit den Sacknäherinnen vom Fluß gekommen, bei denen ihr wohl war, weil keine der Frauen vom „Dorf-mit-zuviel-Wasser" sprach. Ali hätte das Zeichen der Trauer erkennen können – Sindis glänzendes Wollhaar war kurz geschoren –, doch wenn er die Rundung ihres Köpfchens berührte, würde sie den Kopf mit kreisenden Bewegungen gegen seine Finger reiben, dann würde er keine Fragen stellen.

Für die beiden wäre es nicht leicht, einen Platz für die Nacht zu finden. Hinter den Pyramiden verrichteten die Arbeiter ihre Notdurft. Draußen in der Savanne, die flach mit spärlichen Büschen daliegt, gibt es keinen Schutz gegen den Wind. Die Termiten nagen die Matte von unten her an, das Knacken ihrer Beißwerkzeuge geht in ein unheimliches Rauschen über. Ali würde abends nach der Auszahlung herumirren wie ein Fieberkranker, er fände schließlich nicht weit von dort, wo die Straße nach dem letzten Haus umbiegt, den Ladekasten eines umgestürzten Lasters. Die Räder und Metallteile sind längst nicht mehr da, in die grüngestrichenen hölzernen Planken haben holzsammelnde Frauen mit ihren Macheten eine Bresche geschlagen. Man kann hineingehen wie in ein Haus, das oben gegen die Sterne offen ist. Drinnen ist es windstill, das Holz riecht nach Öl und Sonne, die Farbe hat das Holz vor den Termiten bewahrt. Für Ali wären die von den

69

Weißen gezimmerten eisenbeschlagenen Bretter ein Schutz gegen die fliegenden Geister der Nacht, die versuchen, in den nackten Leib einzudringen und die Seele zu verderben.

Sindi würde seine Stimme lieben, denn er spricht leise, wie jeder, der als zweiter Sohn geboren ist. Ihr gefielen die Wölbungen und Vorsprünge an seinem Körper, die Schulter- und Brustmuskeln, die vom Säckeschleppen angeschwollen sind, die Nase, die Kügelchen der Brustwarzen, der kleine Hintern, der vorspringt und hart wird wie eine frische Kolanuß, und der Teil, der sich groß aufrichten kann, wenn sie die glatte Haut über der gespaltenen Kolanuß berührt, und wieder einschläft, wenn sie die Hand zurückzieht.

Eines Abends würden sie zusammen die breite Straße entlanggehen, an den Läden der Libanesen vorbei. Sindi würde vielleicht eines der Tücher anfassen, die bündelweise am aufgeschlagenen Tor hängen, das fette Töchterchen des Händlers würde herauskommen und ihrerseits mit zwei Fingern an der verwaschenen Schulpagne der Sindi ziehen, die Mädchen würden im Laden verschwinden. Ali würde an die Mauer gelehnt an einem Hölzchen kauen, bald käme eine neue Sindi aus dem Laden, ein indigoblaues Tuch mit schrägen Purpurstreifen um die Hüften und ein Tuch als Schmetterling um den geschorenen Kopf gebunden, aus Stoff, den sie unten an der Pagne abgerissen hat.

Ali hätte schon an dem Morgen, nachdem sie zum ersten Mal zusammen geschlafen hatten, vom „Dorf-des-Alten", dem großen Dorf an der Falese erzählt. Mit seiner leisen Stimme, der Sindi gerne zuhört, hätte er ihr, die ihr Dorf verloren hat, das schönste und beste Dorf hingezaubert, die Felsen der Falese, oben die Lehmmauer um die Hütten seines Vaters, des Dorfchefs, darunter die Hütten und Speicher mit glänzendem Stroh gedeckt, ganz unten den Brunnen und im dunklen Binsengras um den Teich die Herden, die in der Abendsonne zum Wasser drängen, voran die schwarzweißen Schafe, während die grauen Esel noch weit draußen in der Ebene warten. Auch ein schattiger Sykomorenbaum ist da und zwei blattlose Baobab mit roten Blüten.

Wenn die Ernte zu Ende ist und keine Erdnüsse mehr hereinkommen, müssen die Träger und Sacknäherinnen sich auf den Weg machen. Die Firma kann warten, bis sich der Preis, der unmittelbar nach der Ernte auf dem tiefsten Stand im Jahr gefallen ist, wieder erholt hat. Wenn gegen Ende der Trockenzeit die Lieferverträge ausgefertigt sind, schickt die Firma einen Wagen mit Paternoster-Laufband, der oben an der Kabine Scheinwerfer hat, damit die Ladearbeit bei Nacht weitergehen kann. Vier starke Männer sind für den Abbau einer Pyramide ausreichend. Zu zweit schieben sie einen Sack nach dem anderen auf das Förderband. Wenn die Lastwagen für den Transport der Säcke rechtzeitig eintreffen, schmilzt der gewaltige Bau unheimlich rasch zusammen. Die Firma schließt die Schlafbaracke und kann es nicht dulden, daß einzelne Arbeiter oder gar Familien am Sammelplatz bleiben, sich dort niederlassen und eigene Hütten bauen. Erfahrungsgemäß ist es nicht leicht, die Löhne für seßhafte Arbeiter, die eine eigene Lebensbasis haben, indem sie etwa selber Erdnüsse pflanzen, ebenso niedrig zu halten wie für wandernde Erntearbeiter, die nur auf den Verdienst beim Pyramidenbau angewiesen sind.

In jener Gegend Westafrikas sollte die Gründung einer Familie von den Alten des Dorfes in die Wege geleitet werden. Sobald sich Anzeichen dafür mehren, daß zwei junge Leute einig geworden sind, wird in langen Gesprächen ausgehandelt, was die junge Frau und was der Bräutigam mitzubringen hat. Es mag so herauskommen, daß er ihren Eltern zwei Rinder oder acht Schafe bringt und die Eltern der Braut ein Rind mit Kalb und Kleinvieh für die Hütte der Neuvermählten beisteuern. Das Ungleichgewicht, das entsteht, wenn die Erwählte eines jungen Mannes ein Waisenkind ist und sich nicht auf eine Verwandtschaft stützen kann, die dafür garantiert, daß sie imstande sein wird, für die Nachkommenschaft zu sorgen – eine Aufgabe, die der jungen Mutter zufällt –, dieser in neuer Zeit häufige Mißstand kann durch ein ‚Geschenk an die Mütter‘ ausgeglichen werden. Die Braut bringt den Beweis ihrer Tüchtigkeit und ihres ernsthaften Entschlusses, für eine Familie zu sorgen, mit in die Ehe, nicht nur symbolisch, sondern in herzhaften Proben ihres häuslichen Fleißes.

Wenn Sindi mit Ali zusammen bliebe, wenn sie auf seine leise Bitte hören würde, wenn sie ihrer Sehnsucht folgen würde, im schönsten und besten Dorf eine neue Heimat zu finden, würden die Frauen vom Fluß ihr helfen, alles für die Mütter im „Dorf-des-Alten" richtig zusammenzufügen. Sindi würde die breiteste offene Kalebasse kaufen. Darin würde sie alles Nötige zu einem hohen Kegel schichten: Säckchen mit feinem Mehl für den Brei und Milmehl zum Backen der Fladen; rotes Palmöl in einer Bierflasche mit einem Maiskolben als Verschluß; Karitébutter, die erst am dritten Tag der Zubereitung gut ist, wenn die Handflächen schwarz und die Finger müde geworden sind; Bündel getrockneter Baobabblätter und wilden Fenchel für die Sauce; riechenden Trockenfisch zum Reis und Dörrfleisch, das wie Baumrinde aussieht. Es ist unerläßlich, daß alle Arten Getreide dabei sind, die Körner ganz, zerquetscht und fein zerstoßen, genau in dem Mengenverhältnis, das jeder Art von Körnern zukommt; dazu ein Stück Seife, ein Säckchen Kaolin, einige Flaschen Fanta-Limonade. Ist alles zusammengestellt und geschichtet, wird ein Netz aus Sisalfasern darüber gespannt, der schöne Kegel ist mit dem Rautenmuster der Schnüre geschmückt, und oben ragt der glänzende Hals einer Flasche heraus. Wenn Sindi neben ihrer Last steht, reicht ihr der Bau bis an die Brust; trägt sie ihn auf dem Kopf, sieht es aus wie ein Turm, der sich wiegend von alleine durch das hohe Gras der Savanne weiterschiebt. Erst aus der Nähe würde man das dunkle Köpfchen sehen, das den Turm trägt, und das ganze Mädchen mit der rotblauen Pagne um die Hüften.

Sindi würde lieber zu Fuß auf die Reise gehen. Bis zum Dorf an der Falese würde der Mond noch einmal rund und wieder ganz dünn werden. Am Morgen würde Ali ihr helfen, die Last auf den Kopf zu laden. Zu Mittag wäre es heiß, und er würde Wasser finden. In der Nacht würden sie sich aneinander wärmen. Sie weiß, wie das Dorf aussieht, aber die Menschen dort kennt sie nicht. Wie gerne wäre sie noch länger unterwegs.

Ali müßte sich schämen, zu Fuß zu reisen wie ein Wilder aus dem Busch. Die Maschinen, die über den Laterit rasen, sind von weißen Männern gemacht für schwarze Männer. Ali würde mit andern auf der Ladebrücke stehen, bald hätten sie alle grauweiße Masken aus Staub über dem Gesicht. Männer werden davon stark wie die Weißen und bekommen rauhe Stimmen. Wollte Sindi bei ihm bleiben, müßte sie auf den Lastwagen klettern und Tag und Nacht wachen, aufpassen, daß die Schale nicht zerbricht, der schöne Turm nicht umfällt. Es riecht scharf nach Benzin, der Motorlärm schläfert ein, am meisten Angst machen die blendenden Augen der Autos, die in der Nacht entgegenkommen. Sindi würde ihre Last nicht loslassen. Unter der Maske von

Staub würde sie ihre Schönheit verlieren, ihre Glieder wären müde und steif. Wo wäre ihre Kraft, die sie durch die Savanne getragen hätte, wie könnte sie im großen Dorf vor seinen Müttern bestehen?

Wir haben Sindi zusammen mit Ali, dem jüngeren Sohn, auf den Weg geschickt, fort vom Bau der Pyramiden. Wenn irgendwo wandernde Frauen im wiegenden Gang ihre getürmten Lasten durch das Gras der Savanne trugen, dachten wir an Sindi und Ali. Unsere Wege kreuzten sich später wieder, so will es mir scheinen.

Doch sind die Straßen Afrikas, auf denen wir fahren, nicht die gleichen, auf denen Afrikaner wandern, um irgendwo anzukommen, wo sie einmal bleiben können. Wir wollen weiter, für uns ist Bewegung das Ziel. Manchmal springt ein großes langgestrecktes Tier quer über den Weg und verschwindet im hohen Gras: ein Panthersprung. Nein, es sind die großen roten Affen. Frédéric hat sie gemalt. Auf dem Bild sitzen sie rot in den Büschen im rötlichen Löwengras und schauen gelassen und verächtlich zu uns herüber, während wir weiterfahren. Ruhig wartet die Affenfamilie, bis die Savanne ihnen wieder alleine gehört.

Unser Afrika steht mir am deutlichsten vor Augen, wenn ich mir Frédérics Bilder anschaue. Er hat auf unseren Wegen unzählige Bilder mit bunter Kreide gezeichnet, mit Wasserfarben oder Öl gemalt; nach De Staëls Devise: „Ich male nicht die äußeren Dinge der Welt ab, sondern den emotionalen Eindruck, den diese Welt in mir erzeugt." Die Gefühle und Phantasien, die ein Erlebnis ausgelöst hat, bleiben mit dem Erinnerungsbild verbunden. Die Geschichte von Sindi und Ali, mit allem, was ich hineingeheimnist habe, geht mir noch heute nahe. Frédérics Bilder bringen die Emotionen zurück, ohne die alles blasser, vergänglicher wäre. Durch seine Kunst ist die Wirklichkeit unserer Reisen, die ihn glücklich gemacht hat, für uns lebendig geblieben. Die Sehnsucht nach der unbekannten Ferne, die uns weitergetragen hat, gibt seinen Farben eine geheimnisvolle Leuchtkraft. Am Rand des Weges sitzen schwarze unheimliche Vögel, Geier und Krähen um ein gefallenes Rind. Die Sonne geht rot hinter den Schirmakazien unter. Ein blauer Mond taucht die Savanne in Geheimnis, schwarze Bäume strecken verzweifelte Äste in den Glanz.

Bolgatanga

(Erste Reise, 1954–55)

Der Markt von Bolgatanga ist sehr ausgedehnt. Den ganzen Morgen bis weit über Mittag gibt es eine Masse von Leuten aus allen Landesteilen. Die bunten Besucher aus dem Süden bilden Farbflecken im Gewimmel der weißen und blauen Hemden der Savanne. Bis in den Norden der Goldküste (ob es heute, seit es die Republik Ghana gibt, noch immer so ist?) wandern die aus dem Regenwald in ihren bunten Tüchern, Frauen mit Goldschmuck, die Tischchen mit den verschiedensten Waren vor sich ausbreiten: Schminksteine, Seifen, goldene und eiserne Armringe, Gewürze jeder Art, scharfe rote Pfefferschoten, Ingwerwurzeln und tausend andere Dinge. Es gibt keine Marktstraße oder Halle. Der Platz gleicht einem Archipel mit vielen kleinen Inseln aus Mensch und Tier, die am Abend verschwinden und sich am nächsten Tag am gleichen oder einem anderen Ort neu bilden. Um eine Rinderherde verdichtet sich die Menge. An den vorstehenden Rippen und Hüftknochen der Tiere ist zu sehen, daß sie weit über die wasserarme Savanne hergetrieben worden sind. Eine andere Marktinsel, wo die bunten Tücher und die weißen handgewobenen Baumwollstreifen ausgebreitet sind, wieder eine andere bei den Gemüsefrauen, den Fleischern oder den Fischhändlerinnen.

Wir lassen uns von den Geruchsschwaden leiten, weil man im matten Licht des Harmattanwind-Himmels und durch den aufgewirbelten Staub nicht weit sehen kann. Es riecht nach Rind, nach Ananas und Bananen, nach Gewürzen oder nach dem Rost von zerbrochenen Maschinenteilen. Über allem der faulige Geruch an der Sonne getrockneter Fische, der noch bis in die Abendstunde über dem ganzen Platz liegt, wenn die Marktgänger sich schon verlaufen haben. Während uns der Fischgeruch zuerst fast unerträglich war und Brechreiz hervorrief, schien er die Afrikaner nicht zu stören. Eine Bande Buben spielte gerade dort, wo die Fischhändlerinnen Abfälle hingeworfen hatten. Als es nach Sonnenuntergang kühler geworden war, hatten sich die Gerüche von Vieh und Fischen vermischt zu einem kräftigen und natürlichen Duft wie von menschlichem Samen.

Da wir keinen Schattenplatz finden konnten, um auszuruhen, waren wir ziemlich erschöpft, ausgetrocknet und verstaubt, als uns ein blondbärtiger Weißer zu einem kalten Bier in seine Hütte einlud. C. S., contractor, wie er sich vorstellte, hieß Köbi Schultheiß, war ein junger Schweizer mit Schultern, Schenkeln und Bart aus einem Hodlerbild, Fleischer und Sohn eines Fleischers, der lieber tausendköpfige Viehherden – hergetrieben aus Obervolta und Niger und nachts über die Grenze geschmuggelt – schlachtete, als den Eisenbahnergattinnen in Erstfeld, Uri, Geschnetzeltes über den Ladentisch abzuwägen. Ein Flugzeug kam zweimal wöchentlich die Ware holen, den Flugplatz hatte er selber abgemessen und angelegt. Die Zukunft des C. S. hing jedoch von den Schnecken ab und war unsicher. Die Kühlelemente seines Lagerhauses wurden von Generatoren getrieben, die ihre Energie von zwölf großen Windrädern bezogen. In den windstillen Monaten vor der Regenzeit gab es keinen Strom, Fleisch konnte nicht gelagert und exportiert werden, was C. S. durch die Erweiterung des Handels in die angrenzenden südlicheren Provinzen zu überbrücken trachtete. In Jahren, in denen der Regen in den Waldgebieten vorzeitig einsetzte, krochen die faustgroßen Schnecken früher aus, die Bewohner der Städte bezogen das Schneckenfleisch von Mädchen, die jeden Morgen sammelten und die Ware wohlfeil auf den Markt brachten. Das Fleischgeschäft kam ganz zum Stillstand, die Herden verschwanden wieder nach Norden, weil das Weideland um Bolgatanga abgegrast und zu Staub zertreten war, und die Bank drohte dem C. S. – der ebenfalls in die nördlichen Savannen verschwand, um seine Handelsbeziehungen mit den Hirten für die nächste Saison womöglich doch noch einmal sicherzustellen.

Jetzt aber saßen wir bei ihm auf der Veranda seiner Behausung, einer Rundhütte, die genauso gebaut war wie die Hütten der Afrikaner, die in einiger Entfernung unter großen Bäumen standen, aber doppelt so groß, so daß der Innenraum unter dem hohen spitzen Strohdach geräumig wie ein Saal durch leichte Papyrusgeflechte aufgeteilt werden konnte. Die breite Veranda war vorn neben dem Eingang mit einem petrolbetriebenen Eisschrank, strohgeflochtenen Stühlen, Tischen und Gläsern ausgestattet und umgab uns mit kolonialem Luxus. Auf der Hinterseite trug die Veranda einen Waschraum mit einer wunderbaren Dusche, aus der im Strom erdig riechendes hellbraunes Wasser floß. Hier konnten wir bleiben.

Nach dem Nachtessen, große Stücke gebratenes Fleisch und Papaya, ging ich allein in die weiche Dunkelheit hinaus. Ich glaubte fern bei den Hütten eine Trommel zu hören. Die Erzählungen des braven C. S. verstimmten mich plötzlich, die schwedische Vergaserlampe blendete in den Augen, die von zuviel Sonnenlicht und Staub noch brannten.

Zwischen den Hütten war es sehr dunkel. Da und dort ein rötlicher Lichtschein und der Rauchgeruch einer Kochstelle. Unter die Bäume kam das Sternenlicht nicht, und das Trommeln hörte immer wieder auf, so daß ich fürchtete, die Richtung zu verlieren. Ich blieb stehen, um zurück und nach oben zu schauen. Als ich gerade wieder anhielt und schon daran dachte umzukehren, schob sich eine kühle kleine Hand zwischen meine Finger. Das Büblein, von dem ich zuerst nur das Weiße der Augen und ein Baumwolltuch, das um seine Schultern lag, sehen konnte, faßte fester zu, zog mich weiter und murmelte: „See the lady drummer." Ich wollte ohnehin sehen, woher das Trommeln kam, und ließ mich fortziehen. Von einer Frau, die trommelt, hatte ich nie gehört. In diesem Land trommeln nur die Männer.

Vor einer der Hütten flackerte eine Karbidflamme. Zwei Gestalten kauerten auf dem Lehmsockel des Rundbaus. Das Büblein ließ meine Hand los und umfaßte meine Schenkel mit beiden Armen, so daß ich stehen bleiben mußte, etwa so, wie man ein großes dummes Tier, das nichts versteht, zum Anhalten bringt. Erst jetzt sah ich, wie klein und dünn mein Begleiter war. Er flüsterte noch einmal: „See the lady drummer." Beide Frauen, die ich nun gut erkennen konnte, hatten die Haare mit roten Perlen zu Zöpfen geflochten. Die eine Trommel war dumpf gestimmt, die andere, hellere schlug die komplizierten aufgeregten Synkopen. Das Trommeln setzte aus. Wie von einer Feder geschnellt, stellte sich eine der Frauen vor mich hin und drehte ihren Kopf zur Seite, so daß sich das feine Profil gegen die rötliche Flamme abhob. Dann nahm die tiefe Trommel ihren Rhythmus wieder auf, und die Frau, die mit abgewandtem Gesicht vor mir stand, sang leise mit rauchiger Stimme: The lady-drummers song.

Just after the black fire-man died
in that very night
the fire crept over the savanah tree
just in my compound, in my heart, in my cunt
come and see.

Das Büblein schob mir ein Bein vor, dann das andere, ich fand es komisch, ließ es geschehen, dann drehte es mich irgendwie, ein nacktes Füßchen stemmte sich gegen mein Schienbein, und ich saß auf der Lehmbank, rechts ein Negerlein an mich geschmiegt, das seinen Kopf unter meinen Arm schob und sein Baumwolltuch darüberzog, links die Trommelfrau, die ihre Trommel zwischen die Knie nahm und wieder mit den Synkopen anfing: schneller und schriller als vorher, wie mir schien.

Ich fühlte eine Müdigkeit in den Beinen, war zufrieden dazusitzen und trank eine kleine Kürbisschale aus, die mir eine der Frauen an den Mund hielt. Es schmeckte frisch und säuerlich wie Palmwein oder gegorene Ziegenmilch. Die dumpfe Trommel fing wieder an.

Die hohe Trommel war verstummt. Im Dunkel war die schöne Trommelfrau nicht mehr zu sehen; sie lehnte sich mit der Wärme ihres Körpers an meine Seite. Den Kopf hatte sie weggedreht, so daß mir die duftenden rauhen Zöpfchen die linke Wange rieben, sie drückte mir den hölzernen Schlegel in die Hand und wollte meine Hand führen. Ich sollte trommeln. Das konnte ich nicht. Da ließ sie es sein, ließ die Trommel wegrollen und legte mir beide Hände zwischen die Oberschenkel. Bald hatte sie einen festen Schlegel in der Hand, mit dem sie ihre Synkopen lautlos weiterschlug. Der dunkle Grundton ging wieder an. Das Büblein war fortgeschlüpft. Als wir drinnen auf der Matte lagen, schwieg irgendwann auch die tiefe Trommel.

Sie kam aus dem Norden und sprach französisch. Einmal nahm sie meine Hand und ließ mich eine Narbe fühlen, die hart und glatt wie eine Seidenschnur über ihre linke Wange lief. „Das kam, weil der Busfahrer umgeschmissen hat. Mir hat noch kein Mann wehgetan. Aber die weißen Männer sind mir doch lieber." Ich wollte wissen, wer der Feuermann war. Sie lachte leise: „Das ganze Lied ist eine Lüge, er ist gar nicht tot, der Baum hat auch nie gebrannt. Das ist nur ein Lied, damit ich nicht allein bleibe in der Nacht, hier im fremden Land."

Beim ersten Tageslicht, als die schwarzweißen Krähen angeflogen kamen, fand ich leicht zurück zur großen Hütte des C. S. Als wir die Wagen fertig machten, um weiterzufahren, tauchte ein dünnes Büblein auf, ganz nackt, ohne Tuch, aber wohl dasselbe wie in der Nacht. Ich gab ihm einige hundert CFA-Francs in die ausgestreckten Hände, es rannte unter den Bäumen davon und verschwand zwischen den Hütten.

In sonderbarer Eile fuhren wir über die breite Landstraße nach Süden, durch goldgelbe Savannen mit einzeln stehenden Schattenbäumen und durch abgeerntete Hirsefelder, die zerstört aussahen, und hielten kaum einmal in einem Dorf, um Bananen zu kaufen, die Mädchen in dicken grünen Bündeln auf dem Kopf trugen. Es gab keinen vernünftigen Grund für die Hast, vielleicht war es nur der Staub, den wir hinter uns lassen wollten, denn im Süden, so war auf der Karte zu sehen, begann der Regenwald. Am frühen Nachmittag stieg eine schwarze Gewitterwolke in den weißen Himmel, aus der plötzlich in dicken Strähnen ein erster Tropenregen fiel. Wir mußten anhalten, so dicht war der Wasservorhang, und ich stellte mich erwartungsvoll wie unter eine kühle Brause neben den Wagen, das Gesicht mit offenen Augen und Mund nach oben. Plötzlich, wie der Guß begonnen hatte, hörte er auf. Bedeckt von einer dicken stinkenden Schlammschicht, die bald hart und trocken wurde, fuhren wir weiter. Gegen Abend erschien vor uns eine drohende dunkle Mauer.

Nirgends ist der Übergang von der Savanne in den Urwald so unvermittelt wie da, nördlich von Mampong. Wir tauchten ein in den Regenwald mit seinem Zirpen und Schrillen und dem Höhnen des Lachvogels. Eine grüne Wand vor uns und beidseits der Straße.

Im Dämmerlicht des Waldes fuhr ich weniger schnell. Ich glaubte die Trommel zu hören und das Ende vom Lied, come and see, come and see. „Es ist gut", sagte ich, „sei still: wir sind ins Herz der Finsternis eingefahren."

Regenwald

(Zweite Reise, 1956–57, und alle Reisen in der Regenwald-Zone
bis zur fünften, 1965–66)

Trockenstaubige Savanne, die Luft zittert über dem gelben Gras. Ein
dunkler Streifen am Horizont, wir fragen uns, was das ist, fahren
weiter. Eine blaugrüne Wand, feuchtheiß weht es uns entgegen. Wir
tauchen ein in den Regenwald. (So war es im Jahr 1955, nördlich von
Mampong. Diese Stelle haben wir immer wieder gesucht, aber nie
mehr finden können. Die höchsten Urwaldbäume sind abgeholzt. Mit
dem Holzexport soll die Modernisierung des Staates finanziert werden.
Nie mehr werden die Kronen des Eisenholzbaumes die wunderbar
verwobene Pflanzenwelt beschirmen. Der Urwald ist zum Gewucher
des Sekundärwalds verkommen. Ungehindert streichen die feuchten
Winde drüber hin, verkochen in der Glut. Zerfressen ist die Waldfront.
Die Steppe dringt ein. Der Wall der Festung ist gefallen).

In dieser Stille wäre man für jeden Laut dankbar. Doch ist die
feuchte Dämmerung nicht wirklich lautlos. Ein Zirpen und Schrillen,
das in Wellen ansteigt und abfällt und nie ganz erlischt, ist ins Gehör
gedrungen. Die Töne sind hoch; man hört nur die tieferen, der obere
Teil der Skala versetzt das Innenohr in Schwingungen, das bekannte
Ohrensausen, wie vor einer Ohnmacht; nicht von ungefähr bei der
bleiernen Müdigkeit, die sich im Tropenwald einstellt. Nur der Ruf des
Lachvogels unterbricht die schrillende Stille. Als wir, noch vor Mampong, das stoßweise melodiöse Lachen zum ersten Male hörten, warf
Frédéric mir einen Blick zu, als wollte er fragen, hörst du das auch, das
ist doch nicht möglich. Der Motor hatte ausgesetzt, und da tönte es:
laut, hämisch verächtlich. Das ist mit dem Schrei der Lachmöve oder
irgendeinem Spottvogel nicht zu vergleichen, menschlich vor Bosheit.
Sobald der Schaden behoben war – die Membran einer Benzinpumpe
ausgewechselt –, schwieg der Lacher still. Das wiederholte sich bei
jedem Mißgeschick.

Wenn man aus den Savannen in den Regenwald eintaucht,
schrumpft der Lebensraum. Ein Mensch sieht unerhört klein aus, weil
Urwaldbäume doppelt so hoch sind wie unsere höchsten Fichten. Es ist

bekannt, daß man keinen Schritt weit in das Dickicht des Unterholzes eindringen kann. Doch auch der Blick reicht nirgends hin. Sogar die Bäume sind nicht wirklich da, nur ein Gerüst in der dunklen Wand. Die Lichtung eines Dorfes ist wie ausgestanzt, drum herum die grüne Mauer lückenlos. (Nach Wochen im Regenwald staunte ich in der Savanne immer wieder: „Schau, dort, der schöne schöne Baum!")

Auch die Zeit scheint sich zu verlieren. Da ein Tag wie der andere ist, Himmel und Wolken kaum zu sehen, Licht, Wetter und Jahreszeiten immer gleich, haben die waldbewohnenden Völker andere Zeitmaße erfunden. Jahre und Monate zählen nicht, nur Wochentage sind bedeutsam. Wer Kwame heißt, ist am Samstag geboren. Die Ignamknollen soll man pflanzen, wenn Wolken lavendelblauer Schmetterlinge aus den Pfützen aufsteigen, der Kaffee wird bald reif sein, wenn der Morgennebel die Spitze des Kapokbaumes berührt.

Das Gerüst von Zeit und Raum, an das der Reisende sich hält, beginnt zu schwanken und löst sich auf. Weich, aufgelockert, als ob er ein beengendes Kleidungsstück abgelegt hätte, mag er sich strecken und hineingleiten lassen. Wie eine jener Drogen, die in hoher Dose die Wirklichkeit zu Wahn und Fratzen verzerren, aber richtig genossen wohltuend lockern und lösen. Er glaubt im tiefsten Wesenskern ein anderer geworden zu sein, obwohl es nur seine Sinne sind, die dem Geist ungewohnte Nahrung spenden.

Der junge Mann, einziger Vertreter der Regierung Ihrer Majestät in Mampong, Walddistrikt der Kolonie Goldküste, hätte in Wimbledon gute Figur gemacht. Das Rasthaus am Fuß des Residenzhügels bestand aus einer Reihe kleiner Bungalows, im Stil des Landes strohgedeckt, das Vorgärtchen mit weißgekalkten Steinen eingerahmt. Oben im Büro war der lächerlich geringe Preis zu erlegen und die Quittung entgegenzunehmen. Von irgendwoher tauchte ein würdiger Caretaker in Khaki auf und begleitete uns und seinen Chef hinunter. Gewissenhaft wurden all die Einrichtungen nachgeprüft, die der britische Lebensstil erfordert, um das Leben im Urwald erträglich zu gestalten: trockenes Holz im Kamin mit Spänen zum Anheizen, Dusche und WC in lackiertem Mahagoni mit Messingbeschlägen, die Bibel auf dem Nachttisch und das Teegeschirr. Kleine Mängel ließen sich finden, der Herr gab seinem Begleiter halblaute Befehle, ohne Ungeduld. Der

Brite schien den Mann nicht zu sehen, mit dem er sprach. Er hatte die Fähigkeit, durch den Caretaker hindurch ins Weite zu blicken. Als die Inspektion beendet war, wurde der zweckmäßige Gebrauch des Bungalows ausführlich erklärt. Uns Europäer sah er dabei richtig an, und sein Blick war so traurig, daß G. den Eindruck hatte, er fühle sich furchtbar einsam und könne sich von uns kaum trennen. Sie lud ihn ein, nach dem Essen auf ein Glas Wein zu uns zu kommen. Er verneigte sich: „I thank you, very kind indeed", erschien aber nicht. Als Frédéric, wie es seine Gewohnheit ist, spät in der Dunkelheit seinen Rundgang machte, sah er ihn durch das erleuchtete Fenster der Residenz allein, frisiert und korrekt gekleidet am abgeräumten Speisetisch sitzen und ins Leere starren.

Ich weiß nicht mehr, wie oft wir noch zur Zeit der Kolonien von französisch besetzten Territorien in britische und zurück gewechselt sind. So willkürlich im Vertrag von Berlin zu Ende des neunzehnten Jahrhunderts auch die Grenzen der Kolonien gezogen worden sind, für uns gab es jedesmal den besonderen kolonialen Kulturschock. Im britischen Gebiet waren Straßen und Brücken in gutem Zustand, die britischen Ingenieure, Offiziere und Beamten luden uns zum Tee, die freundlichen blonden Gattinnen erzählten mit einem weinerlichen Unterton, sie müßten nun doch bald zurück, die Kinder seien sehr allein hier, kein anderes Kind weit und breit zum Spielen, das ginge so nicht gut weiter. In der Tat haben wir englische Kinder nie zusammen mit afrikanischen spielen sehen. Unvermischt, kühl, auf die Dauer eisig sind die Blicke. Die Afrikaner verstehen Englisch, genau das, was den besonderen, ihnen zugeteilten Aufgaben entspricht; auch ihr Blick ist leer geworden. Wenn sie mit einem Weißen reden, entsteht nichts: kein Gespräch, kein Zorn, kein Lächeln.

Kaum ist die trikolor gestrichene Grenzbarriere hinter uns niedergegangen, wird der Weg verdammt schlecht, voll Löcher, die Brücken sind verfallen, in den Ämtern liegen Haufen von vergilbten Akten, Unterschlupf für Spinnen und Termiten. Die kulturellen Unterschiede schlagen ins Menschliche durch. Im Bistro und am Bauplatz brüllt der weiße Vorarbeiter schwitzend, rot vor Wut die Schwarzen an, Faulpelze, Bastarde, Affenbande, die Schwarzen grinsen und schimpfen zurück, ja Papa, ja Chef, oui mon patron, ballen die Fäuste und hauen dem großen weißen Bruder die flache Hand auf den Rücken, reg dich nicht auf, du hast den Sonnenstich, komm einen trinken, es tut dir nicht gut, wenn du dich aufregst! Madame im geblümten Kattunkleid füttert den ungebärdigen Haufen schwarzer und weißer Kindchen, die halbnackt und schmutzig hereinwirbeln, dabei klagt sie, gar nicht weinerlich, ich versteh' meine Rangen nicht mehr, sie reden nur noch die Negersprache, wie die Affen, wir müssen bald zurück nach Marseille, nach Perpignan, in die Bretagne, mein Mann, Sie haben ihn sicher draußen gesehen, ist komplett vernegert, eine Schande, seit der letzten Regenzeit zieht er keine Schuhe mehr an, barfüßig kommt er in den Salon. Er ißt den Reis mit den Fingern, zusammen mit seinen Burschen. Er sagt, ich soll allein zurück zu meinen Eltern, die Schwarzen brauchen ihn, sie lassen ihn nicht weg. Dabei hat er recht, ich will ja auch nicht weg, und sie wischt sich eine Träne der Rührung mit dem Schürzenzipfel aus den Augen.

Bei Man im Westen der Elfenbeinküste erhebt sich der Berg Tonkoui, den ich Nimbia nenne. („Tonkoui, das ist ein französischer Name", sagte der Student, der mit uns bis zur Chinabaumpflanzung mitkam.) Der Berg ist dicht bewaldet bis hinauf zu den Felsen, die ihn krönen. Der Blick, der an der grünen Wand stumpf geworden ist, bricht durch die Lücken und Spalten der üppigen Kronen. Farben, Schluchten und Gipfel tauchen aus dem Dunst, die Luft wird leicht, rote Blüten zittern im Windhauch, und der große Nashornvogel schwingt sich im Wippflug über den Weg.

In der Walpurgisnacht tanzen die Hexen auf dem Brocken im deutschen Harz. Um den Berg Nimbia, der aus dem Regenwald ragt, dreht sich in zeitlosen tropischen Tagen und Nächten der Tanz schwarzer und brauner Gestalten. Sie mischen sich mit den Ängsten und Sehnsüchten der Fremden, die müde von schwüler Pflanzendichte hier gelandet sind, weiße Götter und weißliches Strandgut. Aus morschen Stämmen alter Mythen sprossen gleich Orchideen die neuen Märchen.

Oben in den grauen Felsen, die wolkenverhüllt sind wie der Berg Olympos, am Sitz der ältesten Geister des Waldes, ist der weißbärtige Afrikaforscher „Monsieur le Professeur" abgestürzt. Sein Leichnam wurde nie gefunden, ist von den Geistern in ihr Reich entführt worden. Er herrscht jetzt mit ihnen, den braunen Menschen zum Wohle tief unten im Regenwald. Der Professeur hat sich freiwillig geopfert (mit

Mühe und eisernem Willen hatte der alte Mann den Berg erklommen), und er macht wett, was seinesgleichen an Unheil ins Land gebracht haben. Durch ihn ist der Berg, der ihn verspeist hat, noch heiliger geworden, den Franzosen ein Denkmal kolonialer Tatkraft, das sie „für immer", wie es damals hieß, mit dem heißen Land verbindet. In der Tat: Auf halber Höhe wurde die erste Plantage von Chinabäumen gepflanzt, die sich prächtig entwickelte, Basis pharmakologischer Industrien, und als in den Pétain-Jahren der Nachschub von Chinintabletten aus der Metropole ausblieb, gaben die schlanken Bäumchen ihre Rinde her, die, kundig ausgelaugt, den bitteren Heiltrank gratis lieferte, bis endlich etliche Jahre nach dem Ende des Krieges die teuren Chinintabletten wieder im Laden des Libanesen zu kaufen waren. Sie essen unsere Bäume, und wir essen ihre Tabletten, und alle erwachen geheilt aus dem Fieber; nur daß man vom Rindenabsud nicht Kopfschmerzen bekommt wie von den Tabletten – so sagt man.

In dieser Gegend gab es früher zahlreiche tödliche Krankheiten, so daß der amerikanische Journalist und spätere Ethnologe Geoffrey Gorer, der 1934 hergereist war, um die berühmt-geheimnisvollen Maskentänze von Man zu studieren, befürchtete, die Urwaldleute würden aussterben. Das haben die Impfungen gegen Gelbfieber und Schlafkrankheit verhindert. Die Dörfer bevölkerten sich wieder, es gab Arbeiter für die Rodungen in der Chininbaumpflanzung, Rekruten für die Armee der Metropole und viele lustige Buben und Mädchen in der neugebauten Schule, die der Herr Kreiskommandant, seinem General zu Ehren, Lycée Charles de Gaulle nennen ließ.

Die Alten konnten sich erinnern: Wenn ein Familienklan, von bösen giftigen Geistern heimgesucht, immer schwächer geworden war, kaum mehr junge Jäger, kaum noch junge Mütter hervorbrachte, um den Altar der verstorbenen Vorfahren zu pflegen, leiteten die übrig gebliebenen Alten Verhandlungen mit einem anderen Familienklan ein, der von den Geistern begünstigt aufblühte, reich an Menschen und Gütern, und der bereit war, die Geschwächten mit Leib und Leben in sich aufzunehmen. Diese erwählten einen Knaben und ein Mädchen von blühender Schönheit und Gesundheit, denen die Ehre zufiel, gegessen zu werden. Geschmückt wie zur Brautzeit, gut genährt, gesalbt und gepflegt, mit sanft-dumpfen Trommeln in den letzten Tanz gewiegt, wurden sie geschlachtet und gemeinsam verzehrt, wodurch der aufsteigende Klan, gestärkt durch die restliche Lebenskraft des untergehenden, die im Fleisch des jungen Paares enthalten war, die verstreuten und absterbenden Glieder in sich aufnahm, die Lebenden hinfort als ihre lieben Verwandten am Besitz, am Ruhm und an der Gunst der fortan gemeinsamen verstorbenen Vorfahren teilnehmen ließ.

Das erste Mal näherten wir uns Man von Osten her. In Daloa, wo wir vor einem Gewitterregenguß in ein stickiges Rasthaus flüchteten, gab es eine Bar. Die lange düstere Höhle war nur hinten über dem Schanktisch beleuchtet. Dort stand ein kahler verknitterter Weißer, der mit dem rechten, weitaufgerissenen Auge, das die Farbe eines frisch gefangenen Fisches hatte, jedes leere Bier- und Whiskyglas entdeckte, worauf die kindlich magere Schwarze, die ihm als Kellnerin diente, unter der Theke hervorkroch, um nachzufüllen oder zu kassieren. Der Weiße hatte noch ein dunkleres linkes, zusammengekniffenes Auge, das schielend zu Boden sah. Auch sein linker Arm schien gelähmt und lag flach auf dem Tisch, so daß er Flaschen und Gläser, flink jonglierend, allein mit der Rechten manipulieren mußte. Als sich die Bar allmählich leerte, ließ er uns nach hinten rufen. Erst da bemerkten wir, daß eine zahme Ginsterkatze, ein zartes Tier mit schwarz getupftem Fell, um seinen Nacken lag und ihm das spitze Mäulchen liebevoll ins Ohr steckte. Auch war seine linke Hand keineswegs gelähmt, wie es den Anschein hatte. Vielmehr schrieb er mit einem Stift, den er steil zwischen die klobigen Finger geklemmt hielt, mit einer eckig-krakeligen Schrift auf große bläuliche Bogen, die er von Rand zu Rand mit Zeilen füllte. Wir sahen erstaunt, daß er weiterschrieb, ohne abzusetzen, das linke Schielauge zur Kontrolle auf das Papier gerichtet, während er uns Gläser einschenkte, der Kellnerin Rechnungen notierte, und auch noch weiter, als er mit freundlich knarrendem schweizer Hochdeutsch ein Gespräch anfing. Die Ginsterkatze Mary halte ihn auf, er wäre längst weg von der „Schyssbeiz" da, aber Mary würde nicht mitkommen. Die Briefe, ja, die schreibe er an seine Braut in Basel, er schreibe jeden Abend bis drei oder vier Uhr früh, bis er schließen könne. Nein danke, wir brauchten ihm keine Briefe mitzunehmen, es lohne sich nicht, er schreibe schon seit zwölf Jahren so, es mögen auch fünfzehn sein. „Ich bin noch nie dazugekommen, einen Brief zur Post zu tragen, Sie wissen ja, die Postbeamten stehlen die Marken, ich weiß auch nicht, ob meine Braut noch am

Leben ist, sie leidet ein wenig an Tebe, mußte mehrmals in Davos kuren, Sie sehen, es würde die Mühe nicht lohnen." Der Schweizer machte eine Bewegung mit dem Kinn, als wollte er nach hinten zeigen, während er drei Gläser genau bis zur Marke mit Whisky versah. Ginster-Mary erschrak, huschte nach hinten und suchte den Lauerplatz auf, der ihr diente, wenn sie nicht um den Hals ihres Geliebten geringelt war. Mit großen Augen starrte sie uns aus der Dunkelheit an. Wie auf dem Kapitel einer Säule kauerte sie auf einem mannshohen Stoß säuberlich geschichteter Briefbogen. Da es zu dunkel war, konnten wir nicht genau sehen, wieviele Papiersäulen an der Hinterwand der Bar lehnten. Als Frédéric viel später hinausging, um unsere Moskitonetze aus den Wagen zu holen, da Scharen von Mücken durch die löchrigen Netze des Rasthauses auf uns eindrangen, warf er noch einen Blick in die Bar. Der Barkeeper war betrunken, er schwankte im Stehen, Mary hatte sich wieder um seinen Nacken gelegt; mit unverminderter Eile füllte er die Bogen mit krakeligen geraden Zeilen von Rand zu Rand.

Von diesem Mann hörten wir zum ersten Mal den Namen der Stadt Tabou. Der größte Unsinn seines Lebens, daß er die Stadt verlassen habe. Jetzt könne er nie mehr zurück. „Dort habe ich gesund gelebt, in meiner Bar gab es nur Palmwein und kein solches Gesöff wie hier. In Tabou kann ich mich nie mehr blicken lassen."

Am nächsten Tag umfing uns der Zauber des Berges Nimbia. Ohne die schwarz polierten Holzmasken von Man mit den schief eingeschnittenen Augen und rhombisch gewölbten Lippen hätte Picasso die Demoiselles d'Avignon nie malen können. Dort packte uns auch die Neugier, das synkretistische Gewebe aus den Strängen weißer und schwarzer Kultur zu entwirren (was wir Jahre später im Agni-Königreich Alangouan versucht haben), das Gewebe oder Gewirr, bei dem aufgelöst im feuchten Dunst des Regenwalds bizarre Formen entstanden sind. Als wir nach den ärgerlichen Eindrücken, die uns den Aufenthalt nach wenigen Tagen verleideten, aufbrachen, hörten wir vom schwarzen Hausmeister des Kommandanten wiederum den Namen der Stadt Tabou. „Es ist gut, daß Sie weiterfahren. ‚Man' ist nicht mehr so, wie es war. Seit der Professeur vom Berg gegessen worden ist, gibt es hier weniger Geister und viel mehr Stechfliegen als früher. Die kommen vor dem Sterben. In Tabou, da können sie gut bleiben. Aber leider, da kommen Sie nicht mehr hin. Früher haben die Flußbewohner den Weg versperrt. Man konnte ihnen eine Ziege zum Fressen geben, dann ließen sie die Reisenden über das Wasser. Heute sind die Brücken verfault, und die Wagen versinken im Sumpf."

Die ärgerlichen Ereignisse begannen damit, daß uns ein Stipendiat des Forschungsinstituts seine Schätze zeigen wollte, die er museal bearbeitete. In einem Zementbunker, der den Hütten der Eingeborenen (die er auch so nannte) nachgebildet war, hingen an den gekalkten Wänden aufgereiht, mit Etiketten und Nummern versehen, in Reihen übereinander die schwarzen Tanzmasken, leblos, ohne Zauber, ihrer Schönheit beraubt.

Der Gouverneur, wie man den Kreiskommandanten nannte, ließ sich entschuldigen. Er fuhr mit dem Dienstwagen hinauf zur Chininpflanzung. „Er inspiziert die Plantage jeden Tag, mein Mann befürchtet, die Bäume könnten gestohlen werden", plauderte die Ehegattin, deren Einladung zum Tee wir hatten annehmen müssen. Ein Diener in weißer Leinenjacke und zwei Mädchen mit weißen Häubchen im Kräuselhaar servierten eifrig, während sich Madame mit rostiger Stimme ereiferte: „Sie werden es sehen, kein Verlaß auf die Schwarzen, sie fressen sich gegenseitig auf. Was, Sie glauben das nicht? Der Beweis liegt auf der Hand. Nirgends ein Friedhof. Haben Sie einen gesehen? Die Toten werden aufgegessen bis auf die Knochen." Es war uns peinlich. Die Miene des Dieners blieb unbewegt, die beiden Mädchen suchten etwas unter dem Serviertisch, stießen sonderbare Laute aus, krümmten sich; schließlich platzten sie heraus, schüttelten sich vor Lachen und verließen im Trab die Terrasse.

Zur Erholung besuchte ich gleich nach der Teegesellschaft einen alten Neger unten im Dorf, der mich um Tabak gebeten hatte. Er war hocherfreut und lud mich ein, auf dem glattgewetzten Balken, der vor seiner Hütte lag, Platz zu nehmen. „Ich habe gehört, Sie waren bei der Frau des Gouverneurs eingeladen. Ja, der Gouverneur ist nicht übel, viel besser, als der letzte war, hat nur zu viel Angst vor Dieben. Die Jungen haben ihren Spaß mit ihm, stehlen sein Jagdgewehr oder den Hund und bringen es am nächsten Tag zurück. Dann gibt er ihnen Tabak, ihr seid keine Diebe, sagt er, ihr seid brave Burschen, wenn ihr die Diebe findet, bringt sie zum Posten, ihr müßt sie doch finden, es ist nicht auszuhalten hier. So treiben sie es. Das ist nicht anständig. Sie machen wirklich zu viel Spaß. Aber im Ernst: Madame glaubt noch immer, daß wir Menschenfleisch essen. Ah, sie hat es Ihnen gesagt. Das ist doch Unsinn. Es gibt eine Fleischerei. Heute kann man Fleisch kaufen, soviel man will, Kuhfleisch, Ziege und für den Sonntag Kalb. Wer Geld hat, kann Fleisch essen, soviel er will. Wir speisen kein Menschenfleisch, oh nein. Aber – wenn Sie mich fragen, was gut ist im Menschen – das ist die Leber. Die schmeckt wirklich gut." Der Alte sah mit seinen geröteten Augen zu mir auf und blieb ernst, bis ich fortging. „Was ist gut im Menschen?" ist in unsere Privatsprache eingegangen.

Solche Märchen erzählen die Leute von Man. Als sie zur Zeit der Communauté kurz vor der Unabhängigkeit einen Abgeordneten ins französische Parlament wählen durften, kam der beliebteste Kandidat aus den Wäldern nicht zurück. „Er ist der einzige Parlamentarier auf der Welt, der von seinen Wählern gegessen wurde", hieß es noch nach Jahren. Man habe seinen Zahnarzt aus Paris kommen lassen, und der habe den Unterkieferknochen, den man im Wald fand, als den seines geschätzten Klienten identifiziert.

Am ärgerlichsten war der Besuch im Warenlager unseres Landsmannes, des Kaufmanns S., das man uns am dritten Tag zeigen wollte. Aus der katholischen Mission hatte man mehrmals nach uns geschickt, ob wir einen Brief an Herrn S., der schon öfters Gast der Mission gewesen war, mitnehmen wollten. Es wäre überaus interessant für uns, die Kunstschätze im Schuppen, den man ihm zur Verfügung gestellt hatte, zu bewundern.

Wir kannten S. von seinem Laden in Zürich her als smarten Geschäftsmann und als Kenner afrikanischer Kunst. Er kam ein- oder zweimal im Jahr herunter, logierte, weil das keine Kosten verursachte, in der Mission und ließ junge Leute zusammenrufen, die Geld verdienen wollten. „Nach der Regenzeit", ließ er verkünden, „werde ich wieder herkommen und Kunstgegenstände, Masken, Statuetten und Fetische jeder Art kaufen, alles, was künstlerischen Wert hat. Der Preis, den ich zahle, wird unerhört hoch sein." Die Jungen leckten sich die Lippen und zogen aus, mit einem Jutesack, den S. unentgeltlich abgab. Wer ein Fahrrad hatte, fuhr damit los. Bis nach der Regenzeit hatte sich der Schuppen mit Haufen geschnitzter Kunst gefüllt. Die

Jungen lungerten im Dorf herum und warteten, bis S. wieder auftauchte. Das trockene Holz, aus dem die heiligen Dinge geschnitzt sind, zerbricht leicht im Sack auf dem Gepäckträger des Fahrrads, das über die Waldpfade holpert, oder auf dem Rücken der Burschen, die zurück nach Man traben. Sie stehlen alles zusammen, was nicht schwierig ist, weil niemand die Schätze hütet; entgegen der Annahme des Gouverneurs gab es bisher keine Diebe im Land. Nur selten müssen sie dem Hüter des Heiligtums einen Anteil am phantastischen Preis versprechen, den S. ihnen zahlen wird.

Die meisten der wunderbar geschnitzten Figuren waren zertrümmert. An einer glatten Tanzmaske, deren Mund geheimnisvoll lächelte wie Mona Lisa, war das linke Auge herausgebrochen. Dem zeugenden Vorfahren fehlte das Glied, die Nase und der rechte Arm, der den Speer hielt. Herrn S. würde dergleichen nicht stören. Mit Hilfe der Missionsschüler sortierte er alles an einem Vormittag. Die Stücke, die er für gut hielt, bezahlte er wirklich gut, fünfhundert oder gar tausend CFA. (Soviel etwa kosten industriell geschnitzte Holzbären in den Souvenirläden in Zürich oder Bern.) Die glücklichen Finder stießen spitze Schreie aus und bedankten sich. Was zerbrochen war oder Herrn S. nicht gefiel – wer konnte wissen, was er für wertvoll hielt? –, kam zurück auf den Haufen. Die enttäuschten Finder oder Diebsbuben wagten nicht zu murren, da draußen vor dem Schuppen zwei Gendarmen herumlungerten, denen S. kleine Geschenke aus der Schweiz mitgebracht hatte. Um Platz für die nächste Ernte zu schaffen, wurde das Gerümpel verbrannt. (Da die Methode des tüchtigen Herrn S. in Paris, London und Amsterdam Nachahmer fand, war in wenigen Jahren das Werk von Generationen afrikanischer Künstler vernichtet. Die Preise für Africana stiegen in den Galerien Europas erfreulich an, weil der Nachschub bald ausblieb.)

Anläßlich der obligaten Abschiedsvisite beim Kommandanten brachten wir die Rede auf die Praktiken unseres Landsmannes. Monsieur seufzte, und seine lethargische Amtsmiene hellte sich auf. „Sie haben recht. Es gibt überall Diebe. Hier an diesem schrecklichen Ort werde ich täglich bestohlen. Die Gendarmen helfen rein gar nichts. Es sind brave Burschen, man kann sie aber nicht dazu bringen, richtig aufzupassen. Der Sinn für Eigentum ist leider ganz unentwickelt. Tröstlich zu wissen, daß es auch in der Schweiz Diebe gibt.“

„Allerdings", sagte er beim Abschied, „es gibt einen Ort auf der Welt, sogar in Afrika, wo es das nicht gibt. Dort war ich, und ich habe mich selber von dort verbannt. Wegen der Karriere, denn in Tabou, wissen Sie, ist kein Avancement möglich. Ich mußte an die Pension denken, ich werde allmählich alt. Seit die Regierung die Straße nach Tabou verfallen ließ, – aus strategischen Gründen, glaube ich –, ist der Ort noch unwichtiger geworden. Ja, in Tabou, da könnte sogar Ihr Herr S. nichts herausholen."

So verschieden wir vier Reisende auch sind, die Neugier und Lust auf Abenteuer hat uns immer zusammengehalten. Daß wir einmal nach Tabou kommen mußten, stand fest. Ich glaube, es war damals, als wir nach unserem ersten Besuch in Man nach Norden fuhren und dort anhielten, wo der Weg nach Guiglo und Tabou abzweigt, daß wir beschlossen, das Tabu, das auf Tabou liegt, einmal zu durchbrechen. Zwei Jahre später war es so weit, unsere Wagen waren gut ausgerüstet, und wir hatten europäische Zeit genug, um uns in die verschwimmende Zeit des Regenwaldes gleiten zu lassen.

Diesmal kamen wir von Norden her. Schon vor Guékouédou gab es einen bizarren Zwischenfall. In der trockenen Steppe ging ein Regenguß nieder, vor dem wir in einer Hütte am Straßenrand Schutz fanden. Da ich ohnehin durchnäßt war, fuhr ich mit einem der Wagen in die Stadt, um eine Bleibe für die Nacht zu finden. Unversehens war der Wagen von einer Menge fröhlicher, nasser junger Leute umringt. Ich mußte anhalten, einige Beherzte kletterten auf den Nebensitz und versuchten, meine Hände zu küssen. Sie redeten und schrien durcheinander und stimmten sonderbar psalmierende Lieder an, ließen mich weiterfahren, ein Läufer lief vor dem Wagen her, bis wir vor einer Kirche anhielten. Es war ein neues, unförmiges Bauwerk mit einem viel zu dicken Turm, aus ockergelben Steinen und mit glänzendem Wellblech gedeckt. Ich fragte immerzu, was sie von mir wollten. Erst als sie mich vor dem Tor der Kirche halten ließen und Anstalt machten, mich aus dem Wagen zu heben, verstand ich, daß ich den Einweihungsgottesdienst halten sollte. Der Bischof hatte seinen Besuch angekündigt, es regnete, er war nicht angekommen, jetzt war er da, und die Festlichkeiten konnten beginnen. In meinem durchnäßten, lehmverschmierten Hemd sah ich wirklich nicht wie ein Bischof aus. Doch war ich ein Weißer und hatte graue Haare. Als es endlich klar war, daß ich mit Gott und der Kirche nichts zu tun haben wollte, waren die jungen Leute enttäuscht und ließen mich plötzlich allein, so daß niemand mehr da war, den ich nach einer Unterkunft fragen konnte.

Ich fuhr unverrichteter Dinge zurück. Das Problem war inzwischen gelöst. Der Regen hatte aufgehört. Einer der örtlichen Würdenträger war erschienen und hatte uns Gastfreundschaft in seiner Wohnhütte angeboten. Da er vierzig Ehefrauen sein eigen nannte – er versicherte, daß er damit den Gesetzen des Koran Genüge leiste, der den Besitz von vier Frauen vorsieht –, stehe seine bescheidene Hütte ohnehin leer, da er die Nacht pflichtgemäß bei einer der Frauen verbringen werde. Er ließ die Hütte fegen, wir spannten unsere Moskitonetze auf und saßen noch lange mit unserem Gastgeber in seinem geräumigen Hof, bei Rotwein, den der Prophet in diesem Teil der Welt seinen Gläubigen weniger streng verbietet.

Am nächsten Tag begegneten wir dem echten Bischof. Er hatte einen langen Bart und trug eine weißseidene Soutane mit einer breiten violetten Schärpe um den Bauch. Es war einer jener zur Orthodoxie neigenden Seelenhirten aus Martigny, die sich in der kirchlichen Diaspora anscheinend besonders bewähren, zeigte sich erfreut, Landsleute zu treffen, und bewunderte unsere Tatkraft, als wir mit Hilfe der zahlreichen Wartenden eine Notbrücke über das reißende Flüßchen schlugen, das ihn seit Tagen aufgehalten hatte. Als ich erzählte, daß ich beinahe vikariierend für ihn hätte einspringen müssen, war er allerdings nicht erfreut, sondern beleidigt und bedankte sich nicht einmal, daß wir ihm den Weg zur heiligen Handlung bahnten.

Diesmal bogen wir nach Guiglo ein, einer kleinen Stadt mit Bezirksverwaltung, von wo der verfallene Urwaldweg nach Tabou abgeht. Guiglo liegt ganz nahe der Staatsgrenze von Liberia, und die Straße folgt auf französischer Seite der Grenze, die auf den Landkarten der Kolonie besser zu sehen ist als im sumpfigen Dickicht. Liberia, der erste unabhängige moderne Staat Westafrikas, war von amerikanischen Sklaven, die nach Afrika zurückgesiedelt waren, gegründet worden, und diese Alt-neu-Afrikaner hatten ein Regime aufgerichtet, das als korrupter und willkürlicher galt als jede Kolonialregierung.

Monsieur Gérard, der wegen der Geringfügigkeit seines Verwaltungsbezirks (den man zur Vermeidung staatlicher Konfrontationen noch mehr herunterspielte) nur den Titel eines Chefs der Unterabteilung (eines Verwaltungskreises) trug und deshalb einer niedrigen Besoldungsklasse angehörte, war ein berühmter Mann. Die bis zu seiner Installierung nicht abreißenden Grenzzwischenfälle und die daraus folgenden diplomatischen Verwicklungen mit der Regierung von Liberia hatten vollständig aufgehört. Die liberianischen Behörden standen im Ruf, Schmuggel jeder Art, insbesondere den illegalen Export von Diamanten, zuzulassen oder gar zu fördern, und man bezichtigte sie, Grenzübergriffe mit Gangstermethoden, Menschenraub und ähnliches insgeheim selber zu betreiben. Mit dem schwachen Posten von Gendarmen war es unmöglich, die lange Waldgrenze zu überwachen. Man ließ lieber die Straße verfallen, die ins Innere der Kolonie führt, und verließ sich auf das Geschick von Monsieur Gérard. Der verstand es, immer wenn ein Grenzübergriff erfolgte, den diplomatischen Komplikationen dadurch auszuweichen, daß er zufällig nicht anwesend war. Wenn er endlich wieder in seiner Residenz auftauchte, konnte man aus den widersprüchlichen Aussagen der Zeugen unmöglich herauslesen, was passiert war und was nicht. Darum fielen die Berichte der Unterabteilung kurz und inhaltsarm aus, der Gouverneur der Kolonie war es zufrieden, die Beziehungen zum souveränen Nachbarstaat blieben erstaunlich gut, und Monsieur Gérard gewann das Vertrauen der Kaufleute von Guiglo, die keine amtliche Störung ihrer Unternehmungen befürchten mußten.

Diese Verhältnisse hatten wir einzuschätzen, bevor wir in Guiglo ankamen. Die empfindliche Grenze der Kolonie wurde ruhiggestellt wie eine offene Wunde. Vom Weg nach Tabou mußten Reisende, die nichts mitbrachten als ihre unter diesen Umständen sehr unerwünschte Neugier, abgehalten werden, ‚entmutigt‘, ohne ein förmliches Verbot, das die Zone zum politischen Problem erklärt hätte. Wenn wir versuchten, den Weg nach Tabou unbemerkt von den Behörden einzuschlagen, und dann doch entdeckt würden, könnten wir sie geradezu zwingen, uns die Reise zu verbieten, was ihnen höheren Orts Unannehmlichkeiten eintragen mußte, die sie so weit als möglich auf uns abwälzen würden, indem sie uns irgendwelche Verstöße gegen die Rechtsordnung oder die für Reisende gebotenen Sicherheitsvorschriften anlasteten. Der Ruf von Monsieur Gérards diplomatischem Geschick ließ uns hoffen, daß er vor unserem fragwürdigen Vorhaben die Augen verschließen und uns von der Behörde unbemerkt passieren lassen würde. Alles kam darauf an, uns mit ihm zu verständigen.

Monsieur Gérard machte es uns leicht. Bereits die Residenz der Verwaltung hatte nichts Amtliches an sich, ein unregelmäßiger Bau aus Holz mit mehreren zugebauten Veranden aus Papyrusgeflecht, das ganze von Kaskaden violetter Bougainvillea überwachsen und von Palmen beschattet. Wir ordneten unsere Kleidung, um dem Wachsoldaten, der uns nach unserem Anliegen fragen würde, sogleich den besten Eindruck zu machen. Kein Soldat kam heraus. Es geschah überhaupt nichts. Wir berieten eben, ob wir einfach eintreten sollten und ob der Chef der Unterabteilung vielleicht wieder eine seiner diplomatischen Abwesenheiten praktizierte, als jemand aus den Hibiscusbüschen, die unter den Palmen standen, etwas rief. Über einen Gartenweg, der zu einem zweiten, niedrigeren Gebäude führte, das so überwachsen war, daß wir es erst gar nicht bemerkt hatten, kam ein eher klein gewachsener, schlanker Europäer eilig auf uns zu. „Warten Sie nicht auf die Wache, es ist vier Uhr vorüber, um diese Zeit liegen die Jungen betrunken und selig unter den Ölpalmen am Fluß, das ist der Ort, den wir das Bistro nennen: wenn man die Palme am Morgen anbohrt, ist der Saft bis um diese Tageszeit gegoren, und meine Jungen sind so barbarisch, daß sie den warmen Palmwein jedem Bordeaux vorziehen würden, wenn sie Gelegenheit hätten, Vergleiche anzustellen.“

Monsieur Gérard sah nicht aus, wie man sich einen Beamten der Kolonie vorzustellen hat. Sein gefälteltes Gesicht, die lebhaften Augen, die ganze bewegliche Art und sogar die Kleidung waren ungewöhnlich. Er trug eine Hose aus schwarzer Tonkingseide, ein offenes weißes Hemd und war so glatt rasiert, hatte die grau melierten Haare so elegant geschnitten, daß er wie ein Künstler oder Gelehrter wirkte, der sich anschickt, eine vornehme Gesellschaft zu besuchen. Vielleicht bemerkte er unsere Verwunderung. Jedenfalls versteifte sich seine Haltung, er gab jedem von uns die Hand und stellte sich auf seine Weise vor. Er sei Monsieur Gérard, der Familienname tue nichts zur Sache, sei Beamter der untersten Besoldungsklasse, hieher nach Guiglo versetzt und da belassen bis zur Pensionierung, Junggeselle, und er werde sogleich die Ehre haben, die Gäste seiner geliebten Frau, einer

Prinzessin von Geblüt, vorzustellen. Wir nannten unsere Namen und sagten, wir seien Psychoanalytiker aus Zürich. Monsieur Gérard gab seine reservierte Haltung wieder auf, drehte die Schultern, so wie man es macht, wenn man ein Lachen unterdrückt, und breitete die Arme aus, als wollte er uns umarmen. „Endlich", rief er aus, „endlich ist es so weit. Es mußte dazu kommen. Seit Jahren warte ich darauf. Seit man die Straße nach Tabou verfallen ließ und kein Teufel mehr durchkommt, wußte ich, daß einmal Psychoanalytiker erscheinen werden. Wenn es wo ein Tabu gibt, und ich kann Ihnen bestätigen, Tabou existiert wirklich, und wenn es gar keine Möglichkeit zu geben scheint, dann – so sagte ich mir – kann es nicht ausbleiben: Psychoanalytiker müssen da einfach, sie können nicht anders, wir gewöhnliche Sterbliche sind ja dankbar dafür. Sie werden gestatten, daß ich Ihnen Ihre Zimmer zeige, die Duschen funktionieren, so sagt man mir, Sie wohnen bei mir im Verwaltungsgebäude, es hat einen gewissen Charme. Wenn Sie so weit sind, trinken wir den Apéritif bei Madame, Sie kommen einfach hinüber in ihr Haus, dort hinter den roten Hibiscus. Sie wird über den Besuch erfreut sein. Echte Psychoanalytiker hat sie noch nie zu sehen gekriegt."

Der Nachmittag wurde sehr angenehm. Unser Gastgeber hatte uns bei seiner Prinzessin glänzend eingeführt. Sie war erfreut, endlich auch in der französischen Zivilisation auf Menschen zu treffen, die befugt sind, Tabus zu brechen. Das sei das schlimmste an den Franzosen, Monsieur Gérard natürlich ausgenommen, daß sie sich durchweg an ihre Tabus hielten, „während wir, wir Kinder des Urwalds (des jungfräulichen Waldes, sagte sie) jedes Tabu aufheben können". Das koste natürlich etwas, den Preis eines Schafes, für unbemittelte Personen ein Huhn oder nur ein paar Eier; der befugte Mann, nein, er sei nicht Priester, einfach ein alter kluger Mann, der weiß, wie jedes Tabu entstanden, wofür es dienlich ist, dem müsse man erklären, daß es einen störe, warum man es weg haben wolle, und schon mache er es fort, man sei frei, könne es auch wieder haben, wenn sich Bedarf danach zeige.

Leider, so erfuhren wir, hatte Monsieur uns zu Ehren eine Abendgesellschaft geladen. Da die ersten Gäste kamen, als wir noch beim Nachtessen saßen, das Madame für uns zubereiten ließ, weil den Dienern der Verwaltung keinerlei Kochkünste zuzutrauen seien, und da es uns nicht angebracht schien, unser Vorhaben allzu bekannt zu machen, ergab sich keine Gelegenheit, mit Monsieur über die praktische Seite unseres Planes zu sprechen. Es waren bald über zwanzig Herren und Damen anwesend, darunter ein einziger Weißer, ein Leutnant der Grenzwache, der sich so laut und durchdringend aufführte, wie es für einen jungen Kolonialoffizier in Gegenwart europäischer Zivilisten typisch ist. Er schien zu wissen, was wir vorhatten, und sprach unausgesetzt von seinen Abenteuern auf dem Weg nach Tabou. Kein einziges Mal sei er bis dorthin gelangt, in die verdammte Stadt. Stinkende Sümpfe, alle Brücken verfault, aus den furchtbaren Gewittern, die jeden Abend niedergehn, nähren sich Rinnsale, die nicht wissen, wohin sie fließen sollen, so fließt es einmal nach Süden, dann wieder nach Norden, alles voll Schlangen, Elefantenstechfliegen, die mit ihrem giftigen Stachel Schuhleder durchstoßen. Drei neue Lastwagen habe er dort eingebüßt, die steckten irgendwo bis über die Achse im Schlamm. Wenn sie noch nicht ganz vom Wald verschlungen sein sollten, könnten wir sie bewundern, am schönsten der amerikanische Ford, den man ihm eigens für diesen Weg zugeteilt hatte. Der Offizier war ein untersetzter kräftiger Mann, eigentlich noch ein Jüngling mit schwarzem Kraushaar und südländischen braunen Kulleraugen, nicht ganz unsympathisch, aber unerträglich prahlerisch und sichtlich betrunken. Wir verständigten uns mit Blicken, der sei nicht ernst zu nehmen, wolle die läppischen Fremden ins Bockshorn jagen und seine eigene Untüchtigkeit bemänteln, daß er den Grenzbereich nicht ein einziges Mal abpatrouilliert hatte und lieber bei Rotwein und Mädchen in Guiglo geblieben war.

Am nächsten Morgen hatten wir verstanden, daß Monsieur Gérard es dem korsischen Leutnant überlassen hatte, die Fremden vor ihrer der Verwaltung unerwünschten Reise zu ,entmutigen'. Wir glaubten dem Prahlhans kein Wort. (Es sollte sich allerdings unterwegs zeigen, daß er die Schwierigkeiten des Weges nicht übertrieben hatte. Sogar das Wrack des militärischen Ford stak von Lianen umwachsen in einem Wasserloch.) Unser Gastgeber war in so fröhlicher Stimmung, daß wir ihn fragten, ob er nicht mit nach Tabou kommen wolle. Er schüttelte den Kopf, nein, warum, das sei sein Geheimnis, aber für unser Abenteuer, verrückt, wie Psychoanalytiker nun einmal sind, habe er volles Verständnis. Das überflüssige Gepäck könnten wir in seinen

Amtsräumen lassen, bis wir – wenn überhaupt – aus Tabou zurückkämen. Er gab uns noch einen Flaschenzug mit, um bei Bedarf einen Wagen aus dem Sumpf zu ziehen, und eine stählerne Platte zum Reparieren schadhafter Brücken.

Es war bald Mittag, als wir die letzten Bananenpflanzungen hinter uns ließen und der rote Laterit des Weges unter Kräutern und Stauden verschwand. Baumkronen verdeckten den Himmel, Dämmerung schien anzubrechen, unwillkürlich schalteten wir die Scheinwerfer ein, ein faulig-süß riechender Dunst legte sich auf die Lungen, und ein erster Schwarm maikäfergroßer Stechfliegen klatschte gegen das Schutzglas.

Wenn wir uns heute zusammensetzen und versuchen, den oder jenen Teil der gemeinsamen Reisen in der Erinnerung zu rekonstruieren, können wir uns in der Regel bald einigen. Anders ist es mit dem Weg nach Tabou. Wir wissen nicht einmal, ob wir drei Tage unterwegs waren oder sechs, ob wir über dreihundert morsche Brücken zu fahren hatten, über tausend oder ob es doch nur sechzig waren. Die Abenteuer der Fahrt sind noch frisch im Gedächtnis. Aufgelockert und von der Feuchtigkeit hautlos waren wir alle vier, so daß sich alles, was vorkam, tief eingeprägt hat. Doch das Gerüst von Zeit und Raum war zerfallen. In der Enge des überwachsenen, vom Wald beinahe schon aufgesogenen Weges waren Maß und Distanz aufgehoben und sind darum später nicht wiederherzustellen. Für kurze Zeit, während der zeitlosen Reise nach Tabou, haben wir gespürt, wie es zur Auflockerung und Öffnung kommt, zum ersten Schritt der Vermischung, zum synkretistischen Tanz der Geister um den Berg Nimbia, die nicht mehr ganz schwarz sind und nicht weiß, auf dem Weg nach der verbotenen Stadt.

Daß wir schon am ersten Abend in einem schönen behäbigen Dorf ankamen und daß dort ein Fest gefeiert wurde, widersprach unserer Erwartung, daß der Regenwald einsam, nur von Unheimlichkeit und Gefahren bewohnt sei. Die Pfade zwischen den Rundhütten waren von Pflanzen gereinigt, trocken und sandig, Hühner, Hunde und nackte Kinder spielten im Freien, der Dorfchef mit seinen Würdenträgern hielt Hof unter dem Schattendach, während unter einer mit frischen Palmzweigen gedeckten Laube eine festliche Gesellschaft mit Trommeln und Pfeifen innehielt, um den Empfang der seltenen Gäste nicht zu stören. Wir waren eingeladen, am Fest der beschnittenen Mädchen teilzunehmen. Kaum daß wir uns in der Hütte, die man eilig bereitet hatte, ein wenig erholt und gewaschen hatten, ging das Fest weiter. In dieser Gegend haben die Mädchen und jungen Frauen das Recht, selber zu bestimmen, wann sie sich der Initiation unterziehen wollen. Sie tun es nicht, bevor sie die erste Monatsregel gehabt und zumindest für kurze Zeit erfahren haben, welcher Genuß einer Frau im Liebesleben zukommt. Dann melden sie sich zur Operation. Die Ausschneidung der Clitoris wird von einer Matrone vorgenommen, die als neue Mutter alle Fähigkeiten und Eigenschaften hat, die ein vorbildliches weibliches Leben auszeichnen. Die jungen Frauen lernen in der Abgeschiedenheit des Gemeinschaftshauses, das irgendwo im Wald vor jedem männlichen Wesen verborgen steht, alles, was zur Liebe gehört: das Zubereiten guter Speisen, schöne Kleidung, Tanz, Gesang und die eigentlichen Liebeskünste. Nach dieser Lernzeit, in der die Wunden unter kundiger Pflege heilen, dauert die ungebundene Zeit – das, was der Jugend zukommt, bevor die Pflichten des Alltags und der Mutterschaft einsetzen – so lange, bis alle Dörfer besucht sind, aus denen Beschnittene kommen. In diesem Dorf waren etwa dreißig junge Frauen zu Besuch, gekleidet in kurze Röckchen, mit hellen Tüchern über den Schultern, das Gesicht mit weißen, gleichlaufenden Linien verziert, so daß es in eine schöne Skulptur verwandelt ist, mit einem sinnlichen Ausdruck, wie wir ihn an den Bronzen von Benin bewundern, die geraubt, in die Museen von London und Berlin gebracht, vielfach photographiert, reproduziert und ausgestellt worden sind.

Später am Abend kam eine der Schöngeschminkten zu unserer Hütte. Sie stellte sich in gewähltem Französisch vor, wir müßten uns nicht wundern, sie sei bei den Weißen Schwestern zur Schule gegangen, habe ihre Studien in Perpignan und Paris abgeschlossen und sei jetzt Lehrerin für französische Literatur in einem Lycée in Abidjan. Sie habe sich jedoch nicht ganz wohlgefühlt, nirgendwo richtig dazugehört, da habe sie sich an die Matrone gewandt, eine überaus intelligente Frau und sehr mütterlich – „wie ich es zu Hause kaum gekannt habe" –, die sie in ihrer Absicht bestärkt habe. Nun sei sie sehr glücklich. Die Operation habe sie richtig befreit, habe auch gar nicht weh getan, da für die Mädchen ein schmerzstillender Tee bereitet wird. Jetzt gehöre sie zu ihrem Volk, schade, daß die sechs Monate, für die sie von der Schule beurlaubt wurde, bald vorüber seien. Doch, wir müßten verstehen. Es gehe nicht nur um die Identität als Afrikanerin. „Erst jetzt weiß ich, daß ich eine Frau bin und wie schön das Leben einer Frau sein kann. Solange wir die Geschminkten sind, gibt es nichts als Liebe und Genuß. In jedem Dorf wählen wir uns den Liebhaber, den wir wollen, wir tauschen sie aus, wenn wir Lust auf einen anderen haben, wir bestimmen einfach, die jungen Männer sind geradezu begeistert, wenn sie ausgewählt werden, wir müssen nicht so tun, als ob wir es nicht gerne hätten, mit einem Mann zu schlafen, und können wechseln, wie es uns gefällt. Die Frauen in Frankreich, die haben vieles, sie haben die Zivilisation, aber sie dürfen niemals sagen, was sie möchten, ja, sie wissen nicht einmal, was sie sich wünschen. Glauben Sie mir, sie sind allesamt unglücklich, en France, en douce France."

Die Trommel hatte aufgehört. Madame Professeur wünschte uns gute Nacht, sie lachte, als wir ihr das gleiche wünschten, „mir braucht man das nicht zu sagen, da sorge ich dafür", und verschwand. Wir schliefen müde ein. Zu irgendeiner Stunde der Nacht weckte uns ein gellender Schrei, es schrie wieder, noch lauter. Ich nahm die Taschenlampe und stürzte hinaus. Kein Zweifel, unmittelbar neben unserer Hütte wurde ein Kind massakriert. Draußen war nichts zu bemerken, kein Mensch, kein Tier, die Schreie wiederholten sich rhythmisch immer lauter, wurden unerträglich, schienen jetzt von irgendwo oben zu kommen. Dann war es still. Die ersten dicken Tropfen klatschten auf die Blätter, ich flüchtete vor dem Regenguß in die Hütte. – Das Buschbaby, das so schreit, ist ein harmloses Tier, ein spannengroßes Halbäffchen, das seine Feinde mit dem Schrei erschreckt, wenn es von einem Baum zum anderen huscht. Wir hätten das eigentlich wissen müssen, und doch schreckten wir in allen Regennächten nervös aus dem Schlaf, wenn das Buschbaby gellte. – Früh am Morgen verließen wir das gastliche Dorf, in dem die Professorin mit ihren Tabus gebrochen hatte. Bis zu unserem Tabou war es noch weit.

Von der feuchten Schwüle und vom fauligen Geruch der Sümpfe, in denen Pflanzliches modert, wurden wir schlapp. Um die schrecklichen Elefantenfliegen nicht zum Stechen kommen zu lassen, hatten wir die Kleider ausgezogen und konnten mit ständigem Wedeln und Schlagen eines beblätterten Zweiges die meisten abwehren, da sie sich fest auf der Haut niederlassen müssen, bevor sie stechen können. Dadurch entsteht eine Unruhe, die zusammen mit der Müdigkeit eine zehrende Nervosität erzeugt, die der ruhigen Einschätzung der Schwierigkeiten abträglich ist. Über die vielen kleineren Gewässer, die nur ein oder zwei Meter tief, aber grundlos sumpfig waren, hatte man seinerzeit einfache Brücken aus unbehauenen Stämmen gelegt. Einige Stämme waren verfault ins Wasser gesunken, andere lagen noch da. Gleich zu Beginn hatten wir einen Papyrusstab in der Spurweite geschnitten, G. lief damit vor den Wagen her, mußte messen, ob es zwei feste Stämme gab, über die die Räder wie Seiltänzer hinrollen könnten. Oft mußte man einen Stamm verschieben und in der richtigen Spurweite festmachen. Immer wieder verlangten wir, sie solle mit ihrem Gewicht prüfen, ob ein Stamm noch tragend oder bereits völlig morsch sei, was natürlich nicht möglich war. Über größere Wasser, wir wußten nicht, ob es Flüsse oder stehende Teiche waren, führten zusammenhängende Matten aus dünneren Stämmen mit verdächtigen Löchern, die wir mit Hilfe unserer Sandbleche und Monsieur Gérards Stahlplatte auszufüllen versuchten. Zweimal brach das Geflecht unter der Last des Wagens zusammen, der noch auf zwei Rädern hängen blieb. Das Gesumpfe sah so tief aus, daß wir gar nicht versuchten, den halbabgestürzten Wagen mit dem Flaschenzug auf trockeneren Boden zu ziehen. Wir arbeiteten einige Stunden, bis wir mit untergeschobenen Hölzern und Platten, mit Wagenhebern vorsichtig stemmend, die vier Antriebsräder langsam über das morsch krachende, glitschige Holz bewegen konnten. Daß der Lachvogel alle kleineren und größeren Mißgeschicke laut und hämisch begrüßte, war fast tröstlich. Sonst gab es keinen Laut. Nur wo die Waldbäume dem Papyrus Platz machen, der sich in Sümpfen zu prächtigen gotischen Domgebilden über den verkrauteten Weg zusammenschließt, beginnt es von unsichtbar hinter Laubwänden verborgenen Lebewesen zu gellen. An solchen Stellen stehen hin und wieder korallenrote Blüten, faustgroß wie aus feinen Kristallnadeln zusammengesetzt, von roten Beißameisen bevölkert.

In Tai, einem halb verlassenen Dorf, in dem einmal ein französischer Grenzposten stationiert gewesen sein soll, oder sonst an einem der Orte, wo es uns gelang, die Nacht auf einem Hügel zu verbringen, der sich dünner bewaldet über die Baumkronen erhebt, so daß der Himmel wieder zu sehen ist: Hier ging das großartigste Gewitter nieder, das uns je auf einer Reise überschüttet hat. Natürlich goß es jeden Tag ein paarmal, eingeleitet von noch düstererem Licht und dem Krächzen eines Regenvogels. Doch so ein Gewitter wie in Tai haben wir sonst nirgends erlebt. Es soll wissenschaftlich erwiesen sein, daß es keine echten Kugelblitze gibt. Was wir zu sehen bekamen, mit ungeheuer krachenden Explosionen, bis der prasselnde Regen alles verdeckte und übertönte, waren Zackenblitze, breite bläulichweiße und grünliche Bänder, die sich ausdehnten, in Gorgonenschlangen verzüngelten und mit Krachen verstoben. Nach dem Regen ist die Luft noch feuchter als vorher. Da keine Verdunstung stattfindet, bleibt es nach dem Gewitter ebenso heiß, wie es war.

An jenem Tag hatten wir es bereits aufgegeben, den Stand der Kilometeruhr abzulesen, sie schien sich kaum weiterzubewegen. Sicher war nur, daß wir im Stundendurchschnitt nicht mehr als fünf Kilometer zurücklegten. Eine kleine Gesellschaft wandernder Krus, die mit Lasten – vielleicht Schmuggelware – unterwegs war, hatte uns mühelos überholt. Wir dachten nicht mehr an das Ziel, im Gegensatz zum Bogenschützen des Zen, der trifft, indem er nur noch das Ziel weiß, sich selber und den Pfeil vergißt. Wir hatten gerade angefangen, Tabou ganz zu vergessen. Da kam es uns entgegen.

Als erstes fehlten plötzlich die schrecklichen Fliegen. Sie waren einfach nicht mehr da. Dann kam ein duftender Windhauch auf, der uns den Verwesungsgeruch aus der Nase trieb, den Schweiß von der Stirne trocknete. Wir sahen den Himmel blau zwischen Baumkronen aufleuchten, die Blätter bewegte ein ungewohnter Wind, die Kräuter auf dem Weg wurden spärlich, weißer Sand knirschte unter den Rädern, ein Hügel, eine Biegung des Weges, und vor uns lag weit offen der blaue Ozean, die Brandung, weithin die weißsandige Küste, davor in Hainen wehender Kokospalmen die kleine Stadt Tabou.

Es wäre angebracht, sogleich etwas über die Stadt, ihre geographische Beschaffenheit und ihre Geschichte aufzuzeichnen. Da schiebt sich Totò dazwischen, ein Junge von elf oder zwölf Jahren, legt seine beiden braunschwarzen Händchen über die Kante der Wagentür; dahinter ist das glänzende Kraushaar zu sehen und gerade noch die strahlendsten Augen, die je zutraulich und frech zugleich zu mir aufgeblickt haben. Natürlich beuge ich mich hinaus, um die kleine Person in Augenschein zu nehmen. Der ganze Junge ist reizend, kindlich und muskulös vom Schwimmen in der warmen See, steckt in blauen Höschen und einem bunt gestreiften Tricot, hält sich an der Wagentür fest und schabt das rechte Schienbein mit dem linken Fuß. So stand er da, bis ich die Wagentür öffnete und er auf den Sitz neben mir geklettert war. „Ich werde Ihnen dienen, solange Sie in Tabou sind." Die französische Sprache machte ihm keine Schwierigkeiten, und leicht, wie er meine Zuneigung gewonnen hatte, nahm er unser Schicksal in seine tüchtigen kleinen Hände. Es stand für ihn fest, daß wir im ‚Haus der Kultur' wohnen würden, er wies den Weg zum Verwaltungsgebäude, hüpfte allein hinein, kam mit einem Schlüssel zurück, der Herr Kommandant lasse grüßen, wir könnten die Halle sogleich beziehen, sie stehe leer. Wenn wir irgendwelche Wünsche hätten, sollten wir unseren Diener Totò vorbeischicken, die Verwaltung sei zwar nur mit dem Nötigsten ausgestattet, aber bereit, uns behilflich zu sein.

Das ‚Haus der Kultur' stand auf einer Sanddüne, die in den weißen Strand auslief, und erwies sich als eine neu erbaute geräumige Halle mit zwei Nebenräumen, in denen es fließendes Wasser gab. Totò erklärte die Bedienung des Wasserhahns, „le robinet", aus dem Quellwasser floß, ließ mich das Wasser kosten, trank auch selber mit schiefem Kopf vom klaren Strahl. Noch nie hatten wir die Wagen so schnell abgeladen und die Lager gerichtet wie mit Totòs Hilfe. Als wir die Mosikotnetze herauszogen, mußte er laut lachen, nein, hier gebe es keine Mücken und keine Fliegen, die gebe es nur drüben an der Lagune und hinten im Wald, und er nahm mich an der Hand, zog mich durch die vordere Tür ins Freie und zeigte weit ausholend in die Runde. „Da ist Ihr Bad" – eine weite Bucht, von Sandbänken geschützt, hinter denen die gewaltige Brandung donnerte. Eine große weißliche Schildkröte stieg aus der Tiefe, schöpfte Luft und ließ sich wieder sinken. „Und dort sind die bösen Gewitter." Hinten über der blaugrünen Wand des Waldes drohten Ballen dunkler Wolken, aus denen jetzt im Mittagslicht unablässig helle Blitze fuhren. „Die Geister des Windes erlauben den Unwettern nicht, in Tabou zu donnern. Es gibt nur sanfte Regen, wenn der Wind einschläft", sagte er noch, ließ meine Hand los und lief fort.

Die größte Überraschung war das Restaurant von Vater Hettich. Wir waren alle weit draußen im lauen Wasser der Bucht, als Totò am Strand erschien und mit einem Papier herüberwinkte. Ich vermutete Amtliches und schwamm an Land. Der Bogen war eine Speisekarte, in altmodischer Schrift stand oben ‚Chez le Père Hettich‘, darunter ‚Diner‘, das Datum und, etwas kleiner, mit Schnörkeln abgesetzt, ein Menu von sieben Gängen. Da gab es zuerst natürlich Salate, ‚crudités‘, Languste ‚à l'Armoricaine‘, den Fisch ‚le capitaine du golfe‘ nach Müllerinnenart in Karitébutter, Täubchen ‚à la manière du chef‘ mit Kokosmark geröstet und zuletzt Kaffee und Palmlikör. ‚Man serviert ab 8 Uhr‘ stand ganz unten und daneben, an den Rand geschrieben, ‚Ich hoffe sehr auf Ihren Besuch‘ und die verschlungene Unterschrift. Da uns die Sache unglaubwürdig vorkam, fuhr ich mit G. und natürlich Totò sogleich hinüber. Seitdem und wahrscheinlich bis zu seinem Tod sind wir mit dem alten Herrn befreundet geblieben. Zu seinem beschatteten niedrigen Häuschen gehörte ein Anbau, das Restaurant, vier Tische, und ein zweiter, die Küche mit der Kochstelle, einem Häufchen Holzkohlen, dem petrolbetriebenen Eisschrank. Im Wohntrakt war sein Junggesellenzimmer, und hinten gab es noch zwei kleinere Räume für die beiden Burschen, die ihm halfen und dafür in seiner geheimnisvollen Kunst unterwiesen wurden.

Hettich war aus dem Elsaß, seine früher roten Haare waren dünn und weiß geworden, dem mageren, sonnenfleckigen Greisenantlitz hätte man die leidenschaftliche Hingabe an die Kochkunst niemals angesehen. Er hatte als Mechaniker in allen westafrikanischen Kolonien gedient, sich nach dem Tod seiner Frau nicht wieder verheiratet, da er ohnehin die beste aller Frauen gehabt habe, und sich endlich, als er genug von der Arbeit hatte, dafür entschieden, den Rest seines Lebens am besten Ort, den es in Afrika – und vielleicht auf der ganzen Welt – gebe, in Tabou, zu verbringen und sich dort ungestört von der schmutzigen Mechanik seiner geliebten Kochkunst zu widmen. Es gebe hier alles oder fast alles, was man dazu braucht, wir würden uns überzeugen. Aber natürlich, an Kunden mangle es sehr, er hätte nie gedacht, wie schlimm es sei, monatelang auf den nächsten Gast zu warten. Der letzte war ein Geologe, der mit einem Schiff gekommen war und leider nur zwei Tage blieb, das sei nun auch schon monatelang her. Aber daß wir uns entschlossen hätten, jeden Abend bei ihm zu speisen, sei Entschädigung genug für das Warten. Er habe Rezepte ausprobiert, die noch kein Mensch vor uns gekostet habe.

Es ist zu verstehen, daß uns Hettichs Diners den Aufenthalt in Tabou noch genußvoller machten. In langen Gesprächen hat er uns viel von seinen Erfahrungen mitgegeben. Noch einige Jahre lang tauschten wir Botschaften. Gegen Weihnachten kam in Zürich eine Kiste mit Kokosnüssen an, die Hettich im September aufgegeben hatte; sie kreuzte sich mit einer Sendung verschiedener ‚europäischer‘ Gewürze: Kapern, Senfkörner, schwarzer, weißer und grüner Pfeffer, eben das, was ihm in Tabou für seine Kochkunst fehlte und was auf dem langen Weg nicht verdirbt. Dann blieben seine Sendungen aus, und unser Brief kam unbestellbar zurück.

Tabou hat keinen Hafen. Die hohe Brandung des Atlantik macht es auch bei ruhigem Wetter unmöglich, mit einem größeren Schiff dort zu landen. Trotzdem ist die Stadt und sind die Kru, die Tabou und einen breiten Küstenstreifen bis nach Liberia hinein bewohnen, seit Hunderten von Jahren bei den Seeleuten bekannt. Die mehrmastigen Schoner, die längst vor den Dampfern die Handelsniederlassungen an der westafrikanischen Küste ansteuerten, brauchten Deckmannschaften, um ihre Waren, Tücher, Gewehre, Pulver, Blei, Glasperlen und Branntwein abzuladen und das, was sie dafür eintauschten, Edelhölzer, Elfenbein zu verstauen. So ein Schiff ging an der Reede von Tabou vor Anker und mußte warten, bis die Dünung es zuließ, je nach Bedarf, ein, zwei oder drei Dutzend stämmige Krus in Einbäumen herüberzurudern, die dann für einige Monate verschwunden blieben, bis der Kauffahrer wieder an der Reede lag und man die Deckmannschaft mehr oder weniger vollzählig abholen konnte. Neu eingekleidet, meist vom Abschiedsbranntwein berauscht, den der Kapitän zu spenden gehalten war, kamen sie an Land und suchten sich sogleich Mädchen, um wenigstens die Entbehrungen dieser Art, die sie auf dem Schiff erleiden mußten, rasch zu vergessen. Manche meinen, daß das englische Wort ‚crew‘ vom Namen des Volkes der Kru komme. Im übrigen sind die Kru tüchtige und fröhliche Leute, die Frauen sind schön und ähneln den Römerinnen, die Männer sprechen oft ein paar Brocken Englisch, Spanisch oder Portugiesisch, je nach den Schiffen, auf denen sie gearbeitet haben. Wir hatten es darum leicht, ins Gespräch zu kommen. Es blieb unklar, wieso sich diese Tradition noch immer hält. Die Schiffe benötigen allerdings weiterhin eine eigene Deckmannschaft, denn die Hafenarbeit ist in manchen westafrikanischen Häfen noch heute mangelhaft organisiert. Was aber die Kru zu dieser harten und schlecht bezahlten Arbeit lockt, schien weniger der Lohn, nicht einmal die Lust zu sein, fremde Länder zu sehen, von denen Tabou seit dem Verfall der Urwaldstraße noch abgeschnittener ist als früher; vielmehr soll das Überstehen von einigen Fahrten es mit sich bringen, daß die tüchtigen Frauen der Kru eher bereit sind, sich auf eine Ehe einzulassen. Es heißt, daß sich ein junger Mann nach einigen solchen Reisen genug umgesehen hat, um zu Hause zu bleiben und einen guten Familienvater abzugeben. Der Unterhalt der Familie ist ohnehin den Frauen überlassen, die Pflanzgärten bestellen, während der Verdienst auf den Schiffen bald aufgebraucht ist und es im Ort selber nur wenige Arbeitsplätze gibt.

Ein Abendessen mußten wir bei Vater Hettich absagen. Es war nötig, die Einladung unseres Landsmannes, des reichsten und bedeutendsten Unternehmers von Tabou anzunehmen. Totò riet uns dazu mit ernster und bittender Miene, und Hettich sagte, daß es für uns kein sehr angenehmer Abend werden dürfte, daß es aber nicht ratsam, geradezu gefährlich wäre, Monsieur Frey zu beleidigen. Er sei dafür bekannt, daß er sich zu rächen wisse, habe schon Leute, die ihm nicht paßten, irgendwie verschwinden lassen. Die Verwaltung versuche nicht einmal, dagegen einzuschreiten; sie hänge, wie übrigens die ganze Stadt, vollständig von ihm und seinen Unternehmungen ab.

Schon zum Apéritif gab es Champagner. Ausgesucht schöne Mädchen und Burschen in roten Uniformen servierten, das Grammophon spielte eine Beethovensymphonie, nur der Gastgeber war nicht auf der Höhe. Der massige Mann im weißseidenen Tropenanzug wankte, als er uns oben an der Treppe des Bungalows empfing; über das graugelb gefurchte Gesicht lief Schweiß, und seine Hände zitterten, als er das Glas nahm. Eugen Frey soll seine afrikanische Laufbahn als Soldat der Fremdenlegion begonnen haben. Von seiner Heimatstadt schien er nicht viel zu halten. Er wiederholte zwar mehrmals „grüßen Sie mir mein Basel", spuckte danach aber jedesmal auf den Boden, was einer der Rotgekleideten sofort aufwischte. Während des üppigen Essens ging es unserem Gastgeber so schlecht, daß wir ihn fragten, ob er nicht doch lieber zu Bett gehen wolle und wir uns verabschieden dürften. Nein, das gehe nicht, einmal Gäste aus der Heimat (er mußte wieder ausspucken und schien auch an Brechreiz zu leiden), er möchte uns schon noch erzählen, was er aus dem verschlafenen Tabou gemacht habe. Die Unternehmungen des Herrn Frey prosperierten. Er habe neue Fruchtpflanzen eingeführt, Agrumen angepflanzt, Kaffee, Kakao, einige kleine Industrien aufgebaut – alles gespickt mit Zahlen und verächtlichen Bemerkungen an die Adresse der französischen Kreisverwaltung, die beinahe so untätig sei wie die guten Kru, denen man es bei ihrer faulen Negernatur nicht einmal übel nehmen könne.

Wir sprechen von Eugen Frey nur als dem Haifisch von Tabou, wegen der letzten seiner Geschichten, die wir anhörten, bevor wir endlich gehen konnten. Große Ruderboote mit zwei Dutzend Mann neben den Ruderern bildeten offenbar die Grundlage von Freys Reichtum. Statt daß der Frachter draußen auf der Reede warten und den Zeitverlust in Kauf nehmen müsse, bis die Brandung den Mannschaftstransport mit den langen Einbaumbooten zulasse, könne Eugen Frey jetzt mit seinem eigenen Funkgerät die Meldung auffangen; seine Leute seien bereit, bei jedem Wetter auszufahren, und es dauere nie mehr als zwei Stunden bei Tag oder bei Nacht, bis der Frachter, bestens beliefert mit einer Deckmannschaft, die Fahrt fortsetzen könne, beziehungsweise seine Kru losgeworden sei, wenn die Fahrt heim nach Norden gehe. Freilich, es gebe Verluste, er müsse damit rechnen, jedes Jahr zwei oder drei Schiffe zu ersetzen. Die Leute? Daß wir danach fragten, schien den Hai zu amüsieren. „Kru gibt es genug, nein, Schwimmen hilft nichts, die Brandung hier schlägt jeden tot, aber glauben Sie mir, das Geschäft läuft, und den Leuten in der Stadt geht es gut, seit ich die Angelegenheit in die Hand genommen habe."

Manchmal dachten wir an den Weg zurück und beschlossen sogleich, Tabou noch ein oder zwei Tage zu genießen. Frédéric jonglierte am Strand, die Kinder sahen ihm zu, und viele kleine Kru versuchten es mit Orangen aus Freys Pflanzungen. Wir gingen mit Hettich zur Lagune, wo er die feinen Meeresfrüchte fing.

Ich hatte einen besonderen Grund, nicht zum Aufbruch zu drängen. Wer in Afrika gereist ist – heute wird es nicht anders sein –, wird immer wieder von Kindern und jungen Leuten gefragt: „Willst du mich mitnehmen? Ich habe keine Eltern, ich werde bei dir arbeiten." Oder: „Du schickst mich zur Schule, damit ich lernen kann und später, wenn du richtig alt bist, für dich arbeite und verdiene." In Kaolack, Senegal, wollte mir eine Mutter vom Markt weg ihre wunderbar hübsche Tochter als ,zweite Frau' mitgeben. G. wurde oft von Mädchen und ich von Buben jeden Alters gebeten: ich habe keine Eltern, bin im Elend, keine Kleider, nimm mich als Sohn in dein Land mit, en France. Mit Totò war es anders. Er verlangte nichts, bettelte und klagte nicht. Er war einfach unentbehrlich, immer guter Laune und zog mich in einer Weise an, wie ich es nie vorher kannte. Auf einmal wurde mir klar, daß er mich zum Vater genommen hatte. Gewiß durfte er mit uns essen und im Wagen mitfahren. Er war aber immer in *meiner* Nähe, hatte seine Schlafmatte vor *meine* Füße gelegt und verschwand nur, wenn ich ihm sagte: Du störst. Er hörte nicht mehr, wenn Frédéric oder Ruth oder G. etwas von ihm wollten, und wartete, bis ich es befahl.

Es schien mir immer unsinnig, afrikanische Kinder nach Europa zu verpflanzen. Aus Egoismus hatte ich mich gescheut, eine solche Verantwortung zu übernehmen. Auch hatten wir uns längst entschlossen, keine Kinder zu haben. Das hing mit vielen Umständen zusammen, mit meinem eigenen Vater und der Bedeutung, die ich dem Vatersein mit den Jahren zuschrieb. Was ich für andere Menschen tun mochte, war im Beruf ganz gut aufgehoben, und für mich, für die tröstliche Phantasie, in einem Kind weiterzuleben, hatte ich damals so wenig übrig wie heute, weil mir die Illusion, Alter und Tod auf diese Weise zu überlisten, zuwider ist. Was schließlich die menschlichen Verhältnisse betrifft, war ich schon immer skeptisch; zumindest wollte ich es vermeiden, irgendein junges Geschöpf als Komplize unerträglicher Zeitläufte dem Leben auszuliefern. Ich beschloß, hart zu bleiben und meinen Sohn Totò zu verleugnen.

Er muß meinen Entschluß sofort verstanden haben. Einmal am Tag fuhr ich in einen verlassenen Waldweg, um mein Geschäft zu verrichten, da es im ,Haus der Kultur' keine Toilette gab. Dabei wollte ich allein sein. Totò wußte, daß er nicht mitkommen durfte. Diesmal hatte er sich hinten im Wagen versteckt und sprang heraus, als ich anhielt. „Ich will sehen, wie du scheißt!" rief er frech und stellte sich vor mich hin. Ich war ärgerlich, er sah mich scharf an und schrie mir laut ins Gesicht: „Du alter Scheißer!" Dabei zog er sich blitzschnell das

Höschen aus, drückte mir eine biegsame Gerte in die Hand, die er mitgebracht hatte, und streckte mir den blanken kleinen Hintern entgegen. Ich war wütend und schon daran, dem Lausbuben ein paar draufzuhauen. Da mußte ich lachen. Ich ließ die Gerte fallen und sagte nur: „Laß mich in Ruhe scheißen, du geh ein Stück weiter!" Als ich zurückkam, stand er brav angezogen da, hielt die Wagentür offen, und dicke Tränen rannen ihm übers Gesicht. „Jeder Vater hätte seinen Sohn verhauen, wenn er so frech ist. Du willst nicht mein Vater sein, nimmst mich nicht mit. Du hast mich nicht hauen wollen. Darum muß ich weinen."

Totò hatte wirklich eine Geschichte. Als er seine Hoffnung aufgegeben hatte, ich glaube, es war noch am selben Abend, wurde er wieder der lustige Bub wie früher. Seine Lage war aber nicht gut. Beide Eltern, die drinnen im Wald gelebt hatten, waren fast gleichzeitig an Fieber gestorben; er blieb beim Onkel, einem ältlichen pensionierten Übersetzer der französischen Verwaltung, der offiziell zu seinem Vormund erklärt worden war, als der Junge zur Schule sollte. Da es sich um einen ehemaligen Beamten handelte, kassierte der Ziehvater ein kleines Kostgeld. Er versprach sich aber mehr, wenn Totò, der gut lernte, einmal selber Übersetzer geworden sei. In letzter Zeit war ein neuer Lehrer eingesetzt worden. Totò, der bis zur vierten Klasse der beste Schüler gewesen war, wurde frech und aufsässig, der Lehrer drohte, ihn aus der Schule zu werfen, und beschwerte sich bei Totòs Onkel. Der lauerte dem Kleinen auf, als er zum Essen nach Hause kam, und verdrosch ihn fürchterlich, sagte aber nicht, warum. Am nächsten Tag stand Totò in der Schule auf und wollte vom Lehrer wissen, ob er es war, der den Ziehvater gegen ihn aufgehetzt hatte. Der Lehrer sagte streng, er sei ihm keine Auskunft schuldig, er solle sich setzen und schweigen. Totò gab zur Antwort: ich kann nicht sitzen, der Alte hat mich verdroschen. Der Lehrer bestand auf seinem Befehl, Totò aber öffnete blitzschnell sein Höschen und pißte mitten in die Klasse vor den Lehrer hin. Damit war er aus der Schule geflogen. Der Ziehvater habe schon einen dicken Stock bereitgelegt, um ihn dafür zu prügeln, und überall erzählt, es sei aus, Totò könne sich einen anderen Vater suchen, so einen Kerl wolle er nicht länger durchfüttern.

Es blieb mir einiges zu tun. Ich mußte ohnehin zum Bezirkskommandanten, um für die Überlassung des ‚Hauses der Kultur' zu dan-

106

ken. Nebenbei erwähnte ich Totò, der Herr Kommandant war informiert, lachte über die Pißgeschichte und sagte so nebenbei, nach Paragraph soundso der Schulordnung könne ein Lehrer ein gesundes Kind nicht vor dem sechzehnten Lebensjahr aus der Schule weisen. Der Lehrer war von meinen Besuch sichtlich geehrt, ich lobte das perfekte Französisch seines Schülers Totò und erwähnte mit schmerzlichem Lächeln, wie schlimm es sei, daß elternlose Kinder in Afrika keine Gelegenheit hätten, gute Manieren zu lernen. Er war noch recht erbost, ich spielte auf den Paragraphen an, darauf gab er zu, der Junge dürfe wieder zur Schule, müsse sich aber vor der ganzen Klasse entschuldigen. Da ich meinen Totò kannte, fürchtete ich, es würde daran scheitern, bis mir das richtige Argument in den Sinn kam. Der Lehrer habe dem Knaben nicht nur die Sprache, er habe ihm auch den wahren gallischen Stolz beigebracht. Das half. Ja, sagte der Lehrer, nein, erniedrigen dürfe man ein Kind niemals, es genüge, wenn ich, der sich so dankenswert für den Knaben einsetze, ihn ermahne, sich hinfort gut zu benehmen und besser zu lernen.

Das härteste Stück war der Ziehvater. Der Übersetzer hatte sein Französisch ziemlich vergessen und war außerdem fast taub. Er zeigte mir den dicken Stock, mit dem er Totò verprügeln wollte; dann müsse der Nichtsnutz fort. Ich mahnte ihn an seine Pflicht als Ziehvater, und es gelang mir, ihm klar zu machen, daß mit Totò auch das Kostgeld wegbleiben würde. Für den Ärger offerierte ich ihm einen größeren Geldschein. Er hellte auf, nahm das Geld und nickte von da an zu allem, was ich noch vorbrachte. Ich wollte gehen und kam mir vor wie Don Quichote mit dem Landmann, der seinen Viehjungen auspeitscht. Da tauchte Totò auf, kniete vor dem alten Herrn nieder, der legte ihm die Hand auf das Kraushaar und zeigte auf den Stock. Totò reichte ihn dem Alten, und der zerbrach den Prügel über dem Knie mit einer Kraft, die ich ihm nicht zugetraut hätte. Totò kam mit mir, um beim Aufladen der Wagen zu helfen. Er war sicher, daß die Affäre beigelegt sei, und versprach, in der Schule besser aufzupassen. Beim Abschied ließ er keine Traurigkeit merken. Mir schien er nicht mehr ganz so kindlich und unbeschwert, wie an dem Tag, als wir nach Tabou gekommen waren.

Eigenartigerweise kam uns der Weg zurück nach Guiglo kürzer vor, obzwar wir einige Brücken bei der Hinfahrt zusätzlich beschädigt hatten. Guiglo war wie ausgestorben. Der Wachsoldat verriet uns, daß Monsieur Gérard im Dorf seiner Prinzessin weile, niemand wisse, wo im Wald das sei. Wir ließen einen Dankbrief zurück und schrieben noch einmal aus Zürich, ohne eine Antwort zu bekommen.

Mehr als zehn Jahre später verbrachten G. und ich wieder einige Tage in Paris, um in der Bibliothek des Musée de l'Homme Literatur für das Buch über die Agni von Alangouan nachzulesen. Es war ein regnerischer kalter Winter. Am ersten Nachmittag, an dem eine blasse Sonne herauskam, fuhren wir nach Vincennes hinaus in den Zoo. Wir waren beinahe die einzigen Besucher. Bald fanden wir das Gehege, in dem Antilopen, Zebras und Giraffen unter freiem Himmel gehalten werden. Vor dem Gitter sind weißgestrichene Stühle aufgestellt. Da saß, in einem dunkelblauen Regenmantel, Monsieur Gérard. Sobald wir ganz sicher waren, uns nicht zu irren, begrüßten wir ihn. Nach einem Augenblick, in dem er fremd zu uns aufsah, sprang er auf und breitete in seiner Art die Arme aus. „Ich komme immer her, wenn es das Wetter gestattet", sagte er. „Ich habe mich so gefreut, daß Sie mit dem Ausflug nach Tabou zufrieden waren. Aber Ihren Brief, Sie müssen entschuldigen, die vielen Amtsgeschäfte ... Jetzt hätte ich genug Zeit. Sie sehen, Afrika, ja auch Sie, das läßt einen nicht mehr los." Leider entschuldigte er sich, als wir ihn zum Essen einladen wollten. Wir glauben, weil er der Ansicht war, daß es in Paris an ihm wäre, uns einzuladen, oder weil er fand, daß seine Kleidung nicht elegant genug sei.

Die blasse Sonne hatte sich wieder bedeckt, es begann zu regnen. Wir verabschiedeten uns, und Monsieur Gérard setzte sich wieder, mit dem Blick auf die Tiere Afrikas. Wir sind ihm nie mehr begegnet.

Das Zoogehege von Vincennes, der Ort, den Monsieur Gérard aufzusuchen pflegte, ist im Film „A nous la liberté" von Louis Buñuel zu sehen. Es ist die letzte Szene. Wege zur Freiheit sind an den Verhältnissen gescheitert. Der Wunsch bleibt. Da grasen die Tiere. Die Antilopen, Zebras, Giraffen setzen sich in Galopp, man hört Schüsse, sie stürmen weiter, ein Zug, der nicht endet, die Gitter, die Gräben sind noch da, der Zoo von Vincennes im fahlen Licht, die Tiere sind nicht aufzuhalten, ihr wogender Galopp.

Ungeschehen

Damals unterwegs in Afrika kamen uns Weißen die Afrikaner zuerst gleichartig vor, weil das Bild der Fremden durch die Optik unserer Voreingenommenheiten gleichsinnig verzerrt wird. Um das Fremde zu verstehen, ist es gut, Abstand zu nehmen: ich bin so – sie sind anders. Dann kann es geschehen, daß ich das fremde Leben in mir selber entdecke. Ein Gefühl steigt auf, das ich von früher her kenne. Der Blick nach innen, hinter meine Leidenschaften, Konflikte und Vorurteile, hebt die Verzerrung auf. Wie die dort sind, das kenne ich an mir selber, so war es doch auch bei mir, und doch nicht gleich wie bei ihnen. Aus der Konfrontation mit dem Fremden entsteht ein eigenartiges Hin und Her, eine Spannung, die lustvoll ist oder quälend, oder beides zugleich. Ich weiche der eigenen Vergangenheit nicht aus und erzähle von meiner Kindheit. Ein europäischer Junge hat Afrikanisches erlebt.

Kein Zufall, daß es zu Beginn der Pubertät war. Da will der Junge die Geborgenheit verlassen, fremde Väter ausprobieren, Neues erfahren. (Afrika mußte das unter der Gewalt der kolonialen Herrschaft, war auch neugierig, bekam es zu spüren.)

Bald nach meinem dreizehnten Geburtstag fing es an, daß ich mit den Leuten unten im Gutshof arbeiten wollte. Am frühen Nachmittag, sobald das tägliche Pensum mit dem Hauslehrer erledigt war, lief ich hinunter, um zu sehen, ob es im Stall, auf den Feldern oder im Wald etwas für mich zu tun gab.

Als ganz kleiner Junge war ich gern im Stall gewesen. Wenn man mich oben im Schloß oder im Park nicht finden konnte, mußte man nur im Kuhstall nachsehen. Dort war ein Verschlag mit Kälbern, die man nicht bei der Kuh ließ, weil sie sonst viel zuviel Milch bekämen. Ich liebte es, mit den Tieren zu spielen, mich von den feuchten Schnauzen berühren und von ihren rauhen Zungen schlecken zu lassen. Später ging ich fast nie mehr in den Stall. Irgendwie hatte ich noch melken gelernt. Dann aber kam ich nur selten, um wen zu finden, der mir half, den Gurt am Ponysattel anzuziehen. Das Pony stand oben im Stall für die leichten Pferde, wo ein deutscher Kutscher herrschte und keine Slowenen beschäftigt waren.

Da es bald Spätherbst wurde und auf den Feldern nichts mehr zu tun, ging ich mit Iwan Turk in den Wald Bäume markieren. Bevor der erste Schnee fiel, mußte man jedes Jahr eine größere Parzelle Nadelwald durchforsten. Die Arbeit war einfach. Wo ein paar Fichten eng zusammenstanden, ging man dicht an die Stämme heran und schaute hinauf in die Kronen. Jeder Baum, der schon hoch genug war, aber keinen Platz mehr hatte, sich weiter zu entfalten, sollte geschlagen werden. Man ‚markierte' ihn mit einem Werkzeug; das hatte einen Säbelgriff, ein Metallblatt zum Schutz der Fingerknöchel und anstelle der Klinge einen scharf geschliffenen Hohlmeißel, spitzwinklig vom Eisenschaft zurückgebogen. Damit konnte man mit drei Zügen einen Stern aus der Rinde kerben bis ins helle Holz, womöglich in Augenhöhe, damit die Holzfäller, die mit Beil und Säge durch den frischen Schnee kommen würden, die markierten Stämme leicht finden könnten. Der Forstaufseher Iwan Turk war ein hagerer, schweigsamer Mann gegen fünfzig, mit tiefen Furchen in den Wangen, der so große Schritte nahm, daß ich ihm kaum folgen konnte. Am Sonntag ging ich nämlich mit ihm bis hinauf in den Sevtschnik-Wald. Wenn ich erst nachmittags frei war, mußte ich ihn suchen, was er mir dadurch erleichterte, daß er einen frisch geschnittenen Zweig auf den Weg legte, dort wo er in den steilen Fichtenhang eingestiegen war. Sicherlich war er mit meiner Arbeit zufrieden, denn nach kurzer Zeit gab er mir ein eigenes Markiereisen, zum Zeichen dafür, daß ich es richtig machte und von alleine wußte, welcher Baum in diesem Winter dran war.

Nach Schneefall und Frost fing das Fällen an, eine schwere Männerarbeit, bei der ein Kind nichts zu suchen hat. Mit den Frauen und jungen Burschen, die die frischgefällten Fichtenstämme zu schälen hatten, durfte ich doch dabei sein. Es gab einen breiten Meißel aus Eisen mit einem Holzschaft lang wie ein Besenstiel, nur stärker, mit dem man die harzduftenden Rinden loslöste, die mit Draht zu schweren Bündeln verschnürt wurden. Es war eine Arbeit, bei der meine Kräfte knapp ausreichten. Ich mußte oft und oft zustoßen, um die kleinen Ästlein, an denen die Rinde festsaß, zu kappen, und hatte bald Schwielen an den Handflächen. Ich brauchte dreimal so lang, bis meine Stämme blank waren, aber die losgelösten Rinden waren regelmäßig und glatt. Es machte mir Vergnügen zu sehen, wie endlich der gerade

Stamm befreit von seiner rauhen grauen Hülle vor Feuchtigkeit glänzte. Meine Kleider waren steif vom Harz und rochen nach Fichte.

Nachdem der Schnee geschmolzen war und das Holzen zu Ende, ging ich immer nur mit dem Polda aufs Feld. Er war erst seit kurzer Zeit bei uns, und man hatte ihm das schönste Paar Zugpferde, starke und schnelle Halbbelgier, anvertraut. Er hielt die Pferde tadellos, verstand beim ersten Mal, was man ihn zu tun hieß, und konnte mit den komplizierten neuen Maschinen, die bei den anderen Pferdeknechten immer sogleich zu Schaden kamen, so umgehen, daß es keine Reparaturen und keinen Ausfall bei der Arbeit gab. Der Verwalter, der den Polda ausfindig gemacht und – mit besonderen Abmachungen, wie er durchblicken ließ – fest angestellt hatte, wußte die erstaunliche Tüchtigkeit des Polda zu erklären. Er sei Waise, seit seinem vierzehnten Lebensjahr auf einem Landgut in Dienst gestanden, das einem reichen deutschen Kaufmann gehörte, der überdies einen Handel mit importierten landwirtschaftlichen Maschinen betrieb. Von dem Deutschen konnte er als Minderjähriger nicht weg, der hatte ihn „schön in den Fingern", wie der Verwalter sagte; mußte also lernen, wie der Meister es wollte, anders als die blöden slowenischen Bauern, und hatte außerdem noch den Vorteil, nicht nur den Umgang mit Tieren, den jeder Junge von selber kann, sondern auch das viel schwierigere Mechanische zu erlernen.

In den ersten Frühlingsmonaten zeigte mir der Polda alles: das Pflügen, das Eggen mit der Walzenegge, der Spitzegge und der Scheibenegge, mit der man die großen, fettigen Schollen der frisch gepflügten Äcker zerkleinert. Den schweren Rigolpflug, der von vier Pferden gezogen werden muß, konnte ich nicht einsetzen, wußte aber bald, wie man ihn so einstellt, daß er nicht zu tief und gerade läuft. Es kam mir vor, als wären die starken schnellen Braunen die besten Pferde, die es gibt, und der Polda ein Mann, der mehr konnte als jeder andere.

Der Polda sah auch anders aus als die slowenischen Knechte. Er war vielleicht fünfundzwanzig, kam mir richtig erwachsen vor, war schlank und gerade, während mir alle anderen von der Arbeit und auch sonstwie gebückt und gekrümmt erschienen. Vor allem trug er nie einen Hut. (Die Knechte und auch die Bauern hatten immer schwarze Filzhüte auf dem Kopf. Wenn sie einander begegneten, nahmen sie den Hut nicht ab, lüfteten ihn aber höflich vor der Herrschaft, auch vor mir. Vermutlich wurde dieser Brauch nie aufgegeben, sondern einfach vergessen, als nach dem Krieg Hüte aus der Mode kamen.)

Der Polda trug die braunen Haare glatt nach hinten gekämmt, hatte graue aufmerksame Augen im rasierten Gesicht und riesige Muskelpakete um die Schultern und Oberarme, wie ich es nur bei einem Artisten im Wanderzirkus gesehen hatte, den wir Kinder einmal in einem Dorf im Tal unten besuchen durften. Er hatte immer dieselbe Kleidung an, dunkelgraue Reithosen aus Lodenfilz, ein blaues Baumwollhemd ohne Kragen, das über der Brust offenstand, an den Füßen schwarze Nagelschuhe und schwarze lederne Wadengamaschen, so daß es aussah wie Reitstiefel. Nur wenn es sehr kalt war, trug er noch eine offene Weste aus dem gleichen grauen Lodenstoff. Vielleicht blieb ich auch so gerne bei ihm, weil er gut deutsch sprach. Das hatte er bei seinem früheren Meister gelernt.

Ganz schön wurde es, als das Heu für den ersten Schnitt reif war. Die breite Mähmaschine hatte Scheren, die von den gerippten Rädern mit einem Zahnradgetriebe in Bewegung gehalten wurden. Die Pferde mußten sich ganz hineinlegen, wie es dem Temperament der Braunen entsprach, damit die Mähscheren richtig faßten. Man saß auf einem Metallsattel und mußte einen Kupplungshebel zurückziehen, wenn die Maschine kehrte, um eine neue gerade Mähspur ins hohe saftige Wiesengras zu ziehen. Auch das lernte ich schnell, ebenso wie das Fahren mit dem Heuwender mit den handförmigen Gabeln, die auf und ab gehen, und mit dem Reihenschichter, der mit einem Rechen das getrocknete Heu erst zu Reihen und dann zu Haufen zusammenschlichtet, bei dem auch so ein lustiger Hebel gezogen wird, damit das gerechte Heu herausfällt. Der Polda gab sich alle Mühe mit mir. Erst ließ er mich am Rand der Wiese hocken und zuschauen. Dann hielt er plötzlich vor mir an, zog die Brauen hoch und sah mich an. Das hieß, daß ich die Zügel nehmen und selber auf den federnden Metallsattel klettern sollte. Die ersten Runden lief er schwitzend neben mir her, denn das Gespann ging schnell, es mußte auch so sein. Wenn ich dann allein mit den Braunen, dem Hebel, dem Lenken und Wenden zurande kam, setzte er sich unter einen Baum, drehte sich eine Zigarette und sah mir zu. Beim kleinsten Fehler, der mir unterlief, war er wieder da und faßte vorn am Gespann an oder wo es sonst nötig war.

Am allerschönsten war es, nach der Arbeit heimzureiten. Die Pferde

112

wurden losgespannt. Die Maschine, für die es nicht gut war, wenn sie rasch über die hart gewalzte Straße gezogen wurde, mußte später von einem Ochsengespann abgeholt werden. Und wir ritten nebeneinander über die duftenden Wiesen bis in den Gutshof, wo man uns zwei Arbeitskameraden auf den großen Pferden bewundern konnte. Der Polda und ich, wir rauchten beide. Ich brachte gelegentlich eine Handvoll der feinen Vardarzigaretten meines Vaters mit, die bei uns in den Zimmern in silbernen Behältern herumlagen. Er steckte sie wortlos in die Hemdtasche, um mir dann, wenn wir auf den Pferden saßen, eine anzuzünden und herüberzureichen.

Als alles Gras geschnitten war, sollte noch die saure Wiese verbessert werden. Die lag eigentlich außerhalb der Gutsgrenze gegen das Tal zu. Ein Graben, an dem eine dichte Fichtenhecke entlanglief, trennte sie von unseren gepflegten Wiesen und Feldern. Gegen das Tal zu war sie von dichtem Buschwerk begrenzt. Mein Vater hatte die drei oder vier Hektar große Sumpffläche vor einigen Jahren sehr billig gekauft. Man war aber nie dazu gekommen, eine richtige Entwässerung anzulegen. So war das Gras sauer, von Binsen durchwachsen. In der Mitte der Wiese hatte der Bauer, bevor er verkaufen mußte, noch ein Wäldchen Sumpfeichen gefällt, so daß die Strünke, zwischen denen nur Moos wuchs, spannenhoch stehen geblieben waren. Diese Wiese hatten wir mit der Stachelegge aufgerissen, und dann wurde mit der schweren Sämaschine ein Gemisch von guten Gras- und Kleesamen in die verletzte Grasnarbe gestreut, versuchsweise, um vielleicht ohne großen Aufwand im nächsten Jahr einen Heuertrag zu erzielen.

Anfang Juni gibt es in unserer Gegend oft eine ganze Reihe strahlender Sommertage. In den Nächten ist es noch kühl, es fällt viel Tau, aber schon um neun Uhr wird es heiß an der Sonne wie im Hochsommer, bis sich am Abend der wolkenlose Himmel golden färbt und ein erfrischender Wind aufkommt.

An jenen Tag kann ich mich überdeutlich erinnern, weiß auch noch genau, wie ich angezogen war, als ich am frühen Nachmittag über die Felder zu ,meiner' Arbeit hinunterlief. Ich hatte ein bräunlich gestreiftes Trikothemd an, das mir zu eng und zu kurz geworden war. Ich hatte es gerne, weil mein Brustkasten darin breiter und kräftiger aussah, dazu eine grünliche Leinenhose – bis zu den Knien, wie sie damals

Buben tragen mußten – und schwere Nagelschuhe an den Füßen, ohne Socken, wie die Landarbeiter.

Als ich durch die Fichtenhecke kroch, sah ich sofort, daß die Arbeit zu Ende gekommen war. Das Gespann mit der Sämaschine stand am Rand der Wiese, der Polda kniete hinten und schraubte an den Samendüsen herum. Die Jutesäcke mit dem Saatgut lagen daneben, leer und schlaff.

Ich ging gleich nach vorne, um die Braunen auszuspannen. Erst muß man die Zugseile von den Goppeln lösen, kreuzweise über die Kruppe legen, dann die inneren Zügel an den Trensen umschnallen, so daß jedes Roß unabhängig vom anderen gelenkt werden kann. Die langen Zügelriemen schnallt man hinten auseinander und befestigt sie am Kummet.

Dann ging ich nach vorne und machte die Deichselketten los. Bei den schweren Pferden gab es unter dem Lederzaum noch einen zweiten Kappelzaum aus Hanfgurten mit einem Seil, an dem man sie festbinden konnte, auch wenn man den Trensenzaum abgenommen hatte. Die Seile baumelten aufgerollt unter dem Kinn der Pferde; eines hatte sich gelöst und hing zu Boden. Gerade als ich es wieder verknoten wollte, stand plötzlich der Polda neben mir, nahm mir den Strick aus der Hand, schob mich beiseite und band beide Pferde wieder an der Deichsel fest. „Ist es noch nicht fertig", sagte ich, „laß doch, ich kann die Pferde schon selber anbinden. Kann ich bei der Maschine helfen?" Er gab keine Antwort, wie es seine Art war, wenn ihm meine Fragen zuviel wurden, packte mich am linken Handgelenk und ging mit mir um die Maschine herum gegen die Mitte der Wiese. „Was willst du? Laß mich, du tust mir weh", sagte ich, stemmte mich gegen ihn und versuchte freizukommen. Der einzige Erfolg war, daß er mir den Arm auf den Rücken drehte und mich mit dem sogenannten Polizeigriff mühelos vor sich her schob.

Erst bei den Baumstrünken ließ er mich los, zog eine geflochtene lederne Reitpeitsche aus dem Stiefelschaft und hielt sie mir vors Gesicht. Ich hatte nie bemerkt, daß er so ein Ding besaß.

Solche Reitpeitschen hatten in unserer Gegend gewöhnlich nur Pferde- und Viehhändler. Ich wußte aber, wie man sie herstellt. Wenn vor Weihnachten der Schuster mit seinem Gehilfen und einem Lehrling ins grüne Zimmer einzog, um die Schuhe der Leute für den Winter zu flicken, zu sohlen und zu nageln, machte er zwischenhinein eine Peitsche. Aus einer grob gegerbten Rindshaut für Oberleder wird ein schmaler langer Streifen geschnitten, der auf zwei Drittel der Länge breiter wird und sich gegen Ende wieder verjüngt. Das andere Ende wird längs gefaltet und als Griff mit weinrotem Schusterzwirn umwikkelt. Der lange Streifen wird mit dem scharfen Messer zu Schnüren geschnitten, die dann geflochten werden wie ein Mädchenzopf. Das Ende wird wieder mit Zwirn umwickelt. Solche Peitschen sind zugleich steif und biegsam, wegen der Verdickung ziemlich schwer und vor allem sehr haltbar.

Ich kam mit meinen Gedanken nicht weit, denn er zog mir plötzlich zwei Hiebe über die nackten Waden. Ich machte einen Satz und sah entsetzt zu ihm auf. Zu Hause wurden wir nicht geschlagen. Ich wußte aber, daß man Kinder schlägt. Die deutschen Kaufleute pflegten ihren Söhnen den nackten Hintern mit dem Rohrstock zu versohlen und taten dies im Sommer in den Vorgärten ihrer Stadthäuser, damit jeder sehen konnte, daß sie ihre Kinder zu braven deutschen Männern erzogen.

Der Polda sah aus wie immer, die Haare glatt nach hinten gekämmt, die grauen Augen aufmerksam auf mich gerichtet, das Gesicht gar nicht ärgerlich oder wütend, eher ein wenig belustigt. Mit der Peitsche zeigte er jetzt auf meine Füße.

Ich glaubte endlich zu verstehen: er will meine Schuhe haben. Ich bückte mich, schnürte beide Schuhe auf, so schnell es ging, zog sie aus und stellte sie vor ihn hin. Er nahm die Schuhe und warf sie im Bogen über die Schulter zurück auf die Wiese. Diesen Augenblick wollte ich benützen, um davonzulaufen. Bei der ersten Bewegung packte er mich aber mit beiden Händen am Hosenbund, riß daran, als ob er den Gürtel aufkriegen wollte, und ließ wieder los, als es nicht ging. Es war ein Ledergurt mit einer schönen Durchlaufschnalle aus Metall, auf den ich ein wenig stolz war.

Dann tat ich etwas, dessen ich mich noch lange geschämt habe. Ich öffnete die Schnalle selber und zog das lose Gürtelende unter dem Laufsteg heraus. Sofort faßte er wieder zu, hatte die Knöpfe mit einem Ruck offen und zog die Hose über meine nackten Beine herunter und unter den Füßen weg, so daß ich stolperte. Ich stand jetzt in Unterhosen da. Wir durften keine Trikothöschen tragen, da es hieß, daß ein Gummizug um den Bauch für Kinder gesundheitsschädlich sei. Die Unterhose war aus Baumwollstoff, vorne mit einem Zwirnknopf geschlossen. Er griff hin, der Knopf sprang ab, und er zog mir die Unterhose aus. Jetzt stand ich in meinem kurzen Hemd nackt vor ihm. Bevor mir das noch peinlich werden konnte, hatte er mich um die Mitte genommen und hochgehoben.

Ich wurde irgendwie herumgewirbelt. Als ich wieder wußte, wo oben und unten war, war ich fest eingeklemmt. Er hatte sich auf einen Baumstrunk gesetzt, das linke Bein angezogen, und mich so übers Knie gelegt, daß das Hinterteil nach oben stand und der Oberkörper auf die Wiese herunterhing. Ein starker Geruch nach Pferd ging von seinem Rücken aus. Mein linker Arm lag nach hinten, er drehte das Handgelenk so, daß mir jede Bewegung im Ellbogen wehtat. Seinen rechten Unterschenkel hatte er über meine Waden gelegt.

Ich hörte die Peitsche durch die Luft sausen, und die ersten Schläge schnitten mir in den Hintern. Es tat entsetzlich weh. Der Schmerz hörte zwischen den Hieben nicht auf, die Haut brannte weiter, bis der nächste kam. Bei jedem Schlag zuckte ich und schrie laut: „Hör auf!" Am schlimmsten war, daß es manchmal kurze Pausen gab, in denen ich sonderbarerweise den nächsten Hieb herbeiwünschte, wahrscheinlich weil die Angst noch größer war als der Schmerz und ich nur nach einem Schlag für einen Moment lang sicher war. Dann meinte ich, daß ihn mein Schreien und Zucken wütend machte, hielt den Mund, versuchte stillzuhalten und preßte dafür die Hinterbacken krampfhaft zusammen. Denken konnte ich nichts mehr als immer nur „hör auf, hör auf". Er schlug aber stumm weiter, stundenlang, wie mir schien.

Endlich lockerte sich sein Griff, er stand auf, und ich rollte zu Boden. So schnell ich konnte, sprang ich auf und rannte, ohne mich umzusehen, auf die Hecke zu. Ich war nicht sehr weit gelaufen, noch keine hundert Meter, als mir einfiel, daß ich um diese Stunde nicht durch den Gutshof und ins Schloß kommen konnte, ohne jemandem zu begegnen. Das kurze verschwitzte Hemd reichte nur bis knapp unter den Nabel. Auf meinem Hinterteil konnte man die Spuren der Züchtigung sicherlich sehen. Das war unerträglich. Ich mußte meine Kleider wiederhaben.

Ich blieb stehen und schaute zurück. Der Polda saß mir abgewandt

116

auf einem Baumstrunk und rauchte. In einem Bogen, um nicht in sein Gesichtsfeld zu kommen, ging ich zurück, fand einen Schuh, den zweiten, die Unterhose, und klemmte die Sachen unter den linken Arm. Die Hose lag knapp hinter ihm. Ich schlich heran. Gerade als ich mich danach bückte, stand er wieder dicht neben mir und zog die Peitsche aus dem Stiefelschaft. „Lausbub, frecher", sagte er ruhig, „kommst du zurück, willst noch was, das kannst du schon kriegen." Er holte aus und zog mir mit aller Kraft eins über die Oberschenkel. Ich schrie laut auf, ließ alles fallen und sah zu ihm auf. Soviel ich durch die Tränen sehen konnte, war sein Gesicht ganz so wie sonst. Er schien sogar zu lächeln. „Hast ja recht, du brauchst noch was. Jeden Tag bist kommen, hast nie was gekriegt, nicht eine einzige Watschn. Dabei muß man einen Buben jeden Tag übers Knie legen, sonst wird er frech. Jetzt bist frech wordn. Das treib ich dir schon aus. Da leg dich her." Er zeigte mit der Peitsche auf den Boden. Ich legte mich gehorsam auf den Bauch und verbarg den Kopf in den Armen. Er zog mich an den Fußgelenken ein kleines Stück über die Wiese, setzte sich auf meinen Rücken zwischen die Schulterblätter, so daß er nach hinten sah, holte die Arme herunter und klemmte sie mit den Knien gegen meinen Körper fest. Ich wollte die Hinterbacken zusammenpressen, bevor er wieder anfing. Es ging aber nicht. Er hatte mich so gelegt, daß ein Baumstrunk zwischen den Knien war und die Beine auseinanderstanden.

Es wurde noch schlimmer als vorher, weil er jetzt weit ausholen konnte und weil die Haut in der Furche viel empfindlicher ist als auf den Sitzflächen. Wieder waren die Pausen ganz furchtbar. Ich konnte nicht mehr still sein und wimmerte immer nur: „Hör auf, bitte, bitte, hör auf, bitte, bitte." Er schlug weiter und redete etwas, was ich nicht verstand.

Auf einmal war ich ganz naß. Die Schläge hörten auf, und ich verstand wieder: „Du Schweinebub, pischt sich an. Willst auch mich anpischen? Ich hab grad aufhörn wolln. Jetzt muß ich dich noch abstrafen, du frecher Saubub du." Er fing wieder an, die schwere Peitsche grub sich in die nasse Haut. Er keuchte zwischen den Hieben. Ich wollte sterben, konnte aber nicht einmal ohnmächtig werden, weil der scharfe Schmerz mich immer wieder wach machte.

Als er endlich aufstand, kam ich nicht gleich hoch. Taumelnd suchte ich meine Sachen zusammen, während er neben mir stand und weiter schlug, über den Rücken, auf den Bauch, zwischen die Beine. Ich wankte fort, ohne mich umzuschauen, gegen die Büsche zu, die näher waren als die Fichtenhecke. Bald fand ich ein kleines Wiesenstück zwischen dichtem Gestrüpp. Ich kniete hin, beugte mich vor und stützte mich auf die Ellbogen. So blieb ich lange Zeit unbeweglich. Etwas Feuchtes rann die Innenseite der Schenkel herunter. Ich griff hin, sah, daß es Blut war, und tupfte es vorsichtig mit der Unterhose ab, bis keines mehr kam. Es tat eigentlich nicht mehr weh. Nur ein Brennen auf der Haut.

Die Sonne stand tief am goldenen Himmel, als ein kühler Wind aufkam, der mich trocknete. Ich wachte aus der halben Betäubung auf, zog mich an und ging langsam nach Hause.

Auf der Treppe im Schloß begegnete mir eines der Dienstmädchen. Ich bat sie, meiner Mutter zu sagen, daß ich Fieber hätte, schon zu Bett ginge und nicht zum Nachtessen kommen wolle. Dann holte ich ein ganzes Bündel Unterhosen, zog mehrere übereinander an und darüber das Pyjama, versteckte die blutige unter der Matratze und ging zu Bett. Meine Mutter kam herein, legte mir die Hand auf die Stirne und sagte: „Ja, mein armer Bub, du hast etwas Fieber." Sie ging, kam mit einem Krug kalten Tee und ließ mich wieder allein. Ich trank den Tee aus und schlief dann ein.

Am nächsten Morgen erwachte ich sehr früh. Es handelte sich darum, daß niemand merken sollte, was passiert war. Ich zog wieder einige Unterhosen übereinander an und nahm die besudelten mit, bis ich im Entenbächlein hinter dem Haus, hoch oben bei der Quelle, wo niemand vorbeikam, einen Tümpel fand, in dem ich alles auswaschen konnte. Ich legte die feuchten Stücke zum Trocknen aufs Gebüsch, um sie später zu holen.

Alles das tat ich wie betäubt, automatisch. Während ich durch den frischen Wald zum Schloß hinunterging, wachte ich auf. Mir wurde leicht und froh, und ich konnte wieder denken. Ich hatte beschlossen, den Polda zu erschießen.

Mein Plan war bald durchdacht. Ich besaß ein Flobertgewehr, Kaliber neun Millimeter mit Blockverschluß und einem glatten Lauf, aus dem man mit Schrot Spatzen und Eichhörnchen schießen konnte. Dazu gab es auch kurze Patronen mit einer Rundkugel aus Blei. Der

Schuß war natürlich nicht sehr genau. Auf fünfzehn Schritt traf ich aber ein Ziel nicht größer als eine Handfläche, und auf diese Entfernung durchschlug die Kugel ein drei Zentimeter dickes Fichtenbrett. Das hatte ich ausprobiert, und das mußte genügen.

Die beiden Wege, die von den Stallgebäuden zum Gehöft führten, in dem die unverheirateten Knechte wohnten, waren mit dichten Hecken von Hopfenbuche gesäumt. Hinter einer der Lücken in der Hecke, die ich von der Spatzenjagd her kannte, wollte ich mich auf die Lauer legen. Sobald der Polda herankam, würde ich seinen Namen rufen. Da er mich nicht sehen konnte, würde er stehen bleiben und sich umdrehen. So konnte ich ruhig zielen und ihn mit einem Blattschuß ins Herz umlegen. Dann ginge ich heim ohne mich umzusehen, würde den Lauf reinigen und mich hinter meine Schulbücher setzen. Um alles in Ruhe auszuführen, sagte ich zu Hause, ich könnte noch nicht wieder lernen, hätte seit dem Fieber noch Kopfweh. Das wurde ohne weiteres hingenommen, weil ich ein fleißiger Bub war.

Während ich auf der Lauer war und hinter der Hecke kauerte, war ich ganz ruhig, machte nur von Zeit zu Zeit eine Zielübung. Der Polda kam nicht. Sobald das Licht am Abend zu schwach wurde, ging ich nach Hause und war am nächsten Morgen vor Tagesanbruch wieder an meinem Platz. Der Polda muß einen anderen Weg genommen haben, dachte ich, aber er wird schon kommen. Erst am zweiten Tag begann ich, an die Folgen des Mordes zu denken, obzwar ich von Beginn des Unternehmens an klar im Kopf und bester Stimmung war. Erst meinte ich, daß mich niemand verdächtigen würde; dann, daß man am Einschuß vielleicht das Neunmillimeterkaliber feststellen könnte. Ich hatte den Einfall, ein Messer mitzunehmen und es dem Toten in den Einschuß zu stoßen, (einen Ausschuß konnte es bei der schwachen Ladung nicht geben), so daß man, wenn man den Leichnam untersuchte, annehmen mußte, er sei nach einer der üblichen Wirtshausraufereien dem Racheakt eines Messerstechers zum Opfer gefallen. Diesen Plan gab ich bald wieder auf, weil er mir zu kompliziert schien. Schlimmstenfalls werde ich als Mörder entdeckt. Niemand wird verstehen, warum ich das getan habe. Ein gerichtliches Verfahren gegen die Gutsherrschaft ist undenkbar, besonders da es sich um ein Kind handelt. Die Eltern, denen ich selbstverständlich nichts von der ganzen Schande erzähle, werden finden, daß sie irgendetwas in der Erziehung falsch gemacht haben, meine Mutter wird Tränen in den Augen haben und nichts sagen, und mein Vater wird mich, um die Affäre in Vergessenheit geraten zu lassen, in ein Knabeninstitut in die Schweiz bringen, in ein möglichst strenges, um den Charakterschaden ausbügeln zu lassen. Das alles ist nicht schlimm, nichts, um meinen Plan zu ändern. Noch heute glaube ich, daß ich damals meine Eltern richtig eingeschätzt habe.

Am Morgen des dritten Tages merkte ich, daß ich gar nicht mehr auf Polda wartete, der einfach nicht erschien. Immer öfter sah ich auf einen Flug Spatzen, die so nahe kamen, daß ich mit einem Schrotschuß drei oder vier hätte schießen können. Es wurde heiß. Ich ging nach Hause, versorgte das Gewehr, wusch mich noch einmal und begann mit den algebraischen Aufgaben, die bald meine ganze Aufmerksamkeit erforderten.

In den nächsten Tagen hörte ich, daß der Polda nach einem Streit mit dem Verwalter das Gut verlassen hatte. Er wartete nicht einmal, bis man ihm den schuldigen Lohn auszahlte. Der Streit war daraus entstanden, daß man ihm von Anfang an mehr Lohn als den anderen Pferdeknechten gab, dann aber Neid und Unfrieden aufgekommen waren und mein Vater angeordnet hatte, Poldas Lohn auf das übliche Maß herabzusetzen. Der Verwalter, der ihm dies mitteilen mußte, war erst dagegen, gab jedoch nach, der Polda stieß einen Fluch aus, sagte aber sonst nichts, wurde nur blaß und war am nächsten Tag verschwunden. Übrigens tauchte er nie wieder auf, und niemand hörte mehr von ihm.

Ich war erleichtert, als ich von der Affäre hörte, und legte mir mit der Zeit zurecht, daß die schreckliche Verpeitschung nichts als eine Vergeltung aus Wut auf meinen Vater war, an den er sich aus guten Gründen nicht herangetraut hatte. Mein Mordplan und die Wut waren weg. Das Schamgefühl ist aber geblieben. Ich spüre es noch jetzt, während ich das Geschehene beschreibe.

Beinahe zwanzig Jahre später erzählte ich die Geschichte zum ersten Mal, in der Psychoanalyse. Der Professor war sehr interessiert und schien sich mehr darüber aufzuregen als ich selber. Er sprach von einer Perversion, wollte wissen, daß noch eine Vergewaltigung dabeigewesen sein müsse, deren Erinnerung ich verdrängte, und daß ich den

Polda wahrscheinlich selber sexuell verführt hätte. Ich wurde etwas ärgerlich. Was ich in Erinnerung hatte, war doch wirklich genug Vergewaltigung. Der Mordplan war klar und eben nur ein Plan geblieben. Aber sexuell? Es fiel mir immerhin ein, wie der Polda mir aufs Roß half, wenn wir heimreiten wollten. Er stand hinter mir und schob meinen Hintern mit gespreizten Fingern nach, während ich mich hinaufstemmte. Ich spürte seine kräftige Hand gerne, und er mußte jedesmal lachen, wie leicht ich so aufsaß.

Man schämt sich über das, was einem ohne eigene Schuld zugefügt worden ist, während man selber hilflos war; es wird womöglich vergessen. Offenbar will man sich auch in der Erinnerung nicht wieder derart ohnmächtig fühlen. Gefolterte geben nur selten bekannt, was ihnen angetan worden ist, oder nur in ganz allgemeinen Ausdrücken. Dabei schämen sie sich. In Zürich und in anderen europäischen Städten fanden sich fast keine der vielen von der Polizei mißhandelten Demonstranten bereit, gerichtliche Klagen gegen ihre Peiniger zu erheben; weil sich die meisten schon nach wenigen Wochen ,an nichts mehr genau erinnerten'. Da Schweigen oft der erste Schritt zum Vergessen ist, kann ich mir einigermaßen vorstellen, was Afrikaner den weißen Missionaren, Soldaten, Beamten, Polizisten, Kolonialisten, Geschäftsherrn, Helfern, Industrie- und Bankmanagern nachschreien würden, wenn sie einmal anfangen würden zu sprechen.

Mit Polda habe ich Afrikanisches erlebt. Er hat mich zu einem der kleinen Afrikaner gemacht, von denen es Millionen gegeben hat und noch heute gibt. Erst durften sie vom kolonialen Meister lernen, ein prächtiger neuer Vater. Dann kamen die Hiebe. Einfach weil der Weiße so ist, weil es ihm ums Geld geht und er die Peitsche im Stiefel mitgebracht hat und weil das zur Zivilisation gehört. Zuerst hat Afrika sich so geschämt, daß es nicht einmal zu schreien wagte. Es hatte kein Gewehr, konnte die Peiniger nicht totschießen. Auch meine Rache blieb ungeschehen.

Die Geschichte des Polda mußte ich später allerdings revidieren. Die Wut auf seinen harten Arbeitgeber, meinen Vater, hätte ihn nur dazu bringen können, mich wegzujagen, anzubrüllen, niederzuschlagen, sogar totzuschlagen. Er vollzog aber, das konnte ich erst denken, als ich kein Kind mehr war, genau so eine erzieherische Züchtigung, wie sie bei seinem deutschen Meister, der ihn ,in den Fingern hatte',

Brauch war. In der ‚unzivilisierten' slowenischen Familie gibt es das nicht, daß man einem Kind geplant und absichtlich den nackten Hintern versohlt. Man behandelt es lieb oder grob. Seine Reden wie ‚Frechheit austreiben', ‚abstrafen' und die ganze grausame Kälte hatten nichts von einem Racheakt an sich. Seiner Wut war nur die Unmäßigkeit der Züchtigung zuzuschreiben. Sonst tat er nichts als seine Pflicht als wohlerzogener Mann, der seine vielen Fertigkeiten auch nicht ohne Härte erlernt hat.

Auch der Polda ist Afrikaner. Tüchtig und zivilisiert ist er geworden, ganz nach der Vorschrift und dem Vorbild des Meisters, gar nicht mehr unterentwickelt. So sind heute viele. Er hat es so lange an der eigenen Haut gespürt, von seinem Herrn, der ihn ‚fest in den Fingern' hielt, bis der Afrikaner-Polda alles selber konnte, was so verlangt wird. Am kleinen Bruder kann man Freude haben. Das bringt aber nichts ein. Der muß erst brav werden, dann hat man was davon. Millionen kleine Afrikaner müssen spuren. Das bringt Kredit und zahlt die Zinsen. Die neuen Afrikaner in ihrer weißen Maske treiben es so weit, daß die Kleinen den großen Bruder am liebsten umbringen würden. Das nehmen die Großen dem Brüderchen gewaltig übel. Man kann ihn aber nicht ganz aufgeben, er gehört zur Familie, auch wenn er nicht mehr lieb ist und man keine Freude mehr an dem frechen Kleinen haben kann. Dann macht es schließlich auch Spaß, ihn zu hauen, bis er wieder still ist.

Mit Polda habe ich eine Erfahrung gemacht, die ich viel später brauchen konnte. Er hat mir gezeigt, was Afrikaner von unserer Tüchtigkeit lernen. Ich habe bald erkannt, daß die großen Brüder im neuen Afrika eine Maske tragen, die ihnen die Weißen übergestülpt haben. Sympathischer sind sie mir dadurch nicht geworden.

Weil der Polda mir aber auch beigebracht hat, was in einem mißhandelten kleinen Afrikaner vorgeht, kann ich ganz klar sehen: Für die Weißen ist Grausamkeit normal, hält auch lange an, meist ein ganzes Leben. Um die weißen Masken totzuschießen, müßte man ebenso kalt und planmäßig vorgehen können, wie sie es tun.

Damokles I

(Erste Reise, 1954–55, und dritte, 1959–60)

Überall in Westafrika trifft man auf den ‚großen Bruder', den ältesten Sohn der ersten Frau des Dorfchefs, großer Bruder aller jüngeren, der typischen ‚petits frères'. Der erste petit frère, den wir trafen, hieß Ali. Nach ihm habe ich die jüngeren Brüder, die wir später getroffen haben, Ali genannt. Den großen Bruder nannte ich Damokles, weil er gefährdet ist. Um für die schwächeren zu sorgen, braucht er Macht, die vom Dorf nicht mehr zu haben ist. Je besser er seinem Auftrag folgt, desto mehr muß er sich den Verhältnissen anpassen, von denen die afrikanische Gesellschaft zerstört wird.

Natitingou im nördlichen Dahomey (heute Benin) war damals eine kleine Stadt hinten in der Provinz, für uns und die anderen Weißen voll exotischen Charms, für die Somba von jener Anziehungskraft, die in späteren Jahren solche Städte mit einem breiten Gürtel elender Hütten umgab: Slums, Stätten der Hoffnung und der Verzweiflung. Die Bewohner der Umgebung, ein bäuerlich-kräftiger Menschenschlag, gingen nackt. Frauen haben eine Lederschnur um die Lenden, in die sie hinten ein Büschel grüner Zweige stecken. Sie rauchen Tabakspfeiflein aus Maiskolben und schmücken sich zu festlichen Anlässen mit bunten Glasperlen und Kaurimuscheln. Männer tragen über den Penis gestülpt einen getrockneten Zierkürbis, eine lange, schmale Hülse, die mit einer dünnen Lederschnur aufrecht gehalten wird, so daß das Futteral das Haupt überragt. Ihr Gesicht ist mit feinen Ziernarben versehen. Trotz der Waffen, die sie tragen, wirken sie freundlich. Auf dem Markt unter schattenspendenden Flammenakazien halten die Somba Produkte des Landes feil: Früchte, Getreide, Hühner, Zaubermittel und Heilkräuter. Dazwischen die Käufer, europäisch gekleidete Städter, islamitische Djoula und Mossi in blauen Hemden und schwitzende weiße Frauen mit Einkaufstaschen.

   Müde und erhitzt landeten wir auf der schattigen Terrasse des Hôtel de France und bestellten das Mittagessen. Neben uns tafelte eine lustige Gesellschaft, mehr als ein Dutzend Franzosen, denen man gerade den ersten Gang auftrug, ein Tellerchen mit frischen Salaten, geziert mit einer halben Ölsardine, crudités, mit denen jedes Mittagessen beginnt, soweit französische Kultur reicht. Sie redeten laut, und die Mädchen stießen hohe Lachtöne aus. Noch bevor uns die crudités serviert wurden, wußten wir, was von der Versammlung zu halten war. Zwei der Herren, in bequemen Tropenhemden mit Schlitzen unter den Achseln, waren Beamte der Kolonialverwaltung, der laute schwarzlokkige ein Korse, der stillere blonde aus dem Elsaß. Der wichtigste Herr, ein Mittvierziger mit einer graumelierten Haarmähne, in einem eleganten Hemd, das so weit offen stand, daß man seine behaarte Männerbrust sah, war ein hochgestellter Inspektor oder Projektplaner, der Gastgeber der Gesellschaft, die bemüht war, seinen Pariser Akzent zu imitieren; sie sprachen mit geschlossenen Lippen und ließen das Ende jedes Satzes undeutlich murmelnd fallen.

In jenen Jahren waren überall Missionen des Kolonialministeriums unterwegs, die ausgesandt wurden, um die Afrikaner nun anders als in den Jahrzehnten paternalistischer Herrschaft durch aktive Beteiligung an Entwicklungsinitiativen, Projekten, Unternehmungen in die Interessen der Metropole einzubinden. Im September, wenn die unangenehmen Regenmonate vorüber waren und sich die nächtlichen Überfälle der Moskitos auf ein erträgliches Maß reduzierten, trafen Telegramme ein, die in den Kreiskommandanturen und Bezirksverwaltungen erhebliche Unruhe auslösten. Die vergammelten Dienstautos wurden instand gesetzt und unten am Fluß gewaschen, die Latrinen der Verwaltungsgebäude gereinigt, mit den lokalen Hoteliers wurden Verträge für die Unterbringung der hohen Gäste abgeschlossen, wobei sich der Herr Kreiskommandant um jede Einzelheit persönlich kümmerte, den Vorrat von Champagner Cordon Rouge im Eisschrank ebenso genau inspizierte wie die Arbeit der Mädchen, die mit einer von der Verwaltung geliehenen Nähmaschine die Löcher in den gelblich verwaschenen Moskitonetzen flickten. Beinahe ebenso wichtig war es, die afrikanischen Gesprächspartner vorzubereiten. Neben den traditionellen Chefs und Notabeln, die von jeher zum Palaver berufen worden waren und deren gemessene Würde stets den besten Eindruck machte, mußte man sich jetzt um die neuen Eliten kümmern. Jüngere Männer, zumeist die ältesten Söhne wichtiger Familien, die es bis zum Volksschullehrer, Schreiber oder technischen Angestellten gebracht hatten und die insgeheim rebellisch, offen zumindest fortschrittlich eingestellt waren, wurden zu Vorbesprechungen eingeladen, mit kleinen Gehaltsaufbesserungen, Versprechungen und, wenn es sein mußte, mit dem Geschenk einer Peugeot-Mobilette dafür gewonnen, zur Konferenz zu erscheinen und das Entwicklungsprojekt zu unterstützen. Wir alle ziehen am gleichen Strick, wir sitzen im selben Boot, unaufhaltsam schreitet der Fortschritt voran, man muß Schritt halten, vorauseilen, allons enfants de la patrie ...

Am Nebentisch servierte man Kaffee und Cognac, die Stimmung war entspannt, beinahe ausgelassen, als ein nackter schwarzer Apoll geradewegs auf die lustige Gesellschaft zuging. Er blieb knapp vor dem Graumähnigen stehen und legte zwei Büroordner mit Schriften auf den Tisch zwischen die Tassen. Der Afrikaner mit seinem Penisfutteral sah neben den eleganten Tropenkleidern nicht komisch aus, weil er freundlich lächelte und seine Olympiakämpfergestalt entspannt blieb, als er nicht ohne Vorwurf sagte, es sei bedauerlich, daß man die Unterlagen für die bevorstehende Sitzung nicht wie vereinbart früher abgeholt und verteilt habe.

Nachdem der Bote zurück zu den wartenden Dienstwagen gegangen war, erschien sein großer Bruder. Der großgewachsene junge Mann trug ein langes weißes Baumwollhemd, die islamische Tracht, mit der die jungen Eliten ihre antikoloniale Gesinnung kundtaten. Sein Gesicht mit den Ziernarben war dem des Chauffeurs ähnlich. Doch lächelte er nicht, sein Antlitz blieb unbewegt, der Auftritt wirkte herablassend, wie es einem grand frère ansteht. Der Afrikaner wurde der Tischgesellschaft vorgestellt und nahm dem Vorsitzenden gegenüber Platz. Auch er sprach mit geschlossenen Lippen, doch war sein Französisch deutlich, wie man es in der Jesuitenschule lernt. Bald zog er ein Dokument aus dem Aktenbündel, offenbar die Geschäftsordnung für die Konferenz. Wir hörten ihn sagen: „Der Herr Gouverneur hat unterschrieben, es kann nichts geändert werden." Dann stand er auf und ging ohne Gruß hinunter zu seinem Wagen.

Der Graumähnige machte dem Kellner ein Zeichen und bekam die Rechnung zur Unterschrift, der Elsässer blätterte ein wenig in den Akten, klappte die Ordner aber bald wieder zu und schichtete sie sorgfältig aufeinander. Es war still geworden; nur zwei Sekretärinnen tuschelten miteinander, während sie sich die Nasen puderten und das Lippenrot nachzogen.

An diesem Nachmittag hatten wir mit einem ehemaligen Schüler der Mission vereinbart, uns zu einem alten Mann zu führen, der es noch verstand, das berühmte Pfeilgift der Somba herzustellen. Die Gehöfte stehen auf Hügeln, einzeln und, wie man sagt, mindestens einen Pfeilschuß weit voneinander, und sehen aus wie kleine Modelle mittelalterlicher Burgen. Das kommt von den gewölbten, mit Strebepfeilern und Türmen verstärkten Umfassungsmauern und den schießschartenähnlichen Fenstern. Auf der Dachterrasse sind in der Trockenzeit Frauen zu sehen, die Hirse sieben. Diese Gestalten sind viel zu groß für das Ritterschloß, über dessen Wehrgang sie sich neigen, so daß es an Miniaturen in den Pergamenten der Minnesänger erinnert, in denen die Ritterdamen auf dem Burgfirst ebenso groß gezeichnet sind wie die ganze Burg.

Die gelb blühenden Stauden neben dem niedrigen Eingangstor waren frisch begossen. Der Giftbereiter erwies sich als hilfreich und gesprächig. Er hatte verschiedene Schalen und Tontöpfe vorbereitet, um uns alle Arbeitsgänge der Auslaugung und Eindickung des Strophantusgiftes zu demonstrieren. Die gelbblühenden Pflanzen vor dem Tor enthalten die bekannte Droge, die auf den Herzmuskel einwirkt und, in entsprechender Eindickung auf die Pfeilspitze gestrichen, das verwundete Lebewesen, Jagdtier oder Mensch, in Sekundenschnelle durch Herzkrampf tötet. Um zu zeigen, daß das Gift nur wirksam ist, wenn es in die Blutbahn gelangt, biß der Alte in eine grüne, stachlige Strophantusfrucht und bot uns an, den Versuch zu machen. Wir wagten es nicht. Trotzdem war unser freundlicher Lehrer mit dem Besuch zufrieden und geradezu erstaunt, als wir ihm zum Abschied einen Geldschein überreichten. Auf dem Rückweg erklärte der Jesuitenschüler, es sei wohl das erste Mal, daß Weiße die pharmakologische Wissenschaft seines Volkes ernsthaft studierten. In früheren Zeiten hätten die Franzosen die gelehrten Pharmazeuten auspeitschen lassen. Noch heute seien Giftpfeile verboten, und gelegentlich würden bekannte Giftproduzenten ins Gefängnis gesteckt. Auch unser Lehrmeister sei erst seit kurzem wieder zu Hause und müsse jetzt die durch seine Abwesenheit unterbrochene Lieferung des Produkts nachholen.

Wir konnten es nicht bedauern, daß der Jesuitenschüler nicht zum

126

Abendessen mitkam. Die Konferenzleute waren bereits da, erfüllten die Hotelterrasse mit einem unangenehmen Getue, dem man sich nicht ganz entziehen konnte. Die Herren waren angetrunken, die Hemden verknittert, die Khakihosen durchgeschwitzt; einige hatten die Schuhe ausgezogen und die staubigen Füße auf den Tisch gelegt. Sogar die Sekretärinnen, deren Aufgabe es war, nett auszusehen, hatten Lippenrouge und Flecken von schwarzer Wimpernschminke an den Wangen. Vom zerknautschten Anblick der feinen Gesellschaft wäre abzusehen gewesen, wenn sie sich nicht so arrogant aufgespielt hätte. Der Graumähnige, das Hemd mit Rotwein bespritzt, sprach noch undeutlicher als zu Mittag und schloß dabei die Augen in einer hochmütig angewiderten Art. Der Korse war sehr laut, kam an unseren Tisch, klopfte mir auf den Rücken und schrie mir etwas ins Ohr, das ich zwar nicht verstand, das aber Gekicher der Mädchen zur Folge hatte. Auch der blonde Elsässer übertrieb seine Rolle. Der Grund für das Gehabe war leicht auszumachen. Am oberen Ende des Tisches saßen drei jüngere schwarze Herren in weißen langen Moslemhemden, das obligate Fläschchen Fantaorangeade vor sich. Einer von ihnen war Damokles, den ich sogleich am verhaltenen Ausdruck im narbenverzierten Antlitz erkannte. Sie tauschten von Zeit zu Zeit Bemerkungen in ihrer Sprache aus.

Die Franzosen ließen nichts unversucht, um über das Schweigen ihrer Gäste hinwegzutäuschen. Ich konnte kein Wort von den Gesprächen verstehen. Die Afrikaner sahen schön aus, lebendige Statuen, und die Europäer häßlich, Puppen, bewegt nur von der Automatik ihres Dünkels.

Während der ersten Reise hatten uns Gattinnen von französischen Beamten immer wieder versichert, Dakar habe das allerschlechteste Klima in ganz Afrika. Wer verurteilt sei, dort zu leben, werde nervös und schlaflos. Besonders unerträglich für Frauen, furchtbar. Als wir nach Dakar gekommen waren, um uns und unseren Jeep für die Rückfahrt einzuschiffen, fanden wir das Klima mild und kühl. Ursache für die Nervosität war nicht das Klima. Die Grazie der großstädtisch raffinierten Ouloffrauen, die in exotisch bunten Gewändern durch die Straßen wandelten, zog die Blicke der Männer auf sich. Für noch so elegant gekleidete weiße Damen blieb nichts. Alte, junge, weiße, schwarze Jünglinge, Männer und Greise waren unaufhörlich im Zustand visueller Exaltation. Da halfen weder Dauerwellen noch Toiletten aus Paris.

Französische Männer können sich nicht auf das Klima und auf die Nerven herausreden. Sie fühlen sich gezwungen, mit Afrikanern zu rivalisieren, und haben den Nachteil, unserer häßlicheren Rasse anzugehören. Das Ausspielen einer Gallizität, die sich mit intellektueller Überlegenheit verwechselt, schien das einzige Mittel, den Rivalenstreit für sich zu entscheiden.

Früh am nächsten Morgen – die ersten Sonnenstrahlen beleckten die Blattlaube – fanden wir die Terrasse aufgeräumt, die Tische zum Frühstück gedeckt. Glücklicherweise schliefen die Offiziellen noch. Der Nebentisch war von einer libanesischen Familie besetzt, einem Kaufmann mit Gattin, vier Kindern und einem schwarzen Kindermädchen in blau-weiß gestreifter Schwesterntracht. Die älteste Tochter und die bereits matronenhafte Mutter hatten jene großen dunklen Augen der nicht endenden Tragik libanesischer Schicksale. Über die Konstruktion der Kaffeefilterkännchen ergab sich ein Gespräch mit unseren Nachbarn, wobei nur Monsieur sprach, während Madame mit Miene und Körperhaltung lebhaftes Interesse und ihre Sympathie für die Reisenden zum Ausdruck brachte.

Monsieur, dessen bewegliche Würde durch die einsetzende Leibesfülle unterstrichen wurde, hatte die Gewohnheit, sich mit beiden Handflächen über die bläulich rasierten Wangen zu streichen, bevor er das Wort ergriff. Zuerst fand er es nötig, uns aufzuklären, warum er mit der Familie im Hotel Logis genommen hatte. Libanesische Kaufleute gab es in Westafrika überall, auch in noch viel entlegeneren Städten und Dörfern. Es mußten besondere Umstände vorliegen, wenn eine prosperierende Familie nicht im Hause von Landsleuten Aufnahme gefunden hatte. So erfuhren wir, daß sich die Familie eigentlich nicht auf der Reise befand, vielmehr im Aufbruch. Sie hätten ihr bedeutendes Ladengeschäft in Natitingou einem jungen Vetter überlassen, der mit fünf Kindern und zwei noch unverheirateten Schwestern in den Bungalow am Rande der Stadt eingezogen sei. Dort war es zu eng geworden, so daß sie es vorzogen, die letzten Tage im Hotel de France zu logieren. Hinten im Hof standen ein mit Blachen verdeckter Mercedeslaster, ein Landrover für das Personal und der schwarzsilbrige Citroen DS, den Monsieur selber fuhr. Um ja kein Mißverständnis aufkommen zu lassen, wurden wir über die weiteren Pläne der Familie aufgeklärt. Ein Onkel, den es nach vielen Jahren heim in das steinerne Haus unter Pinien und Rosen zog, habe ihnen sein Importgeschäft in der Hauptstadt übergeben, dem eine kleine, aber solide Kreditbank angegliedert sei, ein wünschenswerter Wechsel, der Madame von den lästigen Aufsichtsaufgaben, wie sie ein Ladengeschäft mit schwarzem Personal mit sich bringe, entlaste, so daß sie sich ganz der Erziehung der Kinder widmen könne. Bei diesen Worten zog Madame den zehnjährigen Sohn an sich, zupfte das buntbedruckte Hemdchen zurecht, während er ihr, für uns gut hörbar, ins Ohr flüsterte: „Ich werde das Gymnasium besuchen."

Es ist nicht angebracht, vom afrikanischen Buschtelephon zu sprechen. Dem libanesischen Kaufmann waren Informationen zugetragen worden, auf Wegen, die er im Interesse seines Geschäfts eingerichtet hatte. Jetzt vor der Abreise konnte er sie nicht mehr verwerten. In der Hauptstadt würde kaum jemand bereit sein, Neuigkeiten aus Natitingou anzuhören.

Die gestrige Sitzung hatte mit einem Sieg der teuflischen Pläne des grand frère geendet, begann Monsieur seinen Bericht. „Diaboliques", sagte er und schüttelte sich vor Lachen. Die Regierungsmission war mit einem besonderen Angebot erschienen. Sie verfügte über die Vollmacht, einen großen Kredit unter unerhört günstigen Bedingungen zu vermitteln. Das Geld sei für den Ankauf von handgetriebenen Mühlen bestimmt, soliden, für die Bedürfnisse der Region eigens konstruierten Maschinen. Die Summe genüge, um fünfzig Mühlen anzuschaffen, die, in den umliegenden Dörfern aufgestellt, den Frauen das zeitraubende Sieben (das sie auf den Burgzinnen vorzunehmen pflegten) und das tägliche Stampfen des Getreides ersparen würden. Während der Vorsitzende die Kreditkonditionen aus dem Gedächtnis vortrug, wobei er die eindrucksvollen Zahlen murmelnd fallen ließ, was den Eindruck vermittelte, daß er das Geld höchstpersönlich zur Verfügung hielt, wurden die technischen Daten von untergeordneten Beamten vorgelesen. Man reiche eine Beschreibung mit einer kolorierten Zeichnung der Handmühle herum, die aussah wie eine Pionierleistung aus den Jahren der industriellen Revolution. Der Vortrag wurde nur ein einziges Mal von einem jungen Lehrer unterbrochen, der die geschätzte Kommission darauf aufmerksam machen wollte, daß es in der Region keine Dörfer im eigentlichen Sinn gebe, in die man die Mühlen plazieren könnte, weil die Gehöfte den barbarischen Bräuchen der Somba gemäß jeweils einen Pfeilschuß weit voneinander stünden. Der Graumähnige, der sich mit Einzelheiten nicht abgeben mochte, erfaßte die Gefahr und erklärte, etwas deutlicher artikulierend als bisher, daß zu jeder Maschine ein Handwagen mit gummibereiften Rädern mitgeliefert würde, mit dem die Frauen die tägliche Hirse zum Standort der Mühle und das Mehl zurücktransportieren könnten. Dabei sah er zu den Honoratioren hin, die so besorgt aussahen, daß man befürchten mußte, sie würden auf die Rückzahlungsbedingungen des Darlehens zu sprechen kommen. Die Notabeln der Somba waren für ihren Geiz bekannt und wurden deshalb in der Verwaltung gerne mit den Bauern der savoyischen Alpen verglichen. Die Sekretärinnen verteilten Kopien des Vertragsentwurfs. Die jungen Afrikaner begannen, aufmerksam darin zu lesen, die Würdenträger legten das Papier vor sich auf den Tisch, der Missionschef steckte sich eine neue Gauloise in den Mundwinkel und schaukelte auf den hinteren Stuhlbeinen. Schließlich gab es doch noch einen Einwand. Einer der Notabeln, den seine Zahnlosigkeit behinderte, begann zu erzählen, welche Wichtigkeit es den Traditionen gemäß habe, daß die Frau ihre Arbeit im Hause ihres Gebieters verrichte und daß ein Zusammentreffen der Frauen zum Zweck der täglichen gemeinsamen Arbeit an der Hirsemühle zu unerwünschten und darum sittenwidrigen Gesprächen und gar Freundschaften benachbarter und gerade darum auf strikte Trennung angewiesener Gehöfte führen würde. (Monsieur merkte für uns Fremde an, daß die Sombafrauen täglich zusammen Wasser holen gingen und dabei ausführlich zu plaudern pflegten.)

Jetzt beging der Korse, der sein Temperament während des langweiligen Palavers ohnehin nur schwer zurückhalten konnte, den entscheidenden Fehler. Mit lauter Stimme, immer wieder unterbrochen von Ausrufen wie „Du verstehst, Alter" und „Paß auf, mein Lieber" rechnete er nach, wieviele weibliche Arbeitsstunden der Bezirk durch die Aufstellung der Mühlen ersparen, wie erheblich die Hirse- und Erdnußproduktion dadurch zunehmen und wieviel mehr Geld ins Land fließen würde, wenn die segensreichen Maschinen endlich in Betrieb wären. Da er einzelne Wendungen in Sombasprache einfließen ließ, erwachten die übrigen Notabeln aus ihrer Lethargie. Einer nach dem andern hielt eine Ansprache, den Blick über die Köpfe der Herren hinweg, gleichsam an das Bildnis des Generals gewendet, das an der gegenüberliegenden Wand in einem vergoldeten Rahmen hing. Sie sprachen von überlieferten Einrichtungen, die ein ungestörtes eheliches Leben garantieren, das wiederum für eine gesunde, in ihrem männlichen Anteil zu kriegerischem Tun befähigte Nachkommenschaft unerläßlich sei. La France habe bisher in zwei Kriegen viel Vorteil aus der soldatischen Tüchtigkeit ihrer Söhne ziehen können. Da jeder der alten Herren wieder andere Argumente vorbrachte, die mit dem Entwicklungsplan nur lose zusammenhingen, hätte man meinen können, es handle sich um eines der üblichen Redespiele, die in Segenswünsche für die großmütigen Spender einzumünden pflegen. Doch flochten sich ungewohnte Ausdrücke in die Reden, wie „soziale Struktur", „Produktion" und „erwirtschafteter Mehrwert". Es konnte kein Zweifel sein, daß die Notabeln von den jungen Eliten indoktriniert und zum Widerstand aufgehetzt worden waren.

Da noch kein ernst zu nehmender Einwand formuliert worden war, entschloß sich die Delegation zu einer Vorwärtsstrategie. Kaum hatte der letzte der Würdenträger, der von einem Altershüsteln geplagt war, geendet, verteilten die Sekretärinnen Kopien des endgültigen Vertrages mit der Lieferungsklausel für die Mühlen. Sie legten vor jeden Afrikaner ein Exemplar auf den Tisch und daneben einen Kugelschreiber, der in Golddruck den Namen der Lieferfirma trug. Während die jungen Afrikaner das Schreibinstrument sogleich an sich nahmen, schienen die Notabeln nicht zu verstehen. Offenbar glaubten sie, die Konferenz sei zu Ende. Sie rafften ihre Gewänder, erhoben sich steif vom langen Sitzen und bückten sich nach den Buschmessern, die sie an die Wand gelehnt hatten. Diesmal kam der Graumähnige zu spät. Er richtete sich zwar noch auf und sagte, diesmal laut und deutlich: „Meine Herrn, die Konferenz ist nicht zu Ende. Es muß unterschrieben werden." Aber die alten Herren schienen nichts mehr zu verstehen, der Zahnlose hielt sogar die Hand hinters Ohr, um besser zu hören. Der Aufbruch ließ sich nicht aufhalten. Nur zwei oder drei nahmen wieder Platz, die andern verließen den Raum, nachdem sie sich mehrmals tief verbeugt hatten. Es wurde still. Die drei jungen

Afrikaner am Ende des Konferenztisches waren ebenfalls aufgestanden, blieben jedoch hinter ihren Stühlen stehen. Der Elsässer ergriff nochmals das Wort und erklärte, daß die Kommandantur beauftragt sei, die Abwicklung des Geschäfts, den Kauf der Maschinen und später die Rückzahlung des Darlehens amtsmäßig und kostenlos zu kontrollieren. Es war wieder still. Die Mission war gescheitert.

Da ließ sich der Lange, klar artikuliert, wie es ihn die Patres gelehrt hatten, vernehmen. „Kontrolle ist nicht nötig, wir" – er wies auf seine Begleiter – „wir haben ein Konsortium gegründet, es ist notariell eingetragen" – er zog ein Dokument aus dem Aktenbündel und reichte es dem zunächst sitzenden Franzosen –, „und haben mit der Firma einen bedeutend günstigeren Preis für die Mühlen ausgehandelt, als es anscheinend der Regierung möglich war. Demzufolge werden wir das Darlehen mit dem Ausdruck der Dankbarkeit im Namen der Notabeln, die diese Vollmacht unterzeichnet haben" – er zog ein zweites Dokument hervor –, „wir werden es entgegennehmen und selber verwalten. Der Vertrag ist ausgeschrieben und von uns unterzeichnet. Es fehlt nur die Unterschrift der Regierung." Einer der stillen Begleiter ging von einem Platz zum anderen, legte Kopien des Vertrages vor jeden der Konferenzteilnehmer hin und kehrte dann an die Seite des Sprechers zurück. Dieser verbeugte sich zum entgegengesetzten Ende des Tisches hin, wo der Graumähnige saß, der das Dokument wegen einer gewissen Weitsichtigkeit von sich abhielt. „Der Text folgt genau dem Ihren, schade, daß Sie die vorbereiteten Dokumente nicht früher studieren konnten, wie ich mir erlaubt habe, vor der Sitzung anzumerken" – er verbeugte sich ein zweites Mal –, „Sie hätten in Ruhe vergleichen können. Auf Wunsch der Notabeln hat das Konsortium eine kleine Klausel hinzugefügt, daß das geliehene Geld zur bestmöglichen Entwicklung der landwirtschaftlichen Produktionskräfte der Region verwendet werde, wobei der Rat der Regierung, handgetriebene Getreidemühlen anzuschaffen, Beachtung finden wird, was bei dem nun doch billigeren Preis der Maschinen Einsparungen in diesem Sektor und die Verwendung der kreditierten Gelder zu anderen nützlichen Zwecken nicht ausschließt."

Der Grauhaarige habe sich von einem seiner Beamten eine Füllfeder reichen lassen und – dafür wollte sich Monsieur verbürgen – unterschrieben, ohne den Vertrag auch nur gelesen zu haben. Allerdings –

Monsieur schüttelte sich vor Lachen, da er die Erzählung gut zu Ende gebracht hatte – allerdings sah er auch seine Vertragspartner nicht an. Er sei aufgestanden und habe das Sitzungszimmer mit elastischen Schritten verlassen. Die Einladung auf die Hotelterrasse wurde später von einem Beamten ausgerichtet. Die Afrikaner, die bekanntlich nicht gerne mit Franzosen speisen, versprachen, nach dem Diner zu erscheinen.

Monsieur forschte in unseren Mienen. Da er trotz seiner Hochachtung für die fremden Toubibs nicht sicher war, ob sie auch alles richtig verstanden hätten, gab er noch einiges preis. Dem Delegierten der Regierung war es klar: der Plan ist mißglückt. Doch mußte er es vorziehen, mit einem Vertragsabschluß zurückzukehren, und konnte beinahe sicher sein, daß sich im Ministerium niemand die Mühe nehmen würde, den Erfolg seiner Bemühungen genauer zu prüfen. Das Geld, ein schönes Sümmchen – Monsieur drückte genußvoll die Augen zu, als er die Zahl nannte –, das wird in die Taschen des Konsortiums fließen, wobei die Firma doch wohl einige Mühlen liefern könnte, wenn sie dem jungen Mann eine genügend hohe Vermittlergebühr zahlte. Die Notabeln seien in keiner Weise verpflichtet, da sie kein Geld erhalten hatten. Sobald das Darlehen ausgezahlt sei, werde sich das Konsortium auflösen, und die Schatzverwaltung der Kolonie könne den Kredit als Verlust abschreiben. „Die neuen Herren haben schnell gelernt, wie man es macht." Monsieur war wieder ernst. Wir wurden in das neue Heim in der Hauptstadt eingeladen, die Zwölfjährige machte artige Knickse und ließ sich von G. auf beide Wangen küssen.

Wir mochten die Skepsis über die Absichten des großen Bruders nicht teilen. Die Intrige ließ sich auch anders deuten. Immerhin hatten die jungen Somba der staatlichen Kommission erfolgreich Widerstand geleistet. Der Zynismus des Libanesen schien von einem gut überspielten Ressentiment gegen Frankreich herzukommen, das auch seine Heimat als Spielfeld kolonialer Strategien betrachtete. Der moralisch übertünchte Rassendünkel gegenüber den Schwarzen erlaubte es ihm, sich einmal schadenfroh über das zivilisierte Pack der Franzosen lustig zu machen. Einmal wenigstens hatte man die feinen Herren hereingelegt. Noch unterwegs ins Bergland amüsierte uns die Vorstellung von der belämmerten Kommission. Doch glaubten wir dem Libanesen immer weniger. Der schöne grand frère mit dem verhaltenen Zorn im Gesicht war sicherlich imstande, das Geld der Regierung verschwinden zu lassen. Aber würde er seine eigenen Leute bestehlen?

Die Bewohner der Berge haben ihre Rundhütten, geschützt von Buschwald und grauen Granitfelsen, zu behäbigen Dörfern zusammengeschlossen. Nichts mehr von Schußdistanz, kein Pfeilgift. Wir spannten die Moskitonetze unter einem breitausladenden Mangobaum aus und hofften, abgeschirmt von den Strahlen der Morgensonne auszuschlafen. Tatsächlich erwachten wir erst spät von einem scharfen Brummen. Es war kein Helikopter und kein Flugzeug. Unmittelbar über dem schützenden Moskitonetz hatte ein gewaltiger Schwarm wilder Bienen den Hochzeitsflug unterbrochen und hing wie ein schwarzbrauner Sack an den untersten Zweigen des Mangobaumes. In weitem Kreis um unser Lager standen die Frauen und Kinder des Dorfes, äugten zu uns herüber und warteten in ausgelassener Stimmung auf das Schauspiel, das sich bieten würde, sobald wir erwachten. Wir beschlossen, ruhig liegen zu bleiben, bis sich eine Möglichkeit zur Flucht ergab. Die Zuschauer ließen sich nieder. Auf einmal wurde das Summen der Bienen ohrenbetäubend laut, wir sahen, wie sich Schwaden vom Bienenvolk lösten und davonflogen. In wenigen Minuten war der Spuk vorbei. Ein beißender Rauch wehte zu uns herüber. Die Dorfbewohner hatten ein Feuer angezündet, den Rauch mit grünen Kräutern gewürzt und uns befreit. Wir krochen hervor, ich ging zu den Frauen hinüber, bedankte mich und bat eine Frau um Wasser aus ihrem großen Tonkrug. Das Schauspiel unserer Morgentoilette ersetzte ein wenig das Bienendrama, das nicht stattfand. Vom Morgenspaß angeregt, ergab sich das beste Verhältnis zu den Dörflern, so daß wir am liebsten dageblieben wären.

Erst nach Jahren kamen wir wieder zu unseren Bienenfreunden. Mit der Unabhängigkeit hatten die neuen Behörden festgestellt, daß das Land unzivilisiert sei und daß dieser Zustand schnellstens beseitigt werden müsse. Als erstes sollten die barbarischen Rundhütten verschwinden und zivilisierte viereckige Häuser gebaut werden. Viele Dörfer wurden mit dem Bulldozer dem Erdboden gleichgemacht; die Bewohner wurden obdachlos. In unserem Dorf, das die Bienen so wirksam vertrieben hatte, war man dem Tatendrang der Regierung zuvorgekommen. Zu jedem Hof mit seinen schönen und bequemen Rundhütten war ein zivilisiertes viereckiges Häuschen dazugebaut worden, Beweis für den Fortschritt. Zwar waren die neuen Bauten unpraktisch und nur als Speicher zu verwenden. Doch waren einige mit Wellblech statt nur mit Stroh gedeckt, und unter die kleinen Fenster des schönsten der Kulturgebäude hatte ein Schüler mit roter Kreide Geranien auf die Lehmmauer gemalt.

Damokles II

(Zweite Reise, 1956–57, und weitere bis zur achten, 1977)

Unsere Art zu reisen führt an Menschen und Tieren vorbei; wir stören nicht einmal. Wie auf der Kinoleinwand bewegen wir uns durch die Landschaft. Es ist nicht leicht, aus dem flachen Leben von Kinoschatten herauszukommen. In der Fremde braucht man ein Ritual, wie Tiere, die sich in ein fremdes Territorium vorwagen. Mitunter wird die ungewollte Isolierung vom Ritual ärztlichen Handelns aufgehoben. Der Arzt wird mit dem arabischen Wort, das die französische Armee mitgebracht hat, in Westafrika Toubib genannt.

Einmal im Kreis von Leo, Obervolta, ganz nahe der Grenze zur englischen Kolonie Gold Coast, nahm uns der junge Kommandant auf eine Dienstfahrt mit. In einem entlegenen Dorf waren Maskentänze im Gang und viel Seltsames zu sehen. Der Dorfälteste war bedrückt. Seine erste Frau hatte ihr achtes Kind geboren und lag seit zwei Wochen im Starrkrampf. Der Krankenpfleger der Verwaltung hatte sich vergeblich um sie bemüht; man erwartete ihren Tod. Die Sterbende hatte die Kiefer in der Starre geschlossen, konnte nicht trinken und war völlig ausgetrocknet. Eine Lungenentzündung und die schmerzhaften Krämpfe gaben ihr den Rest. Tetanusserum konnte nicht mehr wirken; dafür war es zu spät.

Der Pfleger war ein nicht mehr junger Mann mit geschorenem Kopf und einem Köfferchen unter dem Arm. Während er mir bei der Untersuchung half, wischte er sich immer wieder den Schweiß vom kahlen Schädel, ein Zeichen von Besorgnis und Anteilnahme. Wir sprachen lange mit dem Ehemann der Kranken, der sich alles, was ich sagte, zweimal erklären ließ. Endlich erwiderte er, wir hätten wahr gesprochen, die Frau werde sterben, der Toubib könne mit ihr machen, was er für richtig halte.

Zuerst zeigte ich, wie man der Kranken einen Strohhalm in die Zahnlücken schiebt, damit sie trotz der krampfgeschlossenen Kiefer trinken kann. Man brachte Milch und kühles Hirsebier. Sie saugte gierig. Schon nach einer Stunde wurde der Puls besser und Schweißtropfen traten auf ihre Stirn, ein Zeichen, daß die Flüssigkeit aufgenommen wurde. Am nächsten Morgen begann das Penizillin, das ihr der Pfleger aus unserem Vorrat injiziert hatte, zu wirken. Die Lungenentzündung löste sich, auch das Starrkrampfgift hatte seine Kraft verloren, die Kranke konnte wieder husten und versuchte bereits, sich die Fliegen mit den Händen vom Gesicht zu wischen. Am dritten Tag, an dem wir aufbrechen mußten, hockte sie schon an der Feuerstelle und kochte wie gewohnt den Hirsebrei.

Zum Abschied gab es eine Versammlung. Der Dorfälteste, die Verwandten und Würdenträger, die zum Trauerfall herbeigeeilt waren, hockten im Kreis. Der Gatte und glückliche Vater – das Neugeborene war ihm von einer jungen Frau, die es neben ihrem eigenen Kind stillte, auf die Knie gelegt worden – hielt eine Ansprache an den Toubib, die der Krankenpfleger übersetzte. Ich sollte der Familie eine größere Geldsumme schenken, zweitens bei der Kolonialverwaltung Besitzrechte der Familie an einem umstrittenen Landstück durchsetzen, eines der Kinder mitnehmen und erziehen lassen, und so fort, etwa zehn Forderungen, in einem Ton vorgetragen, der die bestimmte Erwartung ausdrückte, daß ich mich diesen Pflichten nicht entziehen würde. Ich hatte mich nicht nur als Toubib bewährt, ich war ein geradezu übermenschlicher Beschützer der Familie geworden. Der Verehrung und Bewunderung, die mir zukam, entsprach die Erwartung weiterer Wohltaten. Welche Enttäuschung und Wut würde ich erregen, wenn ich mich weigerte.

Ich bat den Krankenpfleger zu übersetzen. Er schaute erwartungsvoll und ein wenig schadenfroh zu mir herüber. Zuerst schilderte ich den glücklichen Verlauf des Krankheitsfalles. Den heilenden Eingriff, alle hätten es gesehen (in der Tat war die Kranke ständig von helfenden und klagenden Frauen umgeben), den habe unser Freund erbracht, der afrikanische Toubib, den alle kennen, der jeden Monat einmal mit seinem Fahrrad ins Dorf kommt, um Hilfe zu bringen. Er ist es, der die Injektion gegeben hat. Das Medikament haben wir mitgebracht, aber er hat die Ampulle geöffnet, die heilende weiße Flüssigkeit mit der Spritze aufgesogen und durch die hohle Nadel in den Körper der Kranken gespritzt, wo dann das Medikament die Krankheit besiegte.

Etwas besorgt, wie der Krankenpfleger es aufnehmen würde, schaute ich hinüber. Sein Gesicht legte sich in ernste und zufriedene

Falten. An ihn richtete der Älteste eine zweite Rede, die mir nicht mehr übersetzt wurde. Es war Zeit aufzubrechen. Alle gaben mir die Hand, die Frauen beugten sich dabei tief in die Knie.

Auf dem Weg zu den Wagen fragte ich den Pfleger, was man von ihm verlangt habe. Von ihm erwartete man natürlich weniger als vom weißen Toubib. Die Leute im Dorf waren damit einverstanden, daß ich die Helferwürde an den Mann delegierte, den sie kannten und der gewiß wieder ins Dorf zurückkommen würde. Er war geschmeichelt, daß ich ihm die wundersame Heilung überlassen hatte. Ich war neugierig, welche Forderungen er an mich richten würde, nachdem ich sein Gönner geworden war. (Europäer begreifen in der Regel nicht, welche Abhängigkeiten sie gestiftet haben, und sind empört über die Undankbarkeit der Afrikaner.) Er war den Umgang mit Weißen gewohnt und brachte seine bescheidenen Wünsche vor, noch bevor wir die Wagen erreicht hatten. Ich sollte ihn lediglich beim Kommandanten lobend erwähnen und ihm aus unserem Vorrat einige Fläschchen Penizillin und eine Injektionsspritze mit Nadeln überlassen. Da mir das, gemessen an unserem Ansehen, zu wenig schien, gab ich noch eine Pincette aus Chromstahl dazu, was er durchaus passend fand.

Viele verbindenden Rituale der westafrikanischen Völker sind durch die erzwungene Europäisierung zerstört worden. Dafür haben die Staaten, nachdem sie die Unabhängigkeit erlangt hatten, unser lästiges System amtlicher Kontrollen übernommen und zu einem Ritual ausgebaut, das die Reisenden unausweichlich einbezieht. Europäer werden oft ungeduldig. Sie meinen, daß jede neue Regierung damit nichts anderes bezweckt, als sich der Treue ihrer Anhänger durch die Zuteilung von Beamtenpöstchen zu versichern, oder daß die Unterentwickelten den unsinnigen Leerlauf der kolonialen Bürokratie imitieren und dabei maßlos übertreiben.

In Obervolta, einem Land, das arm, aber durchaus friedlich und den Reisenden freundlich war, mußten wir beim Eingang in jedes Dorf oder Städtchen sämtliche Daten über Personen und Auto, die im Paß und in der grauen Karte zu finden sind, in zwei parallel geführte Bücher eintragen lassen, wobei die Rubriken des einen Buches mit dem Familiennamen des Reisenden anfangen und bis zu den Autopapieren fortschreiten, im anderen die Polizeinummer des Fahrzeuges die

Führung hat. Vom Eingangsposten bekommt man einen Zettel mit dem Amtsstempel, mit dem man sich dem Polizeiamt im Innern des Dorfes melden muß, wo zwei ähnliche Rubriken in umfangreiche Registerbände eingetragen werden und ein neuer gestempelter Ausweis ausgefertigt wird, den man dem Posten an der Ausfahrt vorweist, wo sogleich, wenn nicht gerade Siestazeit ist, die gleiche doppelte Registrierung vorgenommen und man mit Segenswünschen für die Weiterreise auf den Weg zum nächsten Dorf geschickt wird. Der Vorgang stiftet einen Dialog zwischen Reisenden und Funktionären. Wir bereiten ihnen zusätzliche Arbeit und versuchen darum, bei den Schreibarbeiten zu helfen, vorsichtig, um ihren Stolz nicht zu verletzen. Die Beamten bemühen sich ihrerseits, den ärgerlichen Aufenthalt durch Gespräche aufzulockern. Da die Polizeistation im Dorfinnern schwer zu finden und nur selten durch ein Fähnchen gekennzeichnet ist, muß man sich durchfragen und lernt Dorfbewohner, besonders Frauen und Kinder kennen, an denen man ohne das Kontrollritual achtlos vorbeigefahren wäre.

So idyllisch geht es nicht immer zu. Einmal in Bamako benötigten wir ein Wiedereinreisevisum, das zwar von den Konsulaten im Ausland erteilt wird, aber erst, nachdem bei der nationalen Sicherheitspolizei in Bamako nachgefragt worden ist, was lange Wartezeiten verursacht. Es war also naheliegend, das Visum bei der Durchreise in der Hauptstadt zu besorgen. Die Prozedur wird beim Amt für Tourismus eingeleitet; darüber ist später zu berichten.

Unterwegs zur Nationalen Sicherheitspolizei gab es einen Zwischenfall. In einer belebten Straße nahe dem Markt fuhr ein Motorrad mit Schwung zwischen den Marktbuden hervor direkt vor unseren Wagen. Ich mußte scharf bremsen, so daß ein Taxi, das dicht nachfolgte, mit lautem Krachen auf uns auffuhr. Wir stiegen aus, um den Schaden zu besehen. Der schwarze Taxifahrer kroch heraus, starrte uns an und sagte vorwurfsvoll: „Warum hast du derart gebremst?" Meine Erklärung schien er nicht zu hören. Mit zitternden Fingern betastete er die eingedrückte Nase seines Wagens. Aus dem Kühler floß rostiges heißes Wasser auf den Boden. An unserem Auto war ein Schlußlicht zerbrochen, und das Blech war hinten ein wenig eingedrückt. Ich erklärte noch einmal, daß ich bremsen mußte, um den Motorradfahrer nicht zu überfahren, man müsse eben aufpassen, es sei nicht meine Schuld, sondern seine, aber ich würde von ihm, dem Taxifahrer, der noch immer gebückt die beschädigte Stelle betastete, kein Geld verlangen. Ohne aufzusehen murmelte er wieder: „Warum hast du derart gebremst?" Der Taxifahrer war ein magerer junger Mann mit traurigen Augen und auffallend langen Wimpern. Schweiß rann ihm über die eingefallenen Wangen.

Wir wollten weiter. Im Schalterraum der Nationalen Sicherheit saßen die Beamten auf bequemen Stühlen, rauchten und schwatzten und kümmerten sich nicht um die Bittsteller, die bestrebt waren, Papiere und Formulare über die hohe Theke zu reichen. Da wir Weiße die Neugier eines Beamten erregen konnten, wurde unser Gesuch bald entgegengenommen. Der Polizist erlaubte, daß wir die nötigen Stempelmarken später bringen durften, und schrieb auf einen Zettel, den er von seiner Zeitung abriß, wieviele Marken mit welchen verschiedenen Werten nötig waren. G. blieb im Schalterraum, um das Schicksal unseres Gesuches im Auge zu behalten, während ich mich auf den Weg machte.

Die Marken muß man an drei verschiedenen Stellen kaufen. Die mit den niedrigen Werten im Hauptpostamt, die mittleren im Steueramt, während man die hochwertigen Marken, von denen wir ebenfalls zwei benötigten, nur nach formeller Anmeldung von einem hohen Beamten der staatlichen Finanzverwaltung, die noch immer ‚trésor' heißt, beziehen kann. Der Gang zur Post war nicht angenehm. Auf der Freitreppe des stattlichen Gebäudes, die von alten Bäumen beschattet ist, lagerten Bettler, Sieche und Krüppel, über die man hinwegsteigen mußte, um in den Schalterraum zu gelangen. Als ich die Marken endlich bekommen hatte und die Post verlassen wollte, hatten sich die Bettler so zusammengeschoben, daß ich mir den Weg nur durch die Verteilung kleinerer Geldscheine freikaufen konnte. Das Verfahren war nicht nur bei mir wirksam. Viele Besucher, die aus dem Schalterraum kamen, hatten noch Kleingeld in der Hand und konnten es sich als fromme Muselmanen nicht leisten, in aller Öffentlichkeit Almosen zu verweigern.

G. verbrachte den ganzen Tag bei der Polizei und konnte das Visum in die Pässe eintragen lassen, bevor die Schalter geschlossen wurden. Es war das einzige Gesuch, das an diesem Tag erledigt wurde. Sie war Zeuge, wie die Wartenden versuchten, die Beamten erst einmal zur Entgegennahme eines Papiers zu verführen. Limonadenhändler brachten ihre Verkaufsstände heran, die einen kauften ein Fläschchen, andere ein Paket Zigaretten und schoben die Gabe über die Theke dem Polizisten zu, der ihnen am zugänglichsten erschien. Die Polizisten tranken die Limonade, ohne den Spender auch nur anzusehen, steckten sich eine Zigarette an, schalteten ein Schläfchen dazwischen und scheuchten von Zeit zu Zeit zudringliche Klienten weg, die versuchten, über die Theke zu kriechen.

Erleichtert fuhren wir zum Hotel. Der Tag war im ganzen erfolgreich verlaufen, und wir gedachten, am nächsten Tag weiterzureisen. Den Zwischenfall mit dem Taxi hatten wir fast vergessen. G. ging voraus in unser Zimmer. Ein Gehilfe des Portiers hielt mich auf und bat mich flüsternd, ihm zu folgen. Im Rauchsalon sitze ein Herr, der auf mich warte.

„Ich bin Monsieur Charles", stellte sich der Herr vor. Er war großgewachsen, bekleidet mit Turban und einer weißen Tunika bis zum Boden und trug trotz der Dämmerung, die in dem Raum herrschte, spiegelnde Sonnenbrillen. „Sie sind mir bekannt", fuhr er fort, „Sie müssen sich nicht vorstellen. Ich komme von der Nationalen Versicherungsgesellschaft wegen Ihres Unfalls. Der Zusammenstoß ist uns gemeldet worden." Ich wurde ärgerlich und sagte, ohne dem Besucher die Hand zu geben: „Monsieur Charles, ich habe nichts mit Ihnen zu besprechen. Ich stelle keine Ansprüche an irgendeine Versicherung. Sie sind nicht richtig informiert. Es handelt sich nicht um einen Unfall und auch nicht um einen Zusammenstoß. Ein Taxi ist unweit vom Markt von hinten in meinen Wagen hineingefahren. Für mich ist der Zwischenfall erledigt." „Ein Mißverständnis, Monsieur, ein kleines Mißverständnis", meinte er, „es handelt sich nicht um eine Forderung, es ist nur Ali, der Chauffeur, der mich gebeten hat, mitzukommen. Er möchte Ihnen sein unbedeutendes Anliegen vortragen." Monsieur Charles setzte sich breit auf einen der lederbezogenen Lehnsessel, langte hinter sich und zog am Handgelenk einen Mann hervor, der dort im Dunklen gekauert hatte. Da stand der Taxifahrer von heute morgen gekrümmt neben mir, sah zu Boden und bewegte hilflos die Finger, als ob er noch immer die eingedrückte Nase seines Autos betasten wollte. Ich überlegte, ob ich weggehen oder abwarten sollte, wie sich die Szene weiter entwickelte. „Rede, erzähle dem Herrn deine Geschichte, Ali, rede jetzt!" Ali blieb stumm. Monsieur

Charles ließ sein Handgelenk los und schnippte ihm mit den Fingern vor die Nase, wie um ihn aufzuwecken, und als das nicht half, schnippte er nochmals, so daß er ihn mit dem Daumennagel an der Nase traf. Alis Kopf fuhr hoch. Da er noch immer gebückt dastand, war er nun vollends verkrümmt, wie ein Huhn, das man in hypnotische Starre versetzt hat, indem man das Köpfchen nach hinten dreht. Ich wurde wütend auf Monsieur Charles, der mir von Anfang an zuwider gewesen war, wollte nicht weiter in die peinliche Szene verstrickt werden und weggehen. Da begann der Taxifahrer zu reden, leise und mit einer solchen Traurigkeit in der Stimme, daß ich zuhören mußte. Er wisse, sagte er, daß er die Schuld habe, aber warum hätte ich derart gebremst, jetzt würde die Polizei mir Recht geben, ich könnte die Polizei bezahlen, und er müsse der Firma die Reparatur des Autos bezahlen, könne in der Zeit, die das in Anspruch nehme, seinen Dienst nicht leisten und nichts verdienen, und der Monatslohn, den die Direktion für ihn gutgeschrieben habe, sei zu gering, um die Kosten zu decken, so daß er noch einen oder zwei oder drei Monate ohne Lohn werde arbeiten müssen, er werde vor Hunger sterben, da dies schon der zweite Unfall sei und sein großer Bruder es müde sei, ihm zu helfen.

Alis Haltung hatte sich gelockert. Trotz der Dunkelheit, die sich noch vertieft hatte, glaubte ich wahrgenommen zu haben, daß er mir forschend ins Gesicht sah, bevor er den Blick wieder senkte. Es wäre möglich gewesen, mich mit einem kleinen Geldgeschenk loszukaufen, wenn der Fahrer für sich gesprochen und den langen Charles nur zur Verstärkung mitgebracht hätte. Wenn jedoch Ali das Werkzeug des Langen war, hatte ich es nicht mit einer kleinen Bettelei, sondern mit Erpressung zu tun. Das wurde sogleich klar. Monsieur Charles schob Ali mit dem Handrücken zur Seite wie ein störendes Möbelstück, entnahm dem Köfferchen ein Schriftstück und las mir die Kostenberechnung, die man bereits angestellt hatte, vor. Die Endsumme war so hoch, daß man damit einen neuen Renault 6 statt des alten rostigen, der zu Schaden gekommen war, hätte kaufen können. „Die Firma empfiehlt Ihnen, die Kosten zu begleichen. Die Regierung der Republik kann es nicht zulassen, daß Bürger von Mali durch fremde Reisende ins Unglück kommen. Die Lage des Chauffeurs ist verzweifelt. Ich kann bestätigen, was er gesagt hat." Nun war ich entschlossen, die Verhandlung abzubrechen. Der Ton von Charles, der sich im Lehnstuhl räkelte, während ich vor ihm stand, störte mich noch mehr als die Erpressung. Ich drehte mich um und ging rasch zurück in die Hotelhalle. An der Portiersloge holte mich der Lange ein und hielt mir ein Schriftstück unter die Nase. Erst dachte ich, daß es die Kostenrechnung sei. Dann las ich im hellen Licht der Hotelhalle einen Brief, an mich adressiert, nicht von irgendeiner Versicherung; da stand deutlich: „Nationale Sicherheitspolizei". „Herr Doktor", sagte Monsieur Charles mit seiner höflichsten Stimme, „unser Direktor erwartet Sie in seinem Büro im Hochhaus der Republik morgen um acht Uhr." „Leider ist es mir um acht Uhr nicht möglich. Ich werde um neun Uhr erscheinen." Als wir das Schriftstück oben in unserem Zimmer prüften, meinte auch G., daß es klüger wäre, die Abreise zu verschieben und hinzugehen.

Absichtlich eine halbe Stunde zu spät parkte ich vor dem Hochhaus und wurde von einem Soldaten mit geladener Maschinenpistole zum Türsteher, der wie ein Dorfältester gekleidet war, geführt. Er las die Vorladung, bewegte dabei die Lippen und warf mir prüfende Blicke zu, als ob er eine Photographie mit dem Original zu vergleichen hätte. Endlich gab er mir das Papier zurück und sagte in gewähltem Französisch, ich solle den Lift benützen, das Büro des Verkehrsministeriums befinde sich im achten Stock.

Im halbdunklen Korridor, der mit Spannteppichen und summenden Kühlanlagen gänzlich unafrikanisch anmutete, las ich den bewußten Namen, den ich wie ‚Damokles' ausspreche, auf dem polierten Metallschild neben dem Signalknopf und wurde sogleich von der Sekretärin hereingebeten. Ich hatte befürchtet, die Wartezeit zusammen mit Monsieur Charles verbringen zu müssen. Zufrieden, daß er nicht da war, versuchte ich zu erraten, ob sich das Verkehrsministerium der Sicherheitspolizei bediente, oder ob umgekehrt die Polizei den Vorfall mit dem Taxi zum Vorwand nahm, um uns in Bamako zurückzuhalten.

Bald erschien Monsieur D. und bat mich mit einer Handbewegung, im Lederfauteuil vor seinem mächtigen Schreibtisch aus finnischem Eichenholz Platz zu nehmen. Der Raum und der Direktor der nationalen Taxiunternehmung, im blauen Tropenanzug, der, dem Safarilook nachgebildet, beinahe zur Uniform hoher Beamter in Afrika geworden ist, das alles war vertraut, beinahe europäisch. Ich hätte keinen Grund

143

gehabt, verwirrt zu sein, wenn ich nicht jenen grand frère wiedererkannt hätte. Angestrengt versuchte ich, ein Zeichen zu entdecken, das meine Erinnerung hilfreich zwanzig Jahre zurück nach Natitingou verwiesen hätte. Es war die gleiche großgewachsene, schmale Gestalt, das schöne, von verhaltenem Zorn strenge Gesicht, dieselbe klare Sprache, die bei den Jesuiten gelehrt wird. Auch das jugendliche Alter des Damokles war das nämliche wie damals. Nur ich selber war um zwanzig Jahre älter geworden.

Der Direktor hatte Verständnis dafür, daß ich wünschte, den Grund der geheimnisvollen Vorladung zu erfahren. Obwohl ich darauf verzichtete, mich über den langen Charles zu beschweren, begann er mit einer Entschuldigung für die Szene im Hotel. „Monsieur Charles ist ein Vieh. Sie entschuldigen den Ausdruck. Wir haben ihn als Personalchef der Taxifahrer angestellt, und er bewährt sich. Die armen Teufel fürchten ihn wie den Oberteufel, und darum machen sie uns keine Schwierigkeiten. Aber menschlich ist er nicht. Mit Ihnen hat er sich aufgeführt wie ein Erpresser. Nebenbei gesagt, er ist völlig unmoralisch, zwingt die Frauen der Chauffeure, mit ihm zu schlafen, wenn er weiß, daß die Wagen unterwegs sind. Die Frauen haben sich bei uns beschwert und gesagt, er ist wie ein Eselhengst, der Zucker gefressen hat. Jedoch, die Taxigesellschaft kann auf seine Dienste noch nicht verzichten. Ich will Sie ein wenig mit der Struktur des Unternehmens vertraut machen."

Monsieur D. sprach so klar, daß es mir noch heute gelingen dürfte, seine Mitteilungen zusammenzufassen. Die Taxis gehören einer Aktiengesellschaft, die 51 Prozent ihrer Anteile dem Verkehrsministerium, also der Republik Mali abgetreten hat. Deshalb ist der Direktor, Monsieur D., ein hoher Beamter des Ministeriums, wird aber vom Unternehmen bezahlt. Die Wagen werden in Frankreich aus zweiter Hand gekauft, von der Regierung zollfrei importiert, in den Werkstätten der Armee beinahe unentgeltlich instand gesetzt und den Fahrern, die eine besondere Prüfung abgelegt haben, zugeteilt. Da diese natürlich keine Kaution stellen können, behält die Gesellschaft einen Teil des Lohns zurück, damit Schäden, die durch die Schuld des Fahrers entstehen und die darum von der staatlichen Versicherung nicht gedeckt sind, aus dem Lohnguthaben bezahlt werden können.

Der Lange habe die Lage nicht richtig dargestellt. Ali, der Chauffeur, mit dem wir zu tun hatten („er ist übrigens mein kleiner Bruder", sagte Damokles nicht ohne Genugtuung), habe ein Lohnguthaben, das es ihm bald erlauben würde, den Wagen vom Unternehmen käuflich zu erwerben und den Taxibetrieb in eigener Regie weiterzuführen. Die französischen Teilhaber hatten bei der Gründung der Firma die Aufnahme dieser sogenannten Reprivatisierungsklausel ebenso wie die Gewinnbeteiligung des geschäftsführenden Direktors zur Bedingung gemacht und im Staatsvertrag durchgesetzt. Ali schulde nicht mehr als die kleine von ihm verschuldete Reparatur des alten Renault 6, was er leicht bezahlen könnte, wenn ich bereit wäre, ihm freiwillig mit einer kleinen Summe auszuhelfen. An diesem Punkt stellte ich einige Fragen. Es stellte sich heraus, daß Monsieur Charles viel mehr Geld von mir verlangt hatte, als die Reparatur des Taxis kosten würde. Das Büro des Unternehmens habe von einer anderen Firma einen Voranschlag eingeholt. Ohne Zweifel habe Monsieur Charles mich hereinlegen wollen. Allerdings müsse er in solchen Fällen das Lohnkonto des Fahrers überprüfen und darüber Bericht erstatten. Kein Zweifel, daß er die Möglichkeit habe, einen Druck auf die Fahrer auszuüben. Die Firma habe den Verdacht, daß er die Fahrer erpresse, könne jedoch, solange sie diesen Mann beschäftige, nicht einschreiten.

Die Absichten des Direktors waren jetzt klar. Ich sollte glauben, daß ich dem unglücklichen Ali mit der Bezahlung der Reparatur aus der Zwangslage heraushelfen, mich weiterer Verpflichtungen entledigen und sogar ihn, den Direktor, der irgendwie mit der Sicherheitspolizei zusammensteckte, verbindlich stimmen könnte. Da es offensichtlich nichts gab, um mich wirksamer zu erpressen, und die jetzt geforderte Summe nicht mehr als ein Trinkgeld war, fragte ich nur, ob sein kleiner Bruder die Absicht habe, von der Klausel Gebrauch zu machen und den Wagen zu kaufen. „Er wäre der erste, dem das gelingt." Monsieur D. hatte einen Ausdruck, der mich so sehr an Natitingou erinnerte, daß ich Mühe hatte, zuzuhören. Bisher hatten drei Fahrer, tüchtige Burschen vom Volk der Bambara, die Kaufsumme erarbeitet. Es war dann doch nie zum Kauf des Wagens gekommen. Bei Unfällen verschiedener und zufälliger Art, die leider in der Republik noch häufig vorkämen, seien sie umgekommen, und die Lohnsumme sei, einer weiteren Klausel gemäß, der Firma beziehungsweise solidarisch den anderen Fahrern gutgeschrieben worden. Diese Klausel habe die Gewerkschaft eingebracht.

Damokles hatte seine Lektion gut gelernt. Genau so würde der Manager einer europäischen Firma argumentieren. „Entweder wird also Ali seines ganzen Verdienstes beraubt, oder er wird umgebracht", sagte ich und stand auf. „Bleiben Sie noch einen Moment, man bringt sogleich einen Drink. Herr Doktor, Sie sind Schweizer, Sie kennen die tiefen Wunden nicht, die der Kolonialismus unserem Volk geschlagen hat. Für die Zukunft meines Volkes tue ich, was ich kann. Am wichtigsten ist mir die nationale Taxiunternehmung. Wir können es uns einfach nicht leisten, keine Gewinne auszuweisen und unsere Produktionsmittel, die Autos, vorzeitig abzugeben. Die Aktionäre würden sich zurückziehen." („Und Monsieur kassiert die Gewinnbeteiligung.") „Meinem kleinen Bruder können nur Sie helfen, ich weiß das, Herr Doktor. Er hat wirklich kein Bargeld, und niemand wird ihm borgen. Wenn er die Reparatur bar bezahlt, wird sie schnell ausgeführt, und ihm bleiben alle Chancen." („Nicht ausgeschlossen, daß er ihm das Geld wirklich gibt, für den Herrn ist das Sümmchen nicht der Rede wert.") Ich legte die Noten auf den Schreibtisch und beschwerte sie mit dem Aschenbecher aus böhmischem Kristall, der dort stand.

„Ich danke Ihnen im Namen meines Bruders. Noch heute bringe ich ihm das Geld. Er wird glücklich sein." „Gut", sagte ich; noch eine Frage: „Muß Ali sterben?" „Wenn er für sein Volk stirbt, ist er zu beneiden. Unser Schicksal ist in Allahs Buch verzeichnet. Ich weiß, Sie sind Christ, auch Ali soll Christ geworden sein. Ich aber glaube an den Propheten, er preist die Barmherzigen, die Almosen geben, wie Sie eben für meinen armen Bruder. Allah gestattet aber nicht, daß wir in das Schicksal eingreifen, das er für uns bestimmt hat."

Ich ärgerte mich über Damokles, über die Afrikaner, über die koloniale Herrschaft, die sie so weit gebracht hatte, und über mich selber. Wir beschlossen, am nächsten Morgen abzufahren, und ich half G., den Wagen reisefertig zu machen.

Wir wollten draußen im „Lido" speisen und fuhren schon vor Sonnenuntergang hinaus. Das Lokal und die Fabrik sind vor vielen Jahren von einem Italiener erbaut und nach einigen Jahren des Verfalls von einem Libanesen wieder instandgesetzt worden. In einem Tal, durch das ein Bach fließt, stehen Mangobäume zwischen Gemüsegärten. Wo das Tal breiter wird, liegt die stillgelegte Sodawasserfabrik mit rostigen Röhren und glitzernden Haufen zerbrochener Flaschen. Von dort geht man über Brückchen und Stege, die sich über eine Miniaturlandschaft aus Beton spannen, zum „Lido" mit Schwimmbassin, Springbrunnen und Speisetischen. Unterwegs blieben wir stehen. In langen Zügen flogen die weißen Kuhreiher nach Norden. Immer neue kamen von den Milfeldern, den Gärten am Fluß und dem öden Bauland der Vorstädte und zogen den grünen Hügeln zu. Der Kellner machte einen Tisch am Wasser für uns bereit, und wir saßen unter weiß gekleideten Diplomatenfamilien, Entwicklungshelfern, die in die Stadt gekommen waren, um sich von der Wildnis zu erholen, und schwarzen Funktionären mit ihren eleganten Freundinnen.

Am Ende eines Reiseaufenthalts ist es schön, die Ereignisse der letzten Tage noch einmal durchzugehen, um dann das Abenteuer des Aufbruchs im voraus zu genießen. So fing G. an, von ihrem ersten Tag in Bamako zu erzählen.

Im Hotel hatte man uns gesagt, daß das Nationale Amt für Tourismus bevollmächtigt sei, das Visumgesuch aufzusetzen. Das Amt, nahe dem Bahnhof in einem alten Ziegelbau, der früher der Bahndirektion gedient haben mochte, war durch eine Folge von Vorzimmern zu erreichen, in denen umfangreiche Schreibarbeiten zu erledigen waren, Vorgesuche, um zur Gesuchsausfertigung vorgelassen zu werden, die Madame S., der Präsidentin der Nationalen Organisation für Tourismus und Internationalen Verkehr, oblag. Ich blieb bei den Schreibarbeiten hängen, während G. von einem jungen Mädchen ins Direktionszimmer geführt wurde. Als sie nach einer Stunde zurückkam, schwenkte sie das unterzeichnete Gesuch in der Hand.

Das Zimmer der Direktorin sah anders aus, als man es in dem schäbigen Gebäude erwartet hätte. Ein tiefer Raum mit hohen Fenstern. Auf die geweißten Wände waren große Figuren gezeichnet, wie sie mitunter in die Lehmmauer einer Dorfhütte geritzt sind, ockerfarben mit sparsamen schwarzen und roten Strichen, Elefanten, Giraffen, Schildkröten und die gehörnte Antilope mit aufgestellter, ornamental durchbrochener Mähne, das Tier der Bambara. Der Saal war fast leer, eine Sisalmatte führte in die Tiefe, im Hintergrund saß Madame S.

hinter einem Schreibtisch in Empirestil und rauchte aus einem Elfenbeinmundstück. Sie trug ein langes hellgrünes Batikkleid, das um den
Hals mit weißer Seide bestickt war, ein kupferfarbenes Kopftuch,
silberne Armbänder und an den Fingern mit rotlackierten Nägeln
zahlreiche Ringe. Madame S. war eine schöne Frau, groß, üppig, mit
einer dunklen Stimme; alles, was sie sagte, unterstrich sie mit Gesten
ihrer langen Hände. Gleich zu Beginn der Unterredung machte sie aus
ihrer Sympathie für die Besucherin kein Hehl. Es war nur noch ein
Sekretär im Raum und das Mädchen, das G. hereingeführt hatte. Der
Sekretär mußte sogleich das Handtäschchen der Dame, lackiertes
Krokodilleder, wie man es in den Läden der Rue Rivoli findet, aus
dem Nebenraum holen; sie bot G. amerikanische Zigaretten an und
schickte ihn nach Tee, während die Kleine dableiben durfte. Diese
stützte sich mit den Ellbogen auf den Tisch, ihre abstehenden Zöpfchen bildeten einen Stachelkranz um den Kopf, die weit offenen
Augen waren auf die Besucherin gerichtet. Alles an der kleinen Person
war Neugier, gezähmt nur vom Wunsch, ihrer Madame nicht lästig zu
fallen. Als der Tee kam, wurde der Sekretär wieder weggeschickt. „Ist
es nicht auch Ihnen angenehmer, wenn nur Frauen im Raum sind? Ich
mag die Beamten nicht, Sie auch nicht, ich sehe es Ihnen an." Beide
mußten lachen. „Ich heiße S., und Sie, oh ja, ich sehe, da sind ja Ihre
Papiere, auch von Monsieur, gut, daß Sie allein zu mir gekommen sind,
geben Sie her." Sie studierte die Papiere nicht länger als eine Minute
und klatschte in die Hände. Der Sekretär erschien, sie flüsterte ihm
etwas zu, und er verschwand mit den Dokumenten. „Mein Bürochef
wird die Gesuche schreiben, inzwischen haben wir Zeit zu plaudern.
Zuerst aber geben Sie mir 1000 CFA. Für Sie mache ich es billig.
Das Gesuch ist umsonst, ich behalte das Geld für mich. Es ist verrückt, wieviel Geld man heute braucht, um dezent zu leben. So,
danke." Sie zählte die Scheine nach, versorgte sie im Krokodiltäsch-
chen, stand auf, faßte G. bei der Hand und führte sie in eine Ecke
des Raumes, wo eine Matte aus Ziegenleder und einige Kissen lagen. Sie ließ G.s Hand nicht los, musterte das Kleid, die Schuhe und
bewunderte die silbernen Armreifen, die wir in Äthiopien gekauft
hatten. „Eine schöne Arbeit, so etwas kennt man bei uns nicht.
Kommen Sie, ich hasse den Schreibtisch und den Thronsessel, kommen Sie doch." Sie setzten sich auf den Boden, das Mädchen

brachte das Teetablett herüber, streute Zucker und grüne Pfefferminzblätter in die Tassen und schenkte ein.

G. war überrascht, daß Madame das bürokratische Ritual nicht einhielt. „Ihr Parfum ist so gut, riech, Kleine" (sie faßte das Mädchen um den Nacken und zog sie näher heran), „ich habe nur Chanel, das ist das einzige, das man hier bekommt; wenn Sie wieder einmal nach Bamako kommen, bringen Sie doch ein kleines Flacon von Ihrem Parfum mit, ich möchte das gleiche haben wie Sie." Noch überraschender war, daß Madame verstehen wollte, wie es dazu gekommen war, daß G. durch Afrika reiste. Sie selber würde das nie wagen. So lange und mühsam, und wofür das alles? Bisher hatte sich noch kaum ein Afrikaner dafür interessiert, was uns zu solchen Reisen bewog. Die ethnologischen Forschungen, die im Gesuch nur nebenbei erwähnt waren, erregten bei ihr Heiterkeit. Sie verstand sofort: fremdes Leben studieren, Bücher schreiben, Vorträge halten, das sind komische Dinge, die den Franzosen Geld einbringen. Aber G.? Als es heraus war, daß G. keine Kinder hat, die auf sie warteten, wurde Madame ernst. Eine europäische Frau, wie sie noch keine getroffen hatte, saß da auf der gestickten Ledermatte neben ihr, eine unabhängige Forscherin, der Wissenschaft und Politik wichtiger sind als Bequemlichkeit und sicheres Leben.

Madame stellte keine Fragen mehr. Doch war ihr ganzer Körper bewegt und am Gespräch beteiligt, mit ihren schönen Händen berührte sie G.s Schultern und Knie. Das machte es G. leicht, von ihrem Leben zu erzählen. Als sie sagte, daß Thaddeus, der geliebte Bruder, in Afrika begraben lag, umarmte Madame sie schnell und blieb ganz nahe bei ihr sitzen. Auch das Mädchen war nahe herangerückt. Das Gespräch dauerte vier oder fünf Zigaretten lang. Madame hatte das Elfenbeinmundstück auf dem Schreibtisch liegen lassen und deutete an, daß G. eine Zigarette anrauchen und ihr zwischen die Lippen stecken solle.

„Sie, Madame, sind eine freie Frau, ‚une femme libre'!" Sie richtete sich auf, zog mit einem Ruck das kunstvoll geknüpfte Kopftuch herunter und fächelte damit den Zigarettenrauch fort. „Ich habe nicht gewußt, daß es das bei den Weißen gibt. Sie, Madame, sind so geworden. Es ist nicht viel anders als hier. Sie werden sich gefragt haben, wie ich Direktorin geworden bin. Ich habe keine Schule besucht und habe keinen Gatten. Ich kann Minister werden, wenn ich will. Weil ich ,femme libre' werden mußte. Ich will Ihnen erzählen, wie das ist."

Das Leben von Madame S. war durch eine Reihe von Unglücksfällen gezeichnet. Ihre Kindheit in einem Dorf am Niger war noch glücklich gewesen. Dann war ihre ganze Familie, Vater, Mutter und zahlreiche Geschwister, durch einen großen Unfall, den sie nicht näher benannte, ums Leben gekommen, sie war allein übrig geblieben, mußte in die Fremde und für sich selbst sorgen. Der erste Geliebte, der sie in sein Dorf bringen und zur Frau nehmen wollte, verschwand – „der Arme", sagte sie mit bedauerndem Achselzucken – und hinterließ ihr ein Kind, das bald nach der Geburt starb. „Ich habe noch drei Kinder, alle drei sind im Lycée in Diré, ich kann Ihnen die Photos zeigen. Ein Mädchen, wie ich war, muß sterben oder sich verkaufen, ,faire pûtaine'. Ich hatte Glück. Weil mein Baby nicht mehr da war, habe ich angefangen, mich zu pflegen, wie eine Mutter ihr Kind pflegt, gutes Essen, schöne Tücher und den Körper immer mit Karitéöl einreiben. Die Sonrhai, das ist mein Volk, die haben ihrer Königin, der ein Kind gestorben war, erlaubt, nach Mekka zu pilgern. Sie hat tausend Eselinnen mitgenommen und hat auf dem Weg durch die Wüste täglich in Eselsmilch gebadet. So ist sie schön geblieben und hatte Macht über die Männer. Im Dorf war ich eine Hure, aber ich hatte immer Geld, und damit bin ich in ein großes Dorf an der Hauptstraße gezogen. Dort ist es passiert. An einem Abend bin ich allein geblieben. Ich wollte mit einem Mann schlafen, es war aber keiner gekommen. Da bin ich ins Bistro gegangen, wo die Jungen Bier trinken, habe mir den ausgesucht, der mir gefiel, und gesagt: ,Willst du mit mir schlafen, ich gebe dir zweihundert CFA.' Er war sehr erstaunt. Dann habe ich ihn weggeschickt. So haben es auch andere Frauen gemacht. Die Regierung hat davon gehört. Wenn sie etwas von den Männern wollten, ist der Parlamentarier zu uns gekommen und hat gesagt: ,Ihr könnt alles hier im großen Dorf. Wollt ihr uns helfen? Wir geben euch Geld.' Wir haben gesagt: ,Wieviel?' Wenn es genug war, haben wir's gemacht. Eine Moschee bauen, Arbeiter für das Stauwerk finden, dann das Stauwerk verteufeln, als die Regierung die Firma vertreiben wollte. Für Geld machen die alles, hat man gesagt. Wir nannten uns nicht mehr Huren; wir sind ,femmes libres',

150

haben wir gesagt. Keine hat einen Mann genommen. Er hätte das nicht erlaubt.

Ich habe ein Bistro mit Mahlzeiten und Bier gemacht, damit meine Kinder immer genug zu essen haben. Polizisten sind zu uns essen gekommen, die anderen Frauen haben mir geholfen, und ich habe die Fahrprüfung gratis bekommen, weil der Kommandant der Polizei mit mir schlafen wollte.

In der Stadt ist es natürlich anders. Sie wissen es, Madame, da ist es wie bei Ihnen. Wir können machen, was wir wollen. Nur müssen wir immer so für uns sorgen wie die Mutter für's Baby. Das können alle Frauen. Viele glauben das nicht und folgen den Männern. Solche Frauen sind nicht frei, wenn sie noch so viel arbeiten. Die Regierung ist so wie die Männer, die sie machen. Sie werden es selber sehen bei der Nationalen Polizei. Faulpelze, dumm und häßlich. Die Männer haben Angst, wenn eine ‚femme libre‘ auftaucht. Sie kann die Regierung kaufen, sagt man. Das wollen wir gar nicht. So dumm sind sie.“

Die Direktorin stand auf, drehte das Licht an und klatschte in die Hände. Der Sekretär kam herein und legte die ausgefertigten Gesuche auf den Schreibtisch. „Es sind zwei Fehler drin. Ich werde es diesmal entschuldigen, weil Madame Eile hat“, sagte sie streng, gab G. die Hand und wandte sich dem nächsten Gesuchsteller zu, einem bärtigen Entwicklungshelfer, der lange gewartet hatte.

Im „Lido“ waren jetzt alle Tische besetzt. Als der Kellner uns den Kaffee servierte, legte er vor G. ein Zettelchen auf den Tisch. Darauf stand mit steiler Schrift: „Kommen Sie mich besuchen. Ich sitze auf der anderen Seite des Wassers. Die Direktorin für Tourismus.“

Man konnte Madame S. von unserem Tisch aus sehen. Sie saß in einem schwarzen Gewand mit goldenem Kopftuch an einem der Tische, neben ihr ein Jüngling, den G. als den Sekretär zu erkennen glaubte.

Ich ließ mir einen Cognac einschenken und richtete mich auf längeres Warten ein. G. kam ziemlich bald zurück. Madame S. hatte ihr die Hand gereicht, ohne aufzustehen, und ihr einen Drink angeboten. Dann erkundigte sie sich, ob wir das Visum erhalten hätten und ob wir mit dem Aufenthalt in der Hauptstadt in jeder Hinsicht zufrieden seien. G. bedankte sich ebenso formell, fügte aber hinzu, es sei da ein kleiner Zwischenfall mit einem Taxi, der sich für einen jungen Mann unglücklich ausgewirkt habe, vielleicht weil wir uns in Unkenntnis der Umstände falsch verhalten hätten. „Sie meinen Ali? Sie haben recht. Die Bestien wollen ihn töten. Möchten Sie das verhindern? Sie kennen den jungen Mann doch gar nicht. Er hat einen älteren Bruder im Verkehrsministerium. Der rührt keinen Finger für ihn. So sind die Herren von unserer Regierung." Man brachte Cognac, G. mußte ein Glas nehmen, Madame vermißte ihren Shawl, es sei kühl geworden, der Sekretär wurde zum Wagen geschickt, um den Shawl zu holen. Als sie allein waren, suchte die Direktorin etwas in der Krokodiltasche. Da es nicht sogleich zu finden war, legte sie die Dinge, die in einem Damentäschchen sind, auf den Tisch, zuletzt noch eine Browningpistole in einem Futteral aus Wildleder. Schließlich fand sie, was sie suchte, tat die anderen Sachen wieder in die Tasche und stellte eine kleine Skulptur auf den Tisch. Es war eine Schnitzarbeit aus Bein oder Elfenbein, der stilisierte Kopf der Bambaraantilope mit durchbrochener Mähne.

„Da ist sie. Als der Sozialismus in Mali war, haben sie das im chinesischen Laden verkauft. Niemand wollte es. Wir machen die Antilope aus Holz. Dann mußten die Chinesen fort. Ich habe den ganzen Posten eingekauft. Ich möchte, daß Sie etwas von mir mitnehmen. Wenn Sie wieder nach Bamako kommen, werden Sie mir ein kleines Flacon von Ihrem Parfum mitbringen, nicht wahr?" Der Sekretär kam mit dem Shawl zurück. Es sei ihr aber doch zu kühl. „Ich fahre in die Stadt, ich wünsche gute Reise, meine Empfehlungen an Monsieur, vergessen Sie das Antilöpchen nicht." Gefolgt vom Sekretär ging sie mit kräftigen Schritten über die Stege und Brücken zum Parkplatz hinüber.

Wir waren noch nie so früh am Morgen hinauf zum Plateau gefahren, wo zur Zeit der Kolonie der Gouverneur residierte und die alten Verwaltungsgebäude unter Flammenakazien stehen. Im zoologischen Garten rechts unterhalb der Straße trippelten die Antilopen zum Wasserplatz. Vor dem Militärspital, das bewacht und mit Stacheldraht umgeben war wie ein Gefängnis, wurden die äußeren Gitter geöffnet. Im Hof hinter der Residenz bemühten sich zwei Jungen, die schwarze Mercedeslimousine eines Ministers mit Wasser, das sie in einem kleinen Plastikbecken herantrugen, vom Staub zu reinigen.

Wenn man Bamako nach Nordwesten über das Plateau verläßt, um die Straße oder Piste nach Nioro und Kayes zu nehmen, ist die Stadt unversehens zu Ende. Das mag heute anders sein. Damals war der Druck in der städtischen Wasserleitung zu gering, um die Hügel nördlich der Stadt zu versorgen, die elektrische Leitung wurde nicht weitergezogen; unmittelbar an der Stadtgrenze war afrikanischer Busch mit Herden von Ziegen und hochbeinigen Sudanschafen. Die Straße ging in einen schottrigen Weg über. In kleinen Dörfern mit ungepflegten Lehmhütten spielten Kinder in verrosteten Lastwagen, die man längst der brauchbaren Teile beraubt hatte. An der ersten Kreuzung hielten wir an, um nach der Michelinkarte herauszufinden, welchen Weg wir nehmen sollten. Da hielt ein Taxi vor uns, übrigens das erste Auto, dem wir an diesem Morgen begegneten. Der Fahrer, der keine Kundschaft im Wagen hatte, kam herüber und fragte, ob wir die Straße nach Kayes nehmen wollten. „Sie müssen den Weg rechts nehmen. Der andere führt in die Stadt zurück. Hundertzwanzig Kilometer von hier, oder etwas mehr, müssen Sie gut achtgeben. Es geht eine alte Piste nach rechts ab, die man kaum sieht. Es ist aber die richtige. Die linke Straße verliert sich im nächsten Dorf."

Der höfliche Chauffeur war Ali. Er schien uns nicht zu kennen, und auch wir hätten ihn kaum erkannt. Erst als er ganz nahe war, sahen wir die langbewimperten traurigen Augen. Die Nase des Renault 6 drüben am Straßenrand war notdürftig ausgebeult, die Stoßstange fehlte; es war Alis Wagen. „Warten Sie ein wenig", sagte er, rannte zu seinem Wagen und kam mit einer reifen Papayafrucht zurück. „Das ist für den Weg. Ich danke Ihnen. Ich habe Glück. Dank. Dank." Wir warteten, bis Alis Taxi in einer Staubwolke verschwunden war, und nahmen den Weg rechts, der nach Kayes führt.

Damokles III

(Erste Reise, 1954–55, und weitere bis zur achten, 1977)

Als wir am Ende der ersten Reise in Dakar, dem Zentrum des ‚francophonen' Westafrika, einige Tage auf das Linienschiff Maréchal Liautey warteten, um uns und den Jeep nach Marseille einzuschiffen, müssen wir auf die Europäer, die in den beiden Boulevard-Cafés der Avenue William Ponty ihren Apéritif tranken, einen sonderbaren Eindruck gemacht haben. Wir hatten dicke Wolljacken angezogen, denn nach Monaten im Innern Afrikas machte uns der Wind, der vom Atlantik her weht, noch bei dreißig Grad im Schatten frösteln. Auch waren wir von einer Unruhe ergriffen, die in der verschlafenen Stadt auffiel. Wir wollten alles sehen und genießen, den Strand von N'gor, den Fischmarkt, den bunten Sandagamarkt, und kamen bald wieder zurück ins Kaffee, beladen mit Stößen von Zeitungen, begierig, den Anschluß an die Zivilisation wiederzufinden. Ein weiterer Grund unserer Unruhe ist uns erst allmählich bewußt geworden.

Unsere Erlebnisse waren vielfältig und widersprüchlich gewesen. Afrika steuerte auf etwas hin, vielleicht auf eine gemeinsame Zukunft. Was wird aus Westafrika, wenn sich Frankreich zurückzieht? Die spannungsreiche Vielfalt der afrikanischen Völker wird bald – es dauerte dann noch fünf Jahre –, wird unausweichlich in den Sog politischer Veränderungen geraten. Es wird unruhige Zeiten geben, Kämpfe, Revolutionen, Gegenrevolutionen. Was wir suchen, ist die Utopie, ein Licht, das die Zukunft, die dunkle Wolkenwand, die heraufzieht, von fern her erleuchtet.

In dieser Stimmung erreichte uns die Einladung des Professors. Jacques Hippolyte Liotard hatte sich als Antarktisforscher einen Namen gemacht und war von de Gaulle, mit dem er seit dem Londoner Exil befreundet war, in das für ihn geschaffene Amt eines Informationsministers der westafrikanischen Kolonien berufen worden. Wahrscheinlich wollte sich der General auch eine Vorstellung machen, die nicht ausschließlich seinen Träumen von Ruhm und Größe Frankreichs entsprang: Was soll aus meinem Schwarzen Afrika werden? Die französischen Offiziere, Beamten und Missionare, die monatlich genau so

154

viele CFA-Francs bezogen, wie ihr Sold in Frankreich ausgemacht hätte, waren begünstigt, weil der CFA-Franc in der Metropole das Doppelte, also zwei Franc wert war. Die heranrückende Veränderung erfüllte sie mit Sorge für ihr persönliches Schicksal, die bei den einen schwer genug war, um jede kommende Veränderung ganz zu verleugnen, und auch bei der Mehrzahl kein Nachdenken über die Zukunft Afrikas zuließ. „Nach uns die Sintflut", dachten sie, oder nicht einmal das.

Der Professor sollte eine für Frankreich vorteilhafte Idee entwikkeln, publizistisch verbreiten und mit den intellektuellen Waffen, die in den großen Schulen von Paris geschmiedet werden, das bewahren, was politisch und militärisch nicht zu halten war. Liotard war ein Mann der Wissenschaft, hatte über Afrika gelesen, Reisen ins Innere unternommen, um sich am Augenschein zu informieren, und erwartete von uns – das war der Grund, warum er uns rufen ließ, sobald er von unserer Ankunft gehört hatte – weitere Informationen über die Verhältnisse, bis er das Bild, das er sich von einer möglichen Zukunft Westafrikas entworfen hatte, abrunden und Afrikanern und Franzosen vermitteln konnte.

Er war ein großgewachsener, magerer Mann gegen fünfzig. Das lange Gesicht und die mächtige Stirn waren wie aus Holz geschnitten, belebt von den hellen Augen. Er hatte die Gewohnheit, beim Sprechen plötzlich innezuhalten, den Schädel mit beiden Händen zu umfassen, wie um seine Gedanken zu verdichten, wobei die Fingerspitzen an der Nasenwurzel weiß wurden, so kräftig drückte er zu. Auch sonst unterschied sich die Formlosigkeit des Gelehrten von allem, was wir mit Franzosen der Kolonie erlebt hatten. Vier Stunden in dem kahlen Büro, das voll Bücher und Akten lag, vergingen schnell.

Grundlage einer kommenden Ordnung müßte erst einmal die Selbstversorgung mit Lebensmitteln sein. Von zwei Traditionen, die in sieben Jahrzehnten des kolonialen Zentralismus nicht ganz zum Verschwinden gebracht worden waren, könnte der Neubeginn ausgehen. Bei fast allen Völkerschaften ist der Boden Gemeinschaftsbesitz geblieben und wird den Pflanzern von unabhängigen ‚Verwaltern des Bodens' zugeteilt. Zweitens ist die landwirtschaftliche Produktion im Prinzip noch immer Gemeinschaftsproduktion. Gewiß gibt es im Umkreis der Städte und in ehemals zu Königreichen zusammengeschlossenen Dörfern auch Einzelbesitz an Boden, und die gemeinschaftliche Arbeit ist zum Teil durch private Plantagenwirtschaft ersetzt worden. Beide Traditionen seien aber, wenn sich einmal die französische Verwaltung zurückgezogen habe, leicht wiederherzustellen. Die neuen Staaten müßten genossenschaftliche oder sonstwie dezentralisierte Produktionsverhältnisse einführen. Als Grundlage wirtschaftlicher Autarkie seien einige wenige Organisationsschritte nötig, örtliche Komitees oder Zellen, ausgestattet mit dem nötigsten Fachwissen, mit technischen Hilfsmitteln und natürlich mit der Zielvorstellung allgemeinen Wohls und wirtschaftlicher Unabhängigkeit. Kurz, die soziale Struktur und das kulturelle Erbe sind für die Bildung eines sozialistischen Staates geeignet.

Wir schmiedeten an unserer Utopie. Die traditionelle Dorfgemeinschaft wird zum Kollektiv, in dem alle geeigneten Produktionsarten in gemeinsamer Arbeit betrieben werden. Die Pflanzer, die durch Familien- und Freundschaftsbande miteinander verbunden sind, bilden eine politische Einheit, eine sozialistische Zelle. In jedem Dorf würde ein einziger Delegierter der Unabhängigkeitspartei genügen, um die Solidarität im Innern und die Zusammenarbeit mit anderen Dörfern zum Wohle der ganzen Nation mit den Einzelinteressen in Einklang zu bringen. Die Partei müßte mit staatlichen Mitteln für die Modernisierung der Produktion, für Bewässerung, Maschinen und Kunstdünger sorgen; es würde sich eine Mehrproduktion ergeben; die Abnahme der erzielten Überschüsse wäre ohne die Gewinne des kapitalistischen Zwischenhandels garantiert; aus dem Überschuß ließen sich allmählich Gesundheitsdienst, Schulen, Infrastruktur, alles, was die Kolonialverwaltung vernachlässigt hatte, finanzieren. Begeistert bauten wir am Modell eines afrikanischen Sozialismus mit menschlichem Antlitz.

Ganz ohne Kritik waren wir nicht. Würden solche Staaten nicht zu immer kleineren dörflichen Einheiten auseinanderbrechen? von der übrigen Welt isoliert in mittelalterliche Zerstückelung verfallen? von der internationalen Marktwirtschaft abgekoppelt in Armut und Elend enden?

Nein, meinte der Professor. Bisher sei allerdings nur ein einziger der voraussichtlich führenden Politiker in Westafrika, nämlich Sekou Touré von Guinée, auf dieser Linie. Wenn man zulasse, daß sich der afrikanische Sozialismus in Ruhe entwickle, würden die Afrikaner mit der dem Schwächeren gebotenen Vorsicht ins Weltgeschehen eintreten. In der Antarktis mit geologischen Untersuchungen befaßt, hatte der Professor nebenbei eine Beobachtung gemacht, die er zur Illustration seiner Ideen heranzog. Eine Herde Pinguine, die sich zur Ruhe auf eine Eisscholle begeben hat, zeigt, wenn sie sich zum Fischfang wieder ins Meer stürzen muß, ein typisches Verhaltensmuster. Einer der Vögel tritt an den Rand der Eisscholle und äugt mit schräggestelltem Kopf ins Wasser, um festzustellen, ob ein großer Raubfisch, der für Pinguine gefährlich werden kann, zu sehen ist. Unsicher über die Lage weicht der Vogel zurück und wird vom nächsten der Gruppe, die ungeduldig und hungrig hinter ihm gewartet hat, abgelöst. Das Spiel wiederholt sich, bis endlich einer, getrieben von Hunger und gedrängt von den anderen, es wagt, in die kalte nährende Flut zu tauchen. Aufmerksam äugen die Kameraden hinunter, was passiert. Wenn sein dunkler Schatten unbehelligt durch das Wasser gleitet, ist es sicher. In wenigen Sekunden folgen die anderen dem Beherzten nach, dem gleichzeitig die Funktion eines Versuchstieres und eines Anführers zukommt. Sobald die Afrikaner einmal durch die dörfliche Bedarfsproduktion unabhängig geworden sind, wird es an kühnen Versuchen nicht fehlen, sich auf die verschiedensten Formen der Modernisierung einzulassen und in den Weltmarkt einzutreten.

Für die Überlegungen unseres Gastgebers waren wir besonders empfänglich, weil sie unseren Wünschen entgegenkamen. Es stimmte uns geradezu glücklich, daß endlich ein kompetenter Mann des alten Europa einen Ausweg aus der Sackgasse kolonialer Abhängigkeit sah.

Der Professor war kein Optimist. Es gab viel Fragliches, politische und wirtschaftliche Faktoren, die man nicht voraussehen und deren Wirkung man nicht abschätzen konnte. Dennoch wußte er einen Gegner, ein gegensätzliches Prinzip oder sogar eine geheimnisvolle Gegenkraft zu nennen. Er sprach, ohne daß vorerst klar war, wie er es meinte, polemisch; jeder Schritt seiner Gedanken entwickelte sich gegen etwas, das er den Plan, die Pläne, ‚le projet' und ‚les projets' nannte. Der Plan, das bereits Geplante oder später planmäßig Festgelegte, das könnte und würde im ungünstigen Fall die ganze aussichtsreiche Entwicklung unterbrechen, den Fortschritt zur Unabhängigkeit ins Gegenteil verkehren, zu größerer Abhängigkeit von der entthronten Kolonialmacht, von den notwendigerweise ausbeuterischen Praktiken des Weltmarkts führen, zur Verarmung und zur Zerstörung der Reste afrikanischer Kultur. Es wurde nicht klar, wem er die destruktiven Pläne zuschrieb. Bei seiner Fähigkeit, Gedanken klar auszudrücken, war es also seine Absicht, von Plänen zu sprechen, ohne zu erwähnen, wer diese Pläne schmiedete, betrieb, unterstützte, welche Mittel angewandt wurden und wie er selber die Chancen einschätzte, daß sich die dunklen Pläne durchsetzen würden, die er als negatives Gegenstück jedes wünschbaren Fortschritts hinstellte. Auch ließ er offen, ob er von einer geheimen Verschwörung sprach oder von bloß theoretisch zu erwartenden Hinderungen, ob es seine Regierung sei, die solche Pläne verfolge, ob sie die Afrikaner damit zu überspielen beabsichtige, ob sie sich der Komplizenschaft von Afrikanern, vielleicht von Parteien versichert habe, die nach außen noch für die Unabhängigkeit kämpften, oder ob es unbekannte oder erst von ihm selber entdeckte Machtgruppen seien, die Zerstörung statt Wachstum und Fortschritt planten. Er war entschlossen, den Kampf aufzunehmen und uns sogleich dafür einzuspannen. Ein Hauch von Verfolgungswahn schien den leidenschaftlichen Einsatz des Gelehrten zu beflügeln. Wir bemerkten das wohl, hüteten uns aber, es unseren Gastgeber merken zu lassen. (Damals konnte man nicht wissen, daß sich die Idee vom dezentralisierten Sozialismus nirgends durchsetzen würde. Der Versuch in dieser Richtung, den der Staats- und Parteichef Sekou Touré in Guinea unternahm, ist schon in seiner ersten Phase tragisch gescheitert.)

Unsere Beihilfe sollte in Artikeln für den „Bindestrich", *Trait d'Union*, bestehen, die einzige afrikanische Zeitschrift, die Liotard zur Verfügung stand. Sobald er seiner Ideen sicher war, wollte der Professor eine Fülle von neu gegründeten Zeitungen über Westafrika loslassen. Die Kredite dafür hatte er der Regierung bereits entwunden. Vorläufig sollten wir in anekdotischen Reiseberichten die alten Einrichtungen gemeinsamen Besitzes und kollektiver Arbeit darstellen, so lebensvoll und nützlich, wie wir ihnen begegnet waren.

Obgleich keiner von uns journalistische Erfahrung hatte, konnten wir nicht nein sagen. Wir glaubten Afrika und Jacques Hippolyte Liotard die kleine Mühe schuldig zu sein.

Der Chefredakteur der Zeitschrift, die damals vierzehntäglich, illustriert, auf Glanzpapier gedruckt, erschien, saß zum Unterschied vom Informationsminister in einem fein möblierten Büro in einem der

158

großen neuen Bauten. Er war ein kleiner, zart gebauter Afrikaner in überkorrekter europäischer Kleidung und teilte uns gleich zu Beginn mit, daß er sehr erfreut sei, unsere Bekanntschaft zu machen, die praktische Seite unserer Arbeit jedoch von seinen beiden weißen Mitarbeitern betreut werde, die ihm das Informationsministerium der Kolonie zur Verfügung gestellt habe. Der Redakteur hatte die Gewohnheit, jedesmal, wenn er das Wort ergriff, eine verbindliche Wendung zu gebrauchen. Meist begann er den Satz mit ‚évidemment‘, was so viel bedeutet wie ‚offenbar‘, ‚augenscheinlich‘. Den Ausdruck führen viele Afrikaner, die französische Schulen besucht haben, ständig im Mund, so daß man versucht ist, darin einen verbreiteten Sprach-Tic zu erkennen, eine rhetorische Wendung, die von den Lehrern zu ständigem Gebrauch empfohlen wird. ‚Evidemment‘ ist ein Ausdruck, der an ein Einverständnis appelliert. Im Augenscheinlichen muß man wohl gleiches wahrnehmen, über das, was offenbar ist, kann es nur Einvernehmen geben. Bei manchen Afrikanern hörte der Evidemment-Tic auf, sobald sie sich uns gegenüber weniger fremd fühlten. Beim Chefredakteur des „Bindestrich" kam es nicht so weit.

Seine Zeitschrift litte in der Tat unter einem Mangel an Berichten aus dem Innern, vom Leben der Dörfer. Seine Unsicherheit verstärkte sich dadurch, daß er als Städter fast nichts vom Leben der Dörfer wußte. Als wir dann, den Ideen Liotards folgend, sagten, was wir in den Reiseberichten behandeln wollten, wurde er ganz unglücklich. Er verstand anscheinend nicht, was kollektive Arbeit ist. Wir machten Vorschläge. Er hörte mit wachsendem Unbehagen zu, was daran zu merken war, daß er sein ‚offensichtlich‘, ‚selbstverständlich‘ immer häufiger einflocht. Als alles besprochen war, hatte er nicht den geringsten Einwand vorgebracht. Erleichtert rief er seine weißen Mitarbeiter herein. „Das sind die Reisenden, die uns Artikel liefern werden. Wir sind sehr geehrt. Natürlich ist das gegen die Planung der Zeitschrift. Man kann die geschätzten Beiträge leicht adaptieren, so daß sie zur Planung passen."

Die Artikel, die wir aus der Schweiz lieferten, sind nie erschienen. Der „Bindestrich", der bis zur Unabhängigkeit des Senegal herauskam, wurde nicht zum Sprachrohr des Professors, und auch von ihm selber hörten wir lange nichts mehr.

Viele Jahre später, als Dakar nicht mehr das Zentrum von Französisch Westafrika, sondern nur mehr die Hauptstadt der kleinen Republik Senegal war, dafür aber zahlreiche Handels- und Industrieunternehmungen beherbergte, die für ihre Tätigkeit eine städtisch-europäische Infrastruktur benötigen, tauchte der Professor unerwartet wieder auf. Die westafrikanischen Staaten hatten eine Konferenz einberufen, bei der die Möglichkeiten zur Auswertung geologischer Reserven diskutiert und westliche Interessenten einschließlich der Kreditbanken über die ausbaufähigen Bergbauunternehmen informiert werden sollten. Wir waren wiederum aus dem Innern des Kontinents gekommen und saßen zur Zeit des Apéritifs wie ehemals in Wolljacken in einem Straßenkaffee an der Avenue William Ponty. Ein großgewachsener alter Herr in Tropenkleidung sah sich im überfüllten Etablissement um, fragte, ob er an unserem Tisch Platz nehmen dürfe, und umfaßte, bevor er seine Zeitung entfaltete, den Kopf mit beiden Händen so fest, daß die Fingerspitzen weiß wurden.

„Ich glaube, wir sind uns schon begegnet", sagte ich. „Wir sind die Touristen, mit denen Sie vor vielen Jahren über die Zukunft Schwarzafrikas gesprochen haben. Sie haben uns an die Redaktion des *Trait d'Union* empfohlen." Der Professor musterte uns. „Sie müssen sich irren, mein Herr. Ich kenne Sie nicht. Ich bin Geologe und lediglich zum Bergbaukongreß nach Dakar gekommen." Da der Professor die Zeitung beiseite legte, begann ich zu erzählen. Wir seien damals nur kurz in Dakar gewesen und hätten mit dem Informationsminister über die Zukunft der Kolonien gesprochen. Ein dörflicher Sozialismus, so schien es damals, könnte sich aus der traditionellen Selbstversorgung, dem gemeinsamen Besitz am Boden und der kollektiven Arbeit entwickeln. Irgendwelche Planungen standen dagegen. Es blieb unklar, ob sich der alte Herr erinnerte. Pläne faszinierten ihn jedoch noch immer.

Alte Menschen neigen dazu, mit Fremden über das zu reden, was sie am meisten beschäftigt, gar wenn sie auf Reisen sind und sich allein fühlen, und der Professor ließ durchblicken, daß man nirgends so einsam sei wie auf einem internationalen Kongreß. Er selber habe Pläne ausgearbeitet, überaus wertvolle Mineralien auszubeuten, die sich an verschiedenen Stellen Westafrikas in abbauwürdiger Menge finden. Es war leicht zu erraten: es handelte sich um Uran. Er habe nach der vorhandenen geologischen Literatur, dann durch Augenschein auf ausgedehnten Reisen ins Innere die Lagen ausgemacht und sei zu sicheren Schätzungen gelangt, auf die sich nicht nur ein Projekt, nein, eine Gesamtplanung aufbauen lasse, gegen die sich jene wenigen bereits im Ausbau befindlichen Bergwerke als kleinliche Grabereien ausnähmen. Obgleich der alte Herr es sichtlich genoß, vom Erfolg seiner Arbeit zu erzählen, vermied er es, irgendeine Ortsbezeichnung zu erwähnen, aus der wir hätten erraten können, wo in den Ländereien das Uran lag. Wie damals waren wir von seinem Wissen und der Intensität seiner Darstellung eingenommen. „Sie haben nicht nur geologische Entdeckungen gemacht. Es scheint mir, daß der zukünftige Bergbau in Westafrika geradezu Ihr persönliches Werk ist." Ich erwartete, er würde bescheiden abwehren. Es kam aber keine Antwort. Ein fülliger Frauenleib in bauschigen weinroten Tüchern hatte sich zwischen uns geschoben.

Die Frauen von Dakar, die auf der Straße Erdnüsse verkaufen, sind berühmt. Sie schreiten majestätisch und graziös einher, Königinnen im Bettlerkleid. Die Weinrote, häßlich, schielend und würdevoll, hatte sich zwischen den dicht besetzten Tischen zu uns herangearbeitet. Jetzt beugte sie sich herüber und legte vor jeden eine kleine Papiertüte hin. Dann richtete sie sich in ihrer ganzen Größe auf und hielt die flache Hand, auf der geschälte Nüsse lagen, dem Professor vors Gesicht, wie man einem Tier Futter anbietet. Er steckte die Nüsse in den Mund, ohne aufzusehen. Ich sah ihr nach, wie sie sich dem nächsten Tisch zuwandte und ihr zu Flügeln geknüpftes Kopftuch, ein Segel über den Wogen der rollenden Autos, in der Avenue verschwand.

Das Gespräch war zu Ende, und ich griff nach der Zeitung. Da legte mir der Professor den Zeigefinger auf die Hand. „Sie sollten das nicht sagen. Die Planung des Bergbaus ist nicht meine Sache. Eher das Gegenteil. Ich habe die Studien vor der Unabhängigkeit angefangen. Mein Hobby sozusagen. Dann haben sich große und kleine Minengesellschaften auf die neuen Länder gestürzt und angefangen, sinnlos zu bohren und zu graben. Wer zuerst an einer Fundstelle arbeitet, der bekommt die Lizenz. Es war illegal. Sie haben aber damit gerechnet, die Regierungen später irgendwie günstig zu stimmen. Es war eine wilde Konkurrenz unter den Firmen, und sie haben unendlich viel zerstört. Dann haben sich die westafrikanischen Staaten mit Ausnahme eines einzigen geeinigt und einen Vertrag abgeschlossen. Sie wollen erst einmal das Vorhandene sichten, den Bestand aufnehmen und später regeln, wo sich ein Abbau lohnt und verantworten läßt. Die Konsortien sollten es mit einer einzigen Behörde zu tun haben, illegale Methoden, Korruption und Konkurrenz sollten aufhören. Da ist man an mich herangetreten. Schon vor einem Jahr konnte ich mein Gutachten über den Gesamtbestand dem interafrikanischen Minenkartell übergeben. Jetzt bin ich hier, für den Fall, daß sich weitere geologische Probleme stellen sollten. Aber bitte, glauben Sie nicht, daß ich die Planung für den Bergbau übernommen habe. Im Gegenteil. Ich wollte Unterlagen schaffen, damit die Völker aus ihren Reserven den größtmöglichen Gewinn mit dem kleinstmöglichen Schaden ziehen können."

Der Professor hatte sich aufgerichtet, trocknete sich die Stirn und sah uns, einen um den anderen, mit hellen Augen ins Gesicht. „Es ist mißlungen. Schlimmer noch. Die Katastrophe ist nicht aufzuhalten. Das war nicht vorauszusehen. Niemand hat es vermutet. Sehen Sie ihn an. Der hat es geschafft. Er diktiert. Er hat die Regierungen in die Tasche gesteckt, er hat seine Juristen eingesetzt. Man möchte es nicht glauben. Der da!" Er hatte die Zeitung entfaltet. Über dem Kongreßbericht das Bildnis eines noch jugendlichen Afrikaners, ein schönes, strenges Gesicht, Ziernarben an beiden Wangen: der Bevollmächtigte des Interafrikanischen Minenkartells. Es war Damokles! „Sie kennen ihn?" fragte ich. „Ich glaube fast, dem Herrn schon begegnet zu sein. Doch etwas kann nicht stimmen. Es war vor vielen Jahren in Natitingou. Der Name ist mir von anderswo bekannt. Das war ein Beamter am Verkehrsministerium in Mali. Wenn Sie ihn persönlich kennen, wäre ich froh, etwas zu erfahren."

„Es tut mir leid. Ich kann Ihnen nicht dienen. Ich habe mich erkundigt. Er soll der Sohn irgendeines Dorfchefs in Dahomey sein, doch ich zweifle, ob das wahr ist, denn er spricht Oulof und Peul wie die Leute von Dakar. Er soll einen jüngeren Bruder haben, der im Elend lebt und gelegentlich als Taxichauffeur arbeitet. Es ist kein Wunder, daß er Sie verwirrt. Er sieht aus wie ein Afrikaner, ist aber keiner. Er kann alles, was ein gerissener Manager können muß. Das stimmt auch nicht. Ein Manager ohne eine Firma, die er vertritt. Das vielleicht. Er kennt keine Rücksicht. Mit seinen Vollmachten vergibt er Konzessionen, weiß genau, wo die Lager sich befinden. Man hat mir gesagt, daß er mein Gutachten auswendig gelernt hat. Wem er die Konzession erteilt, darüber gibt er keine Rechenschaft. Die Regierung schickt Soldaten hin und läßt evakuieren. Dann wird gegraben. Er kassiert Konzessionsgebühren und verschenkt Jetflugzeuge an Minister. Die Regierung wartet auf das Geld. Plötzlich ist er es, der Geld verlangt, irgendeine verdammte Gesellschaft hat einen Vertrag mit Forderungen. Er läßt kassieren. Wenn man nicht zahlt, gehen die Leute auf die Straße, weil er der Wohltäter ist, der den Leuten Arbeit gibt.

Alle Pläne hat er im Kopf. Noch keinen einzigen Plan hat er zu Ende geführt. Irgendwer hat den Profit. Er selber lebt bescheiden. Wahrscheinlich sind es die Bergbaukonsortien, und er ist beteiligt. Ich hatte viel mit ihm zu tun, weiß aber immer weniger, was er will. Ich glaube, er ist weder Afrikaner noch Europäer, nicht national und nicht kolonial: er trägt die schwarze Maske.

Aber wenn Sie ihn fragen, wird er zur Antwort geben: Ich bin ein ganz gewöhnlicher Geschäftsmann, Jesuitenschule, Afrikanische Demokratische Partei; ich habe keinerlei Plan. Was so aussieht, das ist der freie Markt. Der macht die Philosophie, nach der Afrika heute lebt. Gesetze? Ich kenne sie nicht. Fragen Sie meine Juristen!"

„Damokles ist also ein gewissenloser neuer Funktionär, so ein Lakai der nachkolonialen internationalen Wirtschaft?" „Nein, bitte, verstehen Sie mich doch. Das ist er nicht. Er ist Lakai von niemandem. Er soll die Franzosen hassen. Er hat alles, was ein Afrikaner haben muß, vier Frauen, einen Haufen Kinder, irgendwo ein Dorf und einen Onkel, der zaubern kann. Er kennt meine Berechnungen besser als ich selber. Man hat mir die Kopie des Gutachtens aus dem Safe in Neuilly gestohlen. Ich habe es mühsam aus dem Gedächtnis rekonstruiert." Der Professor sah auf die Uhr, wischte sich nochmals die Stirn und stand auf. „Entschuldigen Sie bitte, ich habe mich verplaudert. Monsieur D. regt mich auf, diese Maske."

Die Erdnüsseverkäuferin war wieder da und sammelte die Münzen ein, die man auf den Tisch gelegt hatte. Der Professor verbeugte sich und ging, ein wenig unsicher, ein alter Mann.

Am nächsten Abend lasen wir den Bericht vom Kongreß, der zu Ende ging. Ein bedeutender ausländischer Experte habe den Kongreß leider vor Abgabe seines Votums aus gesundheitlichen Gründen verlassen müssen und sei in die Metropole zurückgeflogen. Der Bevollmächtigte sei einstimmig, durch Akklamation, wiedergewählt worden. Es wurde allerdings ein ganz anderer, uns unbekannter Name genannt. Ein Bild gab es nicht. Die Zeitung entschuldigte sich. Die Photographen seien zur Regatta der Pirogen nach N'gor gefahren. Die Politik des Interafrikanischen Minenkartells bleibe die gleiche wie bisher: keine neuen Bohrungen, strikte Kontrolle nationalen Besitzes. Im Wirtschaftsteil las man, daß nicht weniger als fünf neue Finanzunternehmungen Aktien für den Uranabbau in westafrikanischen Ländern an den Börsen von Paris, New York und Tokio hatten eintragen lassen.

Das letzte Dorf

(Achte und letzte Reise, 1977)

Vom Flugzeug der Air Afrique, elftausend Fuß über der Sahel, ist die Falese, der Felsabfall, der von Nordosten nach Südwesten hinzieht, eine dunkle Linie, fast gerade, nur da und dort verzittert, wie von Greisenhand gezogen. Nördlich der Linie ist der Boden schwarz oder düsterrot, nacktes Laterit, südlich leuchtet weißgelb die Savanne. Dörfer sind unregelmäßige Punkte, zu denen der schwarze Strich sich da und dort verdickt. Vom Helikopter, nur ein paar hundert Meter hoch, kann man die Felsbrocken und Schründe der Falese unterscheiden, das Steppengras ist wie ein feines Fell, blattlose Baobab, einzelne grünschattige Bäume stehen dicht unten am Felsabfall, und gegen Norden verlieren sich endlose Wüstenflächen. Ein Dorf ist zuerst wie ein ockerfarbiger Kristall, geziert von den glänzenden Rosetten der Strohdächer. Befindet man sich senkrecht darüber (es ist in letzter Zeit nicht selten, daß so ein Fluggerät über einsame Saheldörfer hindröhnt und Groß- und Kleinvieh in Panik versprengt), erweist sich das Dorf als Labyrinth. Die unregelmäßigen Umfriedungsmauern der Höfe bilden gewundene Gäßchen, kleine Plätze, sie münden in schattenschwarze Gänge, nach unten zur Steppe hin weiten sich die Wege und laufen in ein Netzwerk bräunlicher Trappelpfade aus, die sich im Steppengras verlieren. Ein kunstvolles Gebilde, man versteht kaum, wie das in der trockenen Öde entstehen konnte. Zwei, drei Granaten, die der militärische Helikopter losschickt, würden genügen, das Dorf in Flammen aufgehen zu lassen. Was übrig bliebe, wären ein paar Lehmklumpen mit Aschenspuren; nach der nächsten Regenzeit wüßte man kaum, daß hier Menschen gewohnt haben.

Als wir zum letzten Mal durch die Sahel fuhren, ergab es sich von selbst, ohne langes Planen, daß wir dem Felsabfall folgten, um weiter nach Westen zu gelangen. Man fährt unten in der sandigen Ebene durch das Gras, kann, wenn es nötig ist, weit nach Süden ausweichen und muß nicht fürchten, die Richtung zu verlieren, solange man rechter Hand die Felsen und Bäume im Auge behält, oder wenigstens in der Ferne den dunklen Saum, den sie am nördlichen Horizont bilden. Außerdem finden sich fast überall Spuren eines Lastwagens. Seitdem die Ost-West-Piste, die viel weiter nördlich verläuft (und von der fischgrätenartig Wege zu jedem Dorf abzweigen), nicht mehr unterhalten wird und nach jeder Regenzeit von neuen Schründen und Gräben zerhackt ist, haben fahrende Kaufleute, die nicht mehr mit den berühmten Eselkarawanen, sondern mit alten Fiatlastern unterwegs sind, die Gewohnheit angenommen, der Falese entlangzufahren. In jedem Dorf, für das sie seit der Unabhängigkeit die einzige Handelsverbindung sind, bieten sie ihre Waren an und fahren nach ein paar Tagen weiter zum nächsten Dorf. Sie bringen Nützliches, Stoffe, eiserne Geräte, viel Krimskrams, Spiegelchen, Plastikwaren, Transistoren, gelegentlich auch Salz und algerischen Rotwein in Wachskartonpackungen. Da immer weniger Bargeld in die Dörfer fließt, ist man zum Tauschhandel übergegangen. Das Tauschgeschäft, gegen Baumwolle, Schafwolle, Hirse, getrocknete Zwiebel, lohnt die mühevolle Reise eher besser als früher. Wir konnten uns auf die Spuren der Lastwagen verlassen und darauf, daß wir an keinem der noch bewohnten Dörfer vorbeifahren würden.

Wir hatten einen besonderen praktischen Grund, kein Dorf auszulassen. Diesmal waren G. und ich allein unterwegs, in einem leichten Wagen; wir selber nicht mehr so kräftig. Diese letzte Reise (die jetzt mehr als sieben Jahre zurückliegt) wäre sogar ein Wagnis gewesen, wenn uns nicht Erfahrungen früherer Reisen geleitet hätten. Alle Pisten der Sahel, soweit die nach Süden vordringende Wüstenbildung sie noch nicht übersandet hat, sind stellenweise von kriechenden Akazienbüschen überwachsen. Je weiter nach Westen man vordringt, desto länger und härter sind die Dornen dieser Pflanze, der man nicht überall ausweichen kann. Allmählich haben sie eine solche Konsistenz erreicht, daß sie in den Gummi der Reifen eindringen, ohne ihn allerdings zu durchstoßen. Sobald der Wagen wieder über eine harte Unterlage rollt, bohren sich die Dornen tiefer ein, bis man dahin gelangt, daß man an jedem Tag zwei, vier oder auch zehn bis zwölf neue Schläuche aufziehen muß. In dieser Hitze war das eine harte Arbeit für Leute unseres Alters. Wenn aber ein Händler in einem Dorf war, der immer von jungen, kräftigen Gehilfen begleitet wird, die solche Arbeiten gewohnt sind, hatten wir es leicht. Wir knüpften

Bekanntschaft mit dem Unternehmer an, er erlaubte seinen Burschen, uns die Arbeit abzunehmen, sie waren mit dem zusätzlichen Verdienst zufrieden, wir konnten uns ausruhen und mit zwei frisch reparierten Reserverädern weiterfahren.

Im Rückblick war doch anderes wichtiger als die Dornen in den Reifen. Wir wußten, daß es unsere letzte Reise durch Afrika war, wollten keines der Dörfer auslassen und wären am liebsten in jedem Dorf geblieben. Frédéric und Ruth waren nicht mehr dabei; „wir", das waren nur noch G. und ich.

Die dänische Dichterin Karen Blixen, die sich Isak Dinesen nannte, hat ihre Erlebnisse aufgezeichnet, als sie „Abschied von Afrika" nehmen mußte, beinahe ein halbes Jahrhundert vor uns – eine Zeit, an die sich nur mehr wenige erinnern, und eine andere Landschaft, das ‚Weiße Hochland' von Kenya, Hemingways ‚Grüne Hügel Afrikas'. In ihren Erzählungen sind nicht Afrikaner die Protagonisten, oder nur selten. Auch ich habe zumeist von Weißen erzählt, die durch irgendeine amöbische Durchdringung mit Afrikanern verändert worden sind, und von afrikanischen Veränderungen, die Weiße bewirkt haben. Ich spürte die Versuchung, als Afrikaner zu erzählen, wie John Updike, der sein „Ich" als ehemaligen afrikanischen Staatspräsidenten memoirenschreibend an das Marmortischchen eines Bistro in Nizza versetzt hat. Doch bin ich bei meiner Identität geblieben. Ungezählte Afrikaner der verschiedensten Völkerschaften erinnern sich an ihre Vergangenheit, während die Weißen allen Grund haben und alle Möglichkeiten nutzen, jene Jahre zu vergessen – abgesehen von den Geschäftsbilanzen und Berichten der Geheimdienste in irgendwelchen Tresoren und versiegelten Archiven.

Als sie „Out of Africa" ging, war von Karen Blixen „eine Hälfte in den N'gong-Hügeln liegen geblieben". Sie fühlte, daß die übrige Hälfte für das tägliche Leben nicht mehr ganz tauglich war. Während Jahrzehnten hatte ihre Liebe und hatten alle Kräfte dem einen Ort gegolten, der Farm mit den Menschen und Tieren, dem ostafrikanischen Himmel mit den segelgleichen Wolken darüber. Uns, die wir Reisende in ständiger Bewegung waren, ist beim Abschied nichts zerbrochen. Erst später haben wir wahrgenommen, wie scheinbar klug, mit welch bedenklicher Behutsamkeit wir uns in vielen Fahrten von Afrika entfernt haben und manchen Orten, an denen wir früher Halt gemacht hatten, ausgewichen sind, um uns frei zu halten.

Das Gebirge Hair-al-Azbine war ein ersehntes Ziel. Die Oase Timia, die Frédéric in kühnen Farben gemalt hat, der Hochzeitstanz der sechzig Straußenvögel auf einer Terrasse über dem Oued, das ins Gebirge hineinführt, sind lebendige Märchen und Bilder geblieben. Wir haben das Azbine nie mehr besucht. An der warmen Quelle weilte damals ein greiser islamischer Schriftgelehrter aus der Gegend von Niafunké. Er war mit Familie und Gesinde, drei Kamelen und fünf Eseln über zweitausend Kilometer weit hergezogen, um seine geschwollenen Glieder zu heilen. Wir blieben nur kurz bei ihm, während er gedachte, der Kur sechs Monde zu widmen.

Diesmal kamen wir an der Wegkreuzung vorbei, wo es zur Quelle hin abzweigt. Das einst jungfräuliche Gelände war von tiefen Räderspuren zerfurcht. Der polizeiliche Wächter der Niger-Republik erzählte: dort wo die Wunderquelle floß, sei nun ein ungeheurer Schacht gegraben, „in dem viele tausend Kamele Platz haben und der täglich weiterfrißt, l'Uran pour la France". Wir glaubten das Dröhnen im Wüstensand zu spüren und bogen weithin ab, um das verbotene Gebiet zu umfahren und uns herauszuhalten.

Der Falese wären wir nicht gefolgt, wenn sie uns nicht ein wenig an den Felsabfall von Bandiagara erinnert hätte, an dem die Dörfer der Dogon stehen. Um das Dorf Sanga, in dem wir 1960 als Gäste und Forscher so glücklich waren, machten wir einen Bogen. Wir wollten Sanga nicht als Ziel touristischer Reisegesellschaften wiederfinden. Der Umweg entlang der Falese wich von unserer Fahrtrichtung nicht allzusehr ab. Die Gegend ist von der staatlichen Verwaltung ausgelassen worden. Die moderne Entwicklung oder das, was dafür gehalten wird, konzentriert sich um die Hauptstadt oder ein Gebiet, das sich zu wirtschaftlichem Ausbau eignet, an dem die Staatskasse beteiligt ist. Je weiter weg davon, desto mehr sind die Dörfer auf Selbsterhaltung angewiesen, haben auch oft zu längst aufgegebenen Arbeits- und Lebensformen zurückgefunden; für den Reisenden ein erfreulicher Anblick.

Während wir die Falese entlangfuhren, besuchten wir mehrere der prächtigen altneuen Dörfer. In einem sind wir dann geblieben. Unterwegs war uns aufgefallen, daß die Spuren manchmal nahe an den Felsabfall heranführten, ohne daß ein Dorf zu sehen war, und sich wieder entfernten. Schließlich löste sich der Weg in ein Netzwerk sandiger Trappelpfade auf, von dornigem Buschwerk gesäumt, gerippt von den Fußspuren der Rinder, Schafe und Esel. Dunkle Bäume, ein Dorf. Viele Wege scheinen hinein- oder hindurchzuführen, werden immer schmäler, wir müssen anhalten und sind darauf angewiesen, daß man uns weiterhilft. Es ist eine liebenswürdige Falle. Die Kinder und jungen Leute, die sich neugierig um den Wagen drängen, wollen uns überreden auszusteigen; sie nehmen vorweg, was dann die Frauen und Männer ernsthaft und werbend wiederholen: daß wir hier bleiben, als Gäste verweilen, dem Dorf die Ehre geben mögen.

Wie das Dorf hieß, weiß ich nicht, kann auch nicht genau sagen, wie lange wir geblieben sind. In meinem Notizbuch fand ich nur: „Großes Dorf an der Falese", das Datum der Ankunft, Doppelpunkt. Dann brechen die Eintragungen ab. Auf der nächsten Seite sind wir bereits bei Professor Collomb an der Psychiatrischen Klinik Fann-Dakar. In jenem großen Dorf blieben wir nach Tagen einsamer Fahrt, eingefangen im Netz der Trappelwege von Kindern, die unsere Hände mit ihren kräftigen Händchen zu fassen kriegen und nicht loslassen, bis wir vor der Hütte des Dorfchefs sind, ganz oben, wo die Felsen der Falese die Siedlung abschließen.

Solange die Bewegung ihn trägt, möchte der Reisende weiter, nach immer neuen Horizonten, bis hinter jene fernen Hügel. Untergründig der Wunsch, einmal zu bleiben, sich einzunisten. Das große Dorf war ganz der Ort, um auszuruhen. In jenem Jahr hatte die sommerliche Hitze, die sonst erst im Mai aufkommt, schon im März ihren Höhepunkt erreicht. Die dichtbelaubten Bäume am Eingang des Dorfes und die dicken Strohdächer versprachen Schatten. Wahrscheinlich war es das letzte Dorf an der Falese, die sich weiter im Westen im trockenen Busch verliert. Der Dorfchef nahm uns die Entscheidung ab. Bei der Begrüßung meinte er, wir seien hier am richtigen Ort, seine geräumigste Hütte stehe bereit, zwar sei gegenwärtig kein Lastwagen im Dorf – so gut hatte er unser Anliegen erraten –, doch werde einer seiner Leute, nach dem er bereits geschickt habe, uns bei der Arbeit am Wagen helfen. Von einer jungen Frau ließ er einen Krug mit säuerlichem Tamarindentee bringen, wunderbar gekühlt dank der Verdunstung der Flüssigkeit, die durch den porösen Ton sickert. – Der Dorfchef war großgewachsen und schien jung und energisch zu sein. Nur seine vorgebeugte Haltung verriet das Alter, bis wir tausend Runzeln im tiefschwarzen Gesicht entdeckten.

Unsere Hütte war so gebaut, daß ständig eine angenehme Zugluft von der Türöffnung, die auf den Hof des Chefs hinausging, zum kleinen Fenster an der Hinterwand hinaufzog. Noch am selben Nachmittag kam eine junge Frau an die Tür. Der Dorfchef würde uns gerne auf einer kleinen Fahrt begleiten, um uns gleich jetzt den Weg bis zur Grenze seines Bezirks zu zeigen. Als wir nach fünf Minuten herauskamen, wartete er bereits vor der Tür. Er hatte einen Turban nach Art der Tuareg um den Kopf gewunden. Noch bevor wir das Gewirr der eingegrenzten Wege hinter uns gelassen hatten, stellte es sich heraus, daß er die Herde des Dorfes inspizieren wollte. War das der Grund für den freundlichen Empfang? Der Weg zur Herde war nicht weit; bis dahin wäre er auch ohne unseren Wagen gekommen. Es war ein ungewöhnlich schöner Fleck, das Gras stand so hoch, daß die Rinder darin verschwanden, und am Fuß der Felsen lag ein kleiner Teich mit kühlem Wasser, der von einer unterirdischen Quelle gespeist wurde. Sobald der Wagen anhielt, umringten uns die Hirten, Burschen und Mädchen splitternackt, mit langen Stäben und Lanzen bewaffnet. Der Alte tauschte ein paar Worte mit ihnen, sagte entschuldigend, es sind nicht meine Kinder, sie nähren sich von der Milch, es sind halbe Wilde, sie mögen keine Kleider und treiben es, wie sie wollen. Dann achtete er nicht weiter auf die paradiesische Jugend und nicht auf die Buckelkühe, die ebenso glatt und wohlgenährt waren wie ihre Hirten.

Vor uns lag die Schlucht, an der das Dorfgebiet endet. In der letzten Regenzeit hatte das Wasser einen gewundenen Graben aufgerissen, der jetzt trocken war, aber mindestens zehn Meter tief, mit steilen, lehmig-sandigen Wänden. Während ich beim Wagen blieb, den die Hirten handgreiflich bestaunten, ging G. mit dem Alten, um eine Furt zu suchen. Bald hatten sie eine Stelle gefunden, an der wir es wagen konnten, steil in der Fallinie hinunter auf den Grund des Grabens zu fahren. Dann aber müßten wir lange im Graben weiterfahren bis an die einzige Stelle, an der die gegenseitige Wand eine Bresche aufwies. Dort mündete ein steiler Nebengraben, im Schnitt V-förmig, so daß wir mit den Außenkanten der Reifen wie ein Kletterer im Felskamin gegen die beiden Wände gestemmt im Schwung hinaufrasen müßten.

Der Dorfchef war ein seltsamer Mann. Energisch organisierte er unser Leben. An jedem Nachmittag gab es einen kleinen Ausflug mit dem Auto, am Morgen hatten wir ein oder zwei Patienten zu behandeln, andere wies er ab. Er ließ uns Hühner, Fladen aus Hirsemehl und noch einen Tonkrug bringen, der nachgefüllt wurde, während wir unterwegs waren. Wenn er mit uns sprach, war er wie verwandelt, ängstlich, ja weinerlich, seufzte, wenn er auf sein Dorf zu sprechen kam. Manchmal hatte er das Turbantuch so um den Kopf gebunden, daß er wie ein trauriges altes Weib aussah. Am liebsten wäre er nicht mehr Chef, er sei alt, wenn er Kinder hätte, dürfte er endlich sterben. Ein andermal sagte er etwas von seinen Söhnen, wechselte aber sogleich das Thema und fragte ängstlich, ob uns etwas fehle, wir sollten es gut haben, wir seien die guten Geister seines Dorfes. In der Tat mochten uns die Leute gerne, nicht nur die Kinder. Der Alte und die junge Frau sprachen französisch. Einen Lehrer gab es anscheinend nicht und auch keine Schule. Es war ein friedliches Dorf, und die Leute lebten nicht schlecht.

Am dritten oder vierten Tag besuchten wir den Alten früh am Morgen. Er saß, mit dem Kopftuch recht jämmerlich anzusehen, auf der Schwelle seiner Hütte. Wir wollten wissen, ob der Mann, der uns mit den Autoreifen helfen sollte, endlich käme. Wenn nicht, würden wir uns selber an die Arbeit machen. Der Chef war augenblicklich wie verwandelt, sprang auf wie ein Junger, rief schallend über die Hofmauer ins Dorf hinunter. Es tönte zurück. Dann stellte er sich so aufrecht, wie es ihm möglich war, vor uns hin: „Ich habe befohlen; der Mann wird morgen früh da sein."

In der Tat erschien der Gehilfe bei Tagesanbruch. Er weckte uns mit lauten Sprüchen, zündete den komplizierten Benzinkocher an und setzte Wasser für den Kaffee auf. Der Gehilfe war in ein zerrissenes Hemd und ehemals weiße Hosen gekleidet und hatte die Sprache und das Benehmen eines ehemaligen Kolonialsoldaten. Dazu war er aber zu jung; er mußte die Flüche, die er überall einstreute, bei einem Ehemaligen gelernt haben. Wir tranken zusammen Kaffee und gingen mit ihm hinunter zum Wagen. Die Arbeit, die uns allein so schwer fiel, ging gut vorwärts. Als der erste Reifen aufgezogen war, waren wir allerdings alle drei erschöpft von der Hitze, obwohl wir im Schatten eines Baumes gearbeitet hatten. Der Gehilfe begann zu erzählen. Auch an den nächsten Tagen wurde die Arbeit immer nur kurz weitergeführt. Dann saßen wir nebeneinander auf einem morschen Stamm und hörten ihm zu.

„Der Alte ist kaputt, le vieux est foutu. Er kann nicht mehr." Er warte auf seinen ältesten Sohn, der sei schon lange fort, seit die Schule geschlossen wurde, weil der Lehrer auf seinem Motorrad fortfuhr. Den Jungen habe man einem Lastwagen mitgegeben, nach Diré am Niger, wo eine gute Schule ist. Das sei lange her. Auch Ali, der Jüngere, sei verschwunden. Wir sollten wohl dableiben, bis die Söhne zurückkämen. Die würden sich hüten. Ob wir nicht bemerkt hätten, daß kein einziger junger Mann mehr im Dorf ist? Nein, die Buben bei der Herde, das seien halbe Kinder, die probierten erst ihren Schwanz aus und seien für nichts gut. „Der Alte hat Angst, er will sterben, er sagt, ich warte noch vier Monate, dann darf ich sterben. Er glaubt, daß nichts passieren kann, solange Sie im Dorf sind. Er scheißt sich an vor Angst."

Der Gehilfe mußte lachen, bis ihm die Tränen kamen, spuckte aus, verlangte eine Zigarette und setzte seine Rede, gespickt mit neuen Flüchen, fort: „Wir gehen alle kaputt, ob Sie da sind oder nicht." Seine Geschichten fügten sich furchtbar zusammen. Unterwegs entlang der Falese hatten wir untrügliche Zeichen des Unheils geflissentlich übersehen.

Es fing vor der letzten Regenzeit an. In einem benachbarten Dorf war eine Equipe der Regierung erschienen, ein weißer Geologe, schwarze Techniker, Arbeiter und ein halbes Dutzend Soldaten. Auf ihren Lastwagen hatten sie Maschinen und Apparate mitgebracht, im Landrover des Weißen sogar einen Radiosender. Sechs oder sieben Zelte standen unten am Dorfrand neben den Hütten der Handwerker. Die Männer gruben, bohrten und ließen ihre Maschinen dröhnen. Nach einer Woche fuhren sie ab. Dafür landete ein Helikopter. Ein Offizier und einige Soldaten gingen ins Dorf. Die Dorfleute müßten fort. Jeder sollte mitnehmen, was er tragen könne, das Vieh werde man später nachtreiben. Vorerst sollten sie mit den Soldaten bis zum nächsten Dorf ziehen. Später werde man ihnen eine andere Wohnstätte zuweisen. Die Ältesten wollten beraten, was zu tun sei, und riefen ihre Leute zusammen. Der Offizier wollte nicht warten und schickte die Soldaten ins Dorf. Da holten die Männer Lanzen und Stöcke und gingen gegen die Soldaten los. Bevor sie etwas erreicht hatten, schossen die Soldaten mit Maschinenpistolen und hörten nicht mehr auf zu schießen, bis alle tot waren. Dann zündeten sie das Dorf an. Nur ein paar Kindern war es gelungen, hinaus in die Ebene zu fliehen. Sie retteten sich in der folgenden Nacht bis zum nächsten Dorf. Dort wollte man ihnen nicht glauben und schickte zwei Jäger als Kundschafter. Die schlichen hinter den Felsen an das zerstörte Dorf heran. Die Hütten waren niedergebrannt. Sie konnten gerade noch sehen, wie die Soldaten eine große Grube zuschütteten, in die sie alle Leichen geworfen hatten. In den folgenden Wochen wurden viele Arbeiter und große Maschinen herangeschafft, und bald waren Bohr- und Grabarbeiten im Gange.

Plötzlich war dann alles aus. Die grünen Zelte wurden zusammengepackt, die Maschinen aufgeladen, die Arbeiter kletterten in die Lastwagen und fuhren fort. Das gleiche schreckliche Spiel begann in einem anderen Dorf, weiter im Osten. Die Sache wurde bekannt. Man schickte eine Delegation in die Hauptstadt, die nichts von sich hören ließ und auch nicht zurückkam. In den folgenden Monaten flohen die Bewohner aus einigen Dörfern, sobald der Geologe mit seinen Leuten ankam. Nirgends wurde mehr versucht, gegen die Soldaten zu kämpfen. Ins Große Dorf war noch niemand gekommen. „Der Alte aber sagt, sie werden kommen, wenn meine Söhne uns nicht retten. Sie lassen kein Dorf aus. Wir werden alle sterben."

Wir waren entsetzt. Ob es denn keine Möglichkeit gebe, die Gefahr abzuwenden? Der Gehilfe mußte lachen und verlangte noch eine Zigarette. „Vielleicht hört es von selber auf. Es ist nirgends ein Bergwerk entstanden. Sie gehen nach einiger Zeit wieder fort. Vielleicht irrt sich der Geologe, und es ist gar nichts zu holen, oder es liegt unter den Felsen und man kann nicht heran. An ein paar Stellen sind die Felsen gesprengt worden. Auch dort sind sie wieder abgezogen."

Nur in zwei oder drei Dörfern sei es anders gegangen. Dort gebe es so Frauen, femmes libres, Frauen von woanders her, die mit Männern schlafen, wenn sie dafür genug Geld kriegen. Eine im letzten Dorf, wir seien daran vorbeigekommen, dort wo die Felsen rot sind, die habe den Geologen verliebt gemacht. Sie sagte zu ihm, sie wolle draußen im

Busch Liebe machen. Mit ihren Kolleginnen hat sie den Mann, als er die Kleider ausgezogen hatte, überfallen und festgebunden. Sie haben ihn mit Honig eingeschmiert und sind dann fort. Am Morgen sind die wilden Bienen gekommen und haben ihn so gestochen, daß er schon tot war, als man ihn suchen ging. Die Frauen sind aus dem Dorf verschwunden und in ein anderes Dorf gegangen. Man kann hinfahren und mit ihnen schlafen. Die Geologen haben Angst bekommen. Sie schicken zuerst einen Jeep mit Soldaten, um herauszufinden, ob femmes libres im Dorf sind. Wenn es heißt, sie sind da, kommen sie nicht. Wahrscheinlich melden sie mit dem Radio, da ist nichts zu finden, wir müssen weiter.

Nein, hier im Großen Dorf seien keine femmes libres. Er wurde etwas ernster. Er habe ohnehin niemanden hier. Er werde in ein Dorf gehen, wo die grausamen Frauenzimmer wohnen.

Wir zweifelten nicht mehr daran, daß sich die schrecklichen Vorfälle wirklich so ereignet hatten, wie er sie erzählte. Er merkte das und brachte die Arbeit mit den Reifen rasch zu Ende. „Sie werden weiterfahren wollen"; das wollten wir auch.

Der Dorfchef sagte, er habe nichts von einem Massaker gehört, das seien Märchen, die dumme Leute erzählen. Zur Sicherheit frage er täglich den Hellseher, und auch der habe festgestellt, daß es für das Dorf keine Gefahr gibt. Wir würden am nächsten Morgen abreisen, sagten wir, und erwarteten, daß er versuchen würde, uns zurückzuhalten. Der Alte nickte nur: „Sie kennen den Weg durch den Graben. Weiter gibt es keine Schwierigkeiten."

Wie an jedem Abend stiegen wir hinauf auf die Felsen. Im Dunst der immer heißeren Tage gab es keinen Sonnenuntergang. Hoch über dem Horizont verblaßte die Sonne im gelben Nebel. Würde einmal ein kühler Wind aufkommen, würde man einmal weit über die weißliche Grasfläche sehen können bis zu den fernsten Büschen, würden an einem klaren Abend die verlorenen Söhne heimkehren, dem Spuk ein Ende machen, so wäre das bisher glücklich vergessene Große Dorf für seine eigene Zukunft und in unserer Erinnerung vor Mord und Zerstörung bewahrt.

Am Morgen dauerte es dann doch länger, bis wir wegfahren konnten. Der Chef brachte eine alte Frau, der wir noch vor der Abreise die

Gliederschmerzen heilen sollten. Er wollte bis zu den Herden mitfahren, überlegte es sich anders, wollte uns einen Brief mitgeben, den wir in Kayes zur Post bringen sollten, verschwand, um den Brief zu schreiben, schickte nach einer Stunde die junge Frau ohne den Brief herüber, er habe die Adresse nicht gefunden und werde später einmal schreiben. Mit ihr kam eine Schar Kinder, die halfen, unsere Sachen zum Wagen zu tragen, wo sich dann auch der Chef von uns verabschieden würde.

Wir fragten die Frau, ob sie den Hellseher kenne. Ja, natürlich, das sei ihr Onkel, er habe von unserer Anwesenheit gehört und unseren Besuch erwartet, es sei am besten, das nachzuholen. Während wir zu seiner Hütte hinaufstiegen (ohne die Kinder, die anscheinend wußten, daß sie jetzt nicht erwünscht waren), berieten wir, ob wir die drohende Katastrophe zur Sprache bringen sollten. Sicherlich sei der Seher blind. So war es auch: ein magerer blinder Greis hockte im Schatten, gab den Fremden die Hand und wies mit einem langen Stab auf die besten Plätze im Schatten eines wilden Feigenbaumes.

Jurugu der Wüstenfuchs kennt die Zukunft, die den Menschen verborgen ist. Er ist bereit, sie mitzuteilen, wenn man ihm die nötige Aufmerksamkeit erweist. Ich weiß nicht, ob der bekannte Mythos der Dogon bis hierher gedrungen ist, oder ob es sich um ein mythisches Geschehen handelt, das in Abwandlungen auch bei anderen Völkern der Sahel vorkommt. Jurugu ist der erstgezeugte Sohn Gottes. Er war seinem Erzeuger ungehorsam, raubte der Mutter Erde den Faserrock und drang in sie ein, beging damit den Inzest – Anlaß, daß sein Vater ihn verstieß und zu weiterer Zeugung schritt, aber auch Ursache, daß der Wüstenfuchs ein Wissen erwarb, das den späteren, gehorsamen Söhnen vorenthalten ist. In der Mutter Erde ruhte das Feuer; er brachte es den Menschen und erhielt dafür die Reste ihrer Mahlzeit. Dort unten ist auch die Zukunft zu Hause. Jurugu verrät sie mit seinen Spuren, wenn er nachts auf der Terrasse, die man für ihn bereitet, tanzt.

Schon früher hatten wir den quadratischen, mit einem gehärteten Lehmwulst umgrenzten Sandplatz gesehen, die Terrasse, das heißt die Erde (der Himmel wäre rund). Dort stellt der Seher am Abend Figürchen und andere Gegenstände auf, die den Sinn der Frage vermitteln, und streut Erdnüsse dazwischen. Nachts kommt Jurugu aus seiner Höhle und tanzt auf der Terrasse. Aus den Spuren im Sand (die den Spuren der Wüstenspringmaus gleichen) ist die Zukunft zu lesen.

Der Greis wollte uns seine Kunst erklären, war erheitert, daß wir Bescheid wußten, und begann lachend und etwas ärgerlich auf den Dorfchef zu schimpfen. Als die Nachricht von der Katastrophe eintraf, sei der Alte, wie er es bei jeder wichtigen Angelegenheit zu tun pflegte, um Rat gekommen. Die Nachricht erwies sich als wahr, noch schrecklicher als erwartet: die Zähne des Unterkieferknochens vom Wüstenfuchs, der wichtigsten Figur des Orakels, die abends aufwärts zeigten, waren am Morgen tief in den Sand gegraben. Und die beiden Stäbe – der lange: der ältere Sohn; der kürzere: sein Bruder Ali –, nach denen ebenfalls gefragt war, lagen quer über dem Knochen, aber mit der Spitze zum Rand hin. Das hieß, daß die Söhne das Unheil besiegen könnten, daß sie jedoch fort wollten, vielleicht aus dem Dorf, vielleicht aus dem Leben. Der Dorfchef war erschrocken und wurde so wütend, daß er Jurugus Kieferknochen gegen den Felsen schleuderte, wo er zerschellte. Seither könne man den Wüstenfuchs nicht mehr fragen.

Der Greis gab die Erklärung sachlich, ohne mystisches Getue, und sprach im gleichen heiteren Ton weiter, während seine Nichte eifrig übersetzte. Auch ohne sicheres Wissen müsse man das Schlimmste befürchten. Die Söhne seien schon sehr lange fort, den älteren habe er selber noch abfahren sehen. Was die Untaten der Soldaten betreffe, wer könne Soldaten vor Untaten zurückhalten, wenn nicht ihr Offizier, und wer zum Töten von Menschen ausgewählt sei, von dem sei nichts Gutes zu erwarten. Er machte noch eine Bemerkung, die die junge Frau nicht übersetzen mochte. Schließlich gab sie zu, daß er uns geraten hatte, rasch abzufahren, um uns in Sicherheit zu bringen. Wer wisse denn, wann Unheil kommt, wen es verschont. Wir waren entlassen.

Der Dorfchef kam nicht zur Abfahrt herunter, er ließ ausrichten, er habe in dringenden Geschäften fort müssen. Die Hirten empfingen uns lachend und freuten sich über die Zigaretten, die wir verteilten. Der Wagen rollte in die Schlucht. Als wir die Stelle mit dem steilen Graben an der Gegenseite gefunden hatten, saßen sie oben am diesseitigen Rand wie Zuschauer im Theater. Wir nahmen Anlauf, der Motor heulte auf, in einer Wolke von Staub, Kies und Gestank von verbranntem Gummi erreichten wir den oberen Rand. Die Jungen glitten mit spitzen Schreien in die Schlucht, stürmten auf der anderen Seite hinauf und schlugen vor Begeisterung mit der flachen Hand auf das Blech, daß es dröhnte. Wir fuhren langsam ins gelbe Licht, der Sonne nach, die eben im Dunst verschwand.

Wir wollten nicht mehr weit fahren, uns nur vom Dorf entfernen und dann das Nachtlager aufschlagen. Es kam anders. Der Boden wurde hart, flach und schotterig. Im Norden waren keine Felsen mehr. Weiß und schwarz bemalte Bleche lagen am Boden. Wir befanden uns auf einem aufgelassenen Flugfeld. Die Spur heraus wollten wir noch finden. Nach Westen versperrte eine hohe Sanddüne den Weg. Im Norden lagen immer größere Steine auf dem Boden, schließlich so dicht, daß wir umkehren mußten. Nach Süden ging die Steppe in einen dürren Buschwald über, in dem keine Spur auszumachen war. Wir irrten auf dem Flugplatz herum und glaubten immer wieder auf dieselben Blechmarkierungen zu stoßen, bis es dunkel war. Nervös und müde entschlossen wir uns, zu nächtigen, wo wir eben waren. Da tauchten im Licht der Scheinwerfer drei weiß gekleidete Gestalten auf, die reglos dastanden. Wir hielten schräg vor ihnen, so daß die Scheinwerfer sie nicht blendeten. Es waren ein großgewachsener alter Mann und zwei kleinere junge. Im ersten Augenblick glaubten wir, es sei unser Dorfchef. Dieser Alte war jedoch viel gebrechlicher, stützte sich mit einer Hand auf einen Stab, mit der anderen auf die Schulter des Jungen. Ein Vater mit seinen Söhnen, dachten wir.

Der junge Mann, der den Vater nicht stützen mußte, kam an die Tür des Wagens, grüßte und fragte, ob er eine Bitte vorbringen dürfe. Ich meinte, sie wollten mitfahren, und zeigte nach hinten; der Wagen war voll beladen. Nein, es handle sich nicht darum, nur um eine Besorgung, die wir, wenn immer möglich, erledigen sollten. Mit diesen Worten (er sprach ein Französisch, wie man es bei den Jesuiten lernt) reichte er mir einen Gegenstand in den Wagen. Ich knipste das Deckenlicht an und hielt eine goldene Sandale in der Hand, einen Frauenschuh aus Plastik, wie man ihn heute auf den Märkten findet, abgetragen und schadhaft, aber eben goldfarben. Wir sollten so freundlich sein, in Kayes ein Paar gleicher goldener Sandalen zu besorgen und auf der Rückfahrt mitzubringen. Sie würden am Weg warten und die Spesen bezahlen. Es sei für eine Frau in ihrem Dorf, die erklärt habe, sie brauche neue Sandalen, genau solch goldene, sonst gehe sie fort. Wir Reisende könnten nicht ahnen, welches Unglück das für das Dorf wäre.

Ich mußte bedauern, wir führen weiter nach Westen, bis Dakar. Der junge Mann wandte sich an seine Begleiter, sie nickten, während er sich wegen der Störung entschuldigte. Auch ich wollte ihn um etwas bitten. Vielleicht wisse er, wo der Weg vom Flugplatz nach Westen weitergeht. „Haben Sie ein Stück Papier, Monsieur?" Er neigte sich in den Wagen herein und fertigte rasch eine Planskizze. Man müsse ganz dicht an die Düne heranfahren; dort sind Spuren, die nach Süden zu laufen scheinen, dann in einem spitzen Winkel in eine Schlucht, einen von der Düne freigelassenen Korridor einbiegen, der mehrfach gewunden durch sie hindurchführt und jenseits in eine Piste übergeht, die gerade nach Westen läuft. Wir bedankten uns und fanden die Durchfahrt. Einmal auf der geraden Spur, suchten wir einen ebenen Platz und packten die Sachen für die Nacht aus. Als wir die Blache über dem Gepäck zurückschoben, lag die goldene Sandale da. Wahrscheinlich hatte er sie in den Wagen geschmuggelt. Ich wollte die Sandale nicht hier in der Nähe wegwerfen, legte sie zwischen das Gepäck und dachte nicht mehr daran.

Von Kayes, durch das der Senegal in schäumenden Schnellen fließt, folgten wir der ,Spur am Fluß', die etwa zwanzig Kilometer nördlich des Stromes nach Westen geht und die niemand mehr wählt, seit Mauretanien wieder im Krieg mit seinem Erzfeind Marokko ist und den Grenzposten am Ende dieser Piste geschlossen hat. Es gab weniger Dornakazienbüsche, in den Niederungen wuchs mannshohes Löwengras, und am frühen Nachmittag nahm uns ein Wald von Brotfruchtbäumen auf. Der Baobab mit seinem glatten grauen Stamm, den bizarren blattlosen Ästen, den roten Blüten und schweren Hängeschoten ist imposant genug, wenn er allein steht. Hier war ein Dom silberner Säulen, vergleichbar der Mesquita in Cordoba, statt von der kühl schützenden Kuppel überwölbt vom weißlichen Himmel, preisgegeben den stechenden Sonnenstrahlen.

Mitten auf der Piste, so daß ich scharf bremsen mußte, hockte ein Tier, ein mächtiger Mähnenpavian, fletschte die Zähne und richtete sich mit gesträubtem Fell vor dem Wagen auf. Auf all den Reisen waren wir Freunde der Hundsaffen geworden. Es sind neugierige

Tiere. Erst erschrecken sie, drohen, imponieren, dann aber, von ihren menschlichen Verwandten nicht so verschieden, ziehen sie es vor, nachzusehen, sich über die Eindringlinge zu empören oder mit ihnen zu verkehren, wenn sie schon nicht zu vertreiben sind. G. hatte gelernt, so zu bellen, daß die Paviane es verstehen. Schüchtern antworten zuerst halbwüchsige Mädchen, die anders als bei uns unbefangener sind als Knaben, dann untersucht ein älterer Affe die Lage, und allmählich nehmen die beiden einander ähnlichen Vettern ihre gewohnten Tätigkeiten wieder auf. Jetzt aber belebte sich der ganze Wald. Herden von achtzig oder hundert Pavianen gehören zum Alltag des Afrikareisenden. Hier jedoch, im nicht endenden Baobab-Dom, zogen langsam, wie es ihre Art ist, gegen tausend Tiere vom Fluß her nach Norden, mit Pausen, in denen die Patriarchen Hof halten, Mütter ihre Babys stillen, die Jungen fressen, spielen oder versuchen, sich hinter dem Rücken der Alten mit Sex zu vergnügen. Warum und wohin? Verzaubert warteten wir, bis sie vorbei waren. War das der Abschied vom schwarzen Afrika? Am nächsten Mittag bogen wir nach Norden ab, um die mauretanische Grenzstation zu suchen.

Die im Staub erstickende Oase war voller Soldaten, die nervös und gequält aussahen. Zum Töten werden Soldaten ausgebildet, auf das tatenlose Warten, das es in jedem Krieg gibt, sind sie nicht vorbereitet. Besonderes Mißtrauen erregte der Umstand, daß unsere Papiere korrekt und vollständig waren. Man rief einen Offizier, dessen tadellose Uniform ihn als mächtigen Mann auswies. Er würdigte die Papiere keines Blicks. Wir sollten den Zweck unserer Reise darlegen. Es klang drohend. Ich reichte ihm das Schreiben, mit dem uns die Universität Dakar als Gastdozenten eingeladen hatte. Er hielt das Papier von sich ab, als ob es giftig wäre, dann erhellte sich seine Miene. „Le professeur Collomb, das ist Ihr Freund! Er ist ein großer Gelehrter, er hat die Schwester meiner Gattin von einem Dämon geheilt, der Schizophrenie heißt, grüßen Sie ihn bitte, Empfehlungen vom Colonel Jivril, gute Reise!" Wir waren als Psychiater definiert, „out of Africa" – und machten uns sogleich auf den Weg, fort von den Soldaten.

Mehrere Pisten des mauretanischen Südens kreuzen in Selibaby. Zum Unterschied vom Grenzort war diese Oase belebt, mehrere Laster, hochbeladen mit Waren und Passagieren, füllten Wasser und Treibstoff nach, um in den Abendstunden loszufahren. Wir trauten uns nicht zu, den Weg in der Dunkelheit zu finden. Auch war es nicht mehr weit bis Bakel, wo es eine Motorfähre über den Senegalfluß gibt.

Schon vom ersten Chauffeur, den wir fragten, hörten wir, daß die Fähre seit Monaten defekt sei, die nächste in Matam ebenfalls. „Wer weiß, wie Sie über den Fluß kommen können. Viel weiter im Westen vielleicht. Nehmen Sie genug Wasser mit. Benzin gibt es nur hier, bis Nouakchott keines mehr." Ich erinnerte mich, vor Jahren in Kaëdi, das am Fluß noch weiter westlich als Matam liegt, eine hölzerne Fähre gesehen zu haben, die mit Rudern bewegt wurde. Wenn es diese Fähre noch gab, war sie wenigstens keinem Motorschaden ausgesetzt.

Ich weiß nicht mehr, ob es uns mutlos gestimmt hatte, noch hunderte Kilometer unter der Sonne über holprige Pisten zu rattern, dem ungewissen Ziel einer vielleicht längst verrotteten Fähre zu. Der Trubel der Hauptstraße nahm uns auf, in der es von Menschen, von Händlern, Soldaten, Reisenden, von Lasteseln, Kamelen und stinkenden Lastautos wimmelte. Es gab gutes Trinkwasser zu kaufen, das ein schmächtiger Mann in zwei großen Kübeln feilbot; die Tragstange schnitt ihm tief in die Schultern. Ein schöner junger Neger mochte es nicht zulassen, daß die beiden Alten sich mit den schweren Wasserbehältern abmühten, und half uns beim Aufladen. Als er bemerkte, daß unser Wasservorrat von vierzig Litern gegen gutes Geld (ein paar Groschen) auf sechzig ergänzt werden sollte, mußte er lachen, so daß ihm der Behälter beinahe aus den Händen fiel. Die Passanten wurden auf die kuriose Marotte der Weißen aufmerksam und blieben stehen, um uns zu bestaunen. Ein maurischer Kaufmann bückte sich, gerade als wir den Wagen wieder verschlossen hatten, und hob die goldene Sandale auf, die beim Aufladen herausgefallen war. Er strahlte uns an und zog aus dem Tragkorb seines Esels ein Paar goldener Sandalen, neu und glänzend, in durchsichtigen Kunststoff verpackt. Die sollten wir kaufen. Ungeduldig wie wir waren, seitdem der Weg, der vor uns lag, sich ins Unbestimmte verlängert hatte, drehten wir dem Händler den Rücken und machten uns daran, das Gepäck festzuschnüren. Unversehens war unser Helfer, der freundliche Neger, wieder da und überreichte uns die Sandalen. Der Händler hatte richtig kalkuliert. Wir dankten für das Abschiedsgeschenk und fuhren ab.

Nachdem der einzige Lastwagen, der in die gleiche Richtung fuhr, ins Gelände abgebogen war, um einem Kontrollposten auszuweichen, trafen wir keine lebende Seele mehr. Ein Reifen nach dem andern machte platt. Nach jedem dritten Radwechsel mußten wir Halt machen und drei neue Schläuche einziehen. Die Motorluftpumpe zog nicht mehr, weil die Dichtung verbrannt war, die Reservepumpe brauchte viel Kraft. Wir tranken von der Sonne heiß gewordenen Tee, den wir am Abend vorher bereitet hatten. Bald reichte die Kraft nicht aus, um mehr als einen Schlauch einzuziehen, und es wurde zum Problem, den Zwanzig-Liter-Kanister herauszuheben, um Benzin nachzufüllen. Wir zählten nicht mehr, wie oft wir anhalten und uns abmühen mußten, und vergaßen, uns bei der Arbeit mit dem Sonnensegel zu schützen.

Es mag am zweiten oder dritten Tag gegen Abend gewesen sein, daß es zu Ende war. Es ging noch flott einen Hügel hinauf, dann das bekannte Schlingern und Aufschlagen. Beide Reserveräder waren defekt. Den Wagenheber, die Hebelstangen heraus, wir lassen ein Vorderrad über den liegenden Reifen rollen, um den Gummi von der Felge zu lösen. Der geplatzte Schlauch quillt heraus, der Reifen wird innen ausgetastet, wieder kein Dorn zu finden, Talkpulver für den frischen Schlauch, die Hebel eingesetzt. Es ist umsonst. Keine Kraft mehr. Der dritte Hebel, den ich herunterdrücke, während G. die beiden anderen festhält, schnellt mir aus den Fingern und trifft sie hart im Gesicht. Wir sind beide nach hinten gefallen und stehen mit zitternden Gliedern auf; Käfer, die man auf den Rücken gedreht hat. „Es geht nicht. Machen wir morgen früh weiter, wenn es kühler ist."

Die Sitzpolster werden herausgeholt, nebeneinandergestellt, die Flasche mit bitterem Vermouth, die noch halb voll ist, der Tonkrug mit verdunstungskühlem Wasser, den uns der Chef im Großen Dorf mitgegeben hat, Zigaretten, Zündhölzer. Die gesprungenen Lippen sind eingefettet, der Rauch der Zigaretten riecht wieder nach Tabak. „Was meinst du", sagt G., „wollen wir nicht ganz dableiben? Ich habe Mauretanien schon immer schön gefunden."

An die Stoßstange des Wagens gelehnt sitzen wir da, den Blick nach Süden, wo hundert oder zweihundert Kilometer weit der Strom sein muß. Das Wetter hat sich geändert. Es ist heiß, aber die Sonnenscheibe über dem Horizont ist scharf gezeichnet, leuchtend hell, im Untergehen feuerrot. Von langen Schatten schraffiert liegt die Sahel zu unseren Füßen, ein blaß kolorierter Stahlstich, weithin sanfte Hügel in schöner Perspektive, und in nicht endender Ferne die Ebene mit den immer feineren dunklen Punkten der wilden Olive. „Ja, es ist schön", sage ich, „keine Wolke am Himmel, es wird wieder heiß werden, wer weiß, wie weit es noch ist bis Kaëdi."

Nach dem zweiten Glas ist es dunkel. Ich suche einen Apfel heraus, den wir noch auf dem Markt von Bamako gekauft haben. Wir essen ein paar Schnitze. Dann waschen wir uns, schnüren die Schlafsäcke auf und liegen nebeneinander. Orion, Aldebaran und Betelgeuze glitzern. Der Kopf schmerzt weniger, das kraftlose Zittern der Glieder hat aufgehört.

Ich erwache zuerst. Im grauen Morgenlicht suche ich das Werkzeug zusammen. „Komm, hilf mir. Hier können wir doch nicht bleiben: lauter Rinderdreck." Der Boden unseres Hügels ist mit Kuhfladen bedeckt, die in der Sonnenglut hart geworden sind. Am Abend hatten wir den Kot für vulkanische Steine gehalten. „Das stimmt, ça c'est vrai", sagt G., wie wir es von Afrikanern so oft gehört hatten.

Die Arbeit schien allmählich zu gelingen. Als wir so weit waren, den Schlauchansatz der Pumpe auf das Ventil anzusetzen, vorsichtig, um es nicht zu verschieben, die Sonnenstrahlen blendeten und brannten bereits auf der Haut, ließ G. los. Von hinten hatte sie jemand berührt. Da stand ein Mann, in der Einsamkeit aus dem Boden gewachsen. Es war keiner von hier und auch nicht ein Troklor, wie die ‚Leute vom Fluß' genannt werden. Ein untersetzter kräftiger Neger in einem kurzen zerrissenen Hemd. Er sah ziemlich erschöpft aus, seine Augen waren gerötet, die Lippen blutig aufgesprungen. Er wollte etwas, doch wir konnten kein Wort verstehen. Da er einen Stab und eine blecherne Teekanne trug, war es wohl ein Wanderer. Ich nahm ihm die Kanne aus der Hand und füllte sie mit dem Schlauch aus dem Wasserbehälter. Er trank aber nicht und tippte mich wieder an. Ich gab ihm einen halben Leib von unserem trockenen Brot, und wir machten uns an die Arbeit. Wir mußten uns beeilen, bevor es zu heiß wurde. Er gab keine Ruhe und ließ sich nicht fortschicken. Wir beschlossen, ihn nicht zu beachten. Als ich aufsah, hatte der Mann sich an den Wagen gemacht und war dabei, unser Gepäck zu durchsuchen. Ich nahm eine Hebelstange und war ernsthaft entschlossen, ihn fortzujagen. Ich schrie ihn aus nächster Nähe an. Er rührte sich nicht und starrte in den Wagen hinein. Da lagen obenauf, glänzend in der durchsichtigen Verpackung, die Sandalen. Mit einem letzten Versuch, den Störgeist loszuwerden, gab ich ihm das nutzlose Paket. Wie vom Blitz getroffen sank er auf die Knie. „Al barka, al barka" (das heißt „danke"), stammelte er, schnellte auf und rannte in großen Sprüngen davon, in die Richtung, aus der wir am Vortag gekommen waren.

Bald hatten wir den Reifen richtig aufgepumpt und das Rad montiert. Die Sonne brannte heiß. „Wir fahren ohne Reserve. Gibt es wieder eine Panne, warten wir einfach bis zum Abend. Aufgeben können wir immer noch." So etwa müssen wir uns entschlossen haben loszufahren. Ich versuchte zu erraten, wie weit wir seit Selibaby gefahren waren. Das Kabel des Kilometerzählers war schon vor Tagen an einem Dornbusch herausgerissen worden, und ich hatte nicht einmal versucht, den Schaden zu reparieren.

Das Licht des Mittags flimmerte beinahe unerträglich, als ein viereckiger weißer Fleck hoch über dem Boden vor uns zu schweben schien. G. meinte, es sei eine optische Täuschung. Die Reifen hielten immer noch. Wir fuhren weiter, der Fleck blieb stehen und wurde größer. Wir erschraken beinahe. Es mußte der Wasserturm von Kaëdi sein. Am Rand der Straße tauchten die ersten Hütten aus dem Staub. Einige hundert Meter weiter die ersten Menschen, zwei Polizisten in blauer Paradeuniform, die uns aufhielten, um zu fragen, ob sie behilflich sein dürften. „Ja, wo geht es zum Fluß?" „Immer geradeaus, Monsieur, gute Reise, bitte fahren Sie vorsichtig, es ist ein Fest in der Stadt, Seine Exzellenz der Minister von Saudiarabien beehrt Kaëdi mit seinem Besuch."

Ein Fest in islamischen Städten der Sahara ist daran zu erkennen, daß Menschen, die von überallher zusammengeströmt sind, in prächtigen neuen Gewändern durch die Straßen spazieren. Eine bunte Menge drängt sich, langsam geht man zur Seite, rechts und links grüßend schieben wir uns weiter.

Unten am Fluß war es still. Bald entdeckten wir am diesseitigen Ufer die angetaute Fähre, zwei Holzboote, verbunden mit soliden Balken, die darüber gelegt waren, breit und lang genug für den schwersten Lastwagen. Leider waren die Boote voll Wasser gelaufen, so daß die Fähre eher im Uferschlamm zu stecken als zu schwimmen schien.

Der Fährmann schlief in seiner Hütte, war zuerst ungehalten, als wir ihn weckten, ließ aber Männer rufen, sobald er verstanden hatte, daß es sich um ein ernsthaftes Geschäft handelte. Die Männer begannen allmählich, das Wasser mit kleinen Kürbisschalen aus den Booten zu schöpfen. Nach einer Stunde war es klar, daß weniger Wasser in die Boote nachsickerte, als sie herausschöpften. Sobald die Fähre richtig schwamm (es war noch ziemlich viel Wasser in den Booten), befand der Fährmann, es sei genug, den kleinen Wagen trage sie auch so. Er zählte das Fährgeld nach und gab es seiner Frau, bevor er uns über zwei Bretter auf die Tragfläche leitete. Die Männer hatten unversehens Ruder, sachte erfaßte uns die Strömung, sie stellten die Ruder so, daß es uns zum Landeplatz auf der anderen Seite hinzog.

Als die Boote, in die wieder Wasser gelaufen war, auf dem Ufersand knirschten, war es höchste Zeit. Die Bretter wurden gelegt, mit heulendem Motor ging es die Böschung hinauf. Ein schmaler Weg zwischen abgeernteten Feldern, grüne Laubbäume, ein steiler Damm, und die Räder surrten auf dem Asphalt einer breiten Autostraße – nach Westen.

Beschreibung der Reisen und Landkarte

Die zwölf Erzählungen sind in den Jahren 1983 und 1984 entstanden. Die Ereignisse aus acht gemeinsamen Reisen zwischen 1954 und 1977 – also bevor, während und nachdem die westafrikanischen Staaten ihre Unabhängigkeit erlangten* – habe ich fast dreißig Jahre nach der ersten Reise und sieben nach der letzten aufgezeichnet, ohne Notizen zu Hilfe zu nehmen, so wie sie sich in der Erinnerung zusammengefügt hatten. Deshalb habe ich die zeitliche Folge und manchmal sogar die Geographie nicht streng beachtet, obwohl sich jede Erzählung einigermaßen an den Verlauf einer bestimmten Reise hält und die einzelnen Geschehnisse meiner Erinnerung entsprechen.

Damals unterwegs in Afrika waren:

Paul Parin (P.)

Goldy Parin-Matthèy (G.)

Fritz Morgenthaler (Frédéric, F.)

Ruth Morgenthaler-Mathis (R.)

1. Reise, Dez. 54–April 55. Teilnehmer: P., G. und F. (1 alter Military-Jeep). Algier, Hoggar-Route durch die Sahara, Niger, Nigeria – Kano, Obervolta (heute: Burkina faso), Goldküste (heute: Ghana), Elfenbeinküste, Franzős. Guinea, Senegal. Von Dakar mit Linienschiff Maréchal Lyautey nach Marseille.

Besuch bei Nepomuk (Dr. Heinrich Neumann) in Akim Oda (Goldküste); dort erste ethnopsychoanalytische Versuche.

2. Reise, Dez. 56–Mai 57. P., G., F. und R. (2 Lang-Jeep). Mit Bananen-Schiff von Marseille nach Dakar (Senegal), Mauretanien, Mali – Timbouktou, Niger, Obervolta (Burkina faso), Dahomey (Be-

---

* Unabhängigkeit von der Kolonialmacht und staatliche Souveränität erreichten: Liberia 1847, Ghana 1957, Guinea 1958, Nigeria 1963. Die übrigen westafrikanischen Staaten, die in diesem Buch erwähnt sind, ehemals Teile des Kolonialreichs „Französisch Westafrika", erreichten ihre Unabhängigkeit 1960. – Äthiopien war bis 1974 ein unabhängiges Kaiserreich und ist seit dem Sturz des Kaisers Haile Selassié (September 1974) Sozialistische Republik. – Der Unabhängigkeitskrieg Algeriens dauerte acht Jahre, 1954–62.

nin), Togo, Goldküste (Ghana), Elfenbeinküste mit Tabou, Guinea, Senegal. Von Dakar mit Bananen-Schiff nach Marseille.

3. Reise, Dez. 59–Mai 60, P., G., F. und R. (2 Land-Rover). Von Tripolis (Lybien) durch die Sahara über Djanet, Air- und Hoggar-Gebirge, Niger, Mali mit Dogonland, Bamako, Mauretanien, Senegal. Von Dakar mit Bananen-Schiff nach Marseille.

Ethnopsychoanalytische Gespräche mit den Dogon: *Die Weißen denken zuviel,* 1963 (Fischer Taschenbuch).

4. Reise, Dez. 62–April 63. P., G., F. und R. (2 Land-Rover). Von Genua mit Frachter Concordia Tadj durch den Suezkanal nach Massaua (Erithrea), durch Äthiopien, über Asmara nach Addis Abeba; Besuch bei Dr. Zdenko Kraus. Riftvalley, Kenya, Tansania. Von Nairobi heimgeflogen.

5. Reise, Dez. 65–Mai 66. P., G., F. und R. (2 Land-Rover). Algier, Hoggar-Route, Air de Azbine, Niger, Nigeria – Kano, Dahomey (Benin), Togo, Ghana, Obervolta (Burkina faso), Elfenbeinküste mit Agniland Alangouan. Zurück über Mali – Bamako; zweiter Besuch bei den Dogon; Gao, Tanezrouft-Piste, Algerien, Marokko, Spanien.

Ethnopsychoanalyse mit den Agni: *Fürchte deinen Nächsten wie dich selbst,* 1971 (Suhrkamp Taschenbuch).

6. Reise, Dez. 70–Mai 71. P., G., F. und R. (2 Land-Rover). Spanien, Marokko, durch die Sahara über die Route Impériale, Mauretanien, Mali, Niger, nördlich vom Tschadsee nach Tschad, Kamerun. Von Douala mit Schiff nach Abidjean (Elfenbeinküste). Zweiter Besuch bei den Agni. Zurück über Obervolta (Burkina faso), Niger – Agadez, Hoggar-Gebirge, Air – Djanet, Südalgerien, Lybien – Ghadamez, Tunis, Schiff nach Sizilien.

7. Reise, März–Mai 72. P. und G. Flug nach Äthiopien, von dort mit Flugzeug und Mietwagen (VW) nach Erithrea, in Äthiopien nach Osten, Süden und Westen. Rückflug.

8. Reise, Febr.–April 77. P. und G. (Renault 12 Vierrad). Tunis, Algerien, Hoggar-Route, Niger, Burkina faso, Mali – Bamako, Südmauretanien – Kaëdi, Senegal – Dakar. Rückflug.

Kurse und Vorlesungen an der Psychiatrischen Universitätsklinik Fann-Dakar. Besuch bei Lise Tripet und Professor Henri Collomb.

Die erste Reise (1954/55) machten wir zu dritt, G., Frédéric und ich; seit der zweiten (1956/57) war Ruth immer dabei. Erst auf die achte Reise, die „letzte" gingen wir zu zweit, G. und ich. Frédéric und Ruth hatte es nach Osten gezogen, in den Sudan, dann nach Laos, China, Indien.

Frédéric hat 1979/80 bei den Iatmul am Sepikfluß in Papua New Guinea mit seinem Sohn Marco und zwei Ethnologen die ethnopsychoanalytische Forschungsmethode weitergeführt, die wir zusammen bei den Dogon in Mali und bei den Agni im Regenwald der Elfenbeinküste entwickelt hatten. (*Gespräche am sterbenden Fluß,* Fischer Taschenbuch).

Ruth ging 1984 mit einer Arbeitsbrigade nach Nicaragua, das, kaum erst von der Tyrannei befreit, den tückischen Angriffen der USA ausgesetzt ist. Damit hat sie sich lediglich geographisch von uns entfernt.

Frédéric ist am 26. Oktober 1984 in Addis Abeba (Äthiopien) an einem Herzinfarkt gestorben. Unser Freund, unser Bruder starb in Afrika, wo wir zusammen gereist sind und glücklich waren.